DIA D

Nigel Cawthorne

DIA D
Amanhecer de Heróis

O Heroico Desembarque das Tropas Aliadas na Normandia

M.Books do Brasil Editora Ltda.

Rua Jorge Americano, 61 - Alto da Lapa
05083-130 - São Paulo - SP - Telefones: (11) 3645-0409/(11) 3645-0410
Fax: (11) 3832-0335 - e-mail: vendas@mbooks.com.br
www.mbooks.com.br

Dados de Catalogação na Publicação

Cawthorne, Nigel.
Dia D – Amanhecer de Heróis. O Heroico desembarque na Normandia/
Nigel Cawthorne.
2012 – São Paulo – M.Books do Brasil Editora Ltda.

1. História   2. Guerras e Batalhas

ISBN: 978-85-7680-158-0

Do original: "D-Day, Dawn of Heroes", anteriormente publicado como "Fighting Them On The Beaches: The D-Day Landings, June 6, 1944"
Publicado em inglês pela Arcturus
Copyright © 2004 Arcturus Publishing Limited

Editor
Milton Mira de Assumpção Filho

Tradução
Ricardo Souza

Produção editorial
Lucimara Leal

Coordenação gráfica
Silas Camargo

Editoração
Crontec

Imagens
Getty Images Ltd.

2012
Proibida a reprodução total ou parcial.
Os infratores serão punidos na forma da lei.
Direitos exclusivos cedidos à
M.Books do Brasil Editora Ltda.

SUMÁRIO

INTRODUÇÃO 9

PARTE 1 – PLANEJANDO A INVASÃO

1. A GUERRA COMO UM TODO 13
   Virando o Jogo 16
   O Ponto Fraco 18
   A Tomada da Itália 20
   Guerra na Selva 23

2. A MURALHA DO ATLÂNTICO 25
   Trabalho Escravo 32
   Variedade de Armas 33
   Um Adversário Formidável 36
   Tropas Desmoralizadas 39

3. A GUERRA DOS SEGREDOS 41
   Planos Roubados 43
   Sabotagem 46
   Desvendando o Código 49
   Redes de Espionagem Alemãs 51
   A Paranoia de Hitler 55
   Provas Categóricas 61
   Principais Espiões 62
   A Intuição de Hitler 66
   Violação de Segurança 70
   Calmaria na Tempestade 74

4. AS FORÇAS ALIADAS..77
   Guerra de Atrito...80
   O Barco Higgins..82
   Um Assunto Americano..88

PARTE 2
OPERAÇÃO OVERLORD

5. OS ATAQUES AEROTRANSPORTADOS.................................93
   Os Batedores e Seus Problemas 96
   Impasse...101
   A Bateria em Merville 106
   Confusão...110

6. A PRAIA SWORD.. 111
   Atiradores de Elite..117
   Cavando Trincheiras...120
   Na Ponta da Baioneta..123
   Um Preço Terrível...125
   Ataques da *Luftwaffe*...132

7. PRAIA JUNO... 135
   A Perigosa Captura das Trincheiras..142
   Nova Estratégia 145

8. A PRAIA GOLD... 147
   Um Ataque Solitário...150
   Tanques em Ação..153
   Sem Tempo...155
   Um Fogo Paralisante 163

9. A PRAIA OMAHA... 167
   Pouca Visibilidade..173
   Minas Por Todo Lado...179
   Uma Cena Horripilante 180
   Uma Vingança Brutal..182

SUMÁRIO

    Castigados 185
    A Mina Ostra 188

10. A PRAIA UTAH 191
    Um Ponto Fortificado Alemão 196
    Ansiosos por se Render 197

PARTE 3
RUMO À VITÓRIA NA EUROPA

11. FALAISE E DEPOIS 203
    Joe Relâmpago 207
    Rommel É Ferido 212
    Fechando a Armadilha 215
    Pressentimentos de Churchill 216
    Destruição Completa 221
    Às Barricadas! 222

12. O SUCESSO DA SEGUNDA FRENTE 227
    Falta de Combustível 230
    Criar um Deserto 232
    O Erro de Hitler 233

BIBLIOGRAFIA 239

ÍNDICE DE EXÉRCITOS, BATALHAS E COMANDANTES 241

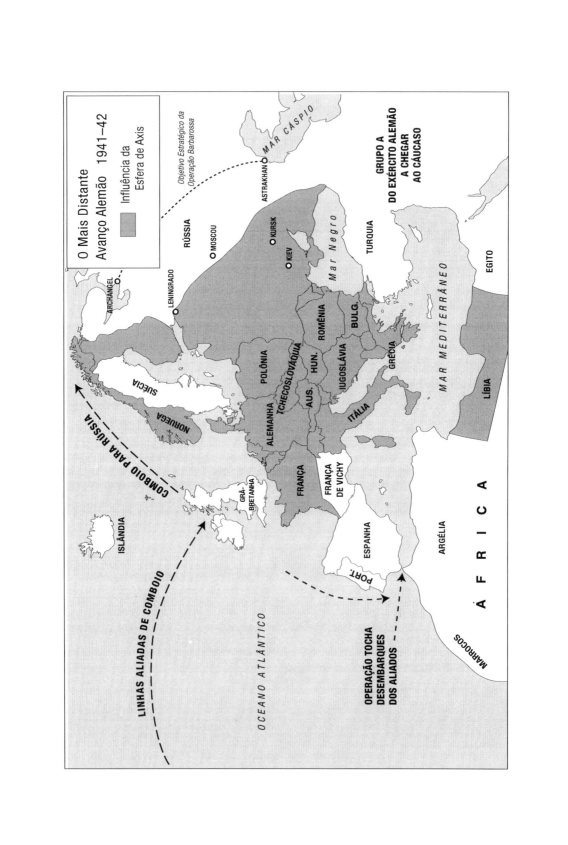

INTRODUÇÃO

Joseph Stalin, o líder soviético durante a Segunda Guerra Mundial, ao falar sobre o desembarque dos Aliados na Normandia em 6 de junho de 1944, disse que "a história da guerra não conhece um empreendimento comparável a este em amplitude de concepção, grandeza de escala e domínio de execução". De fato, os desembarques do Dia D fizeram parte da maior invasão marítima da história. Após anos de treinamento e meticuloso planejamento, um vasto exército de britânicos, americanos, canadenses, franceses e poloneses – juntamente com judeus alemães e outros "estrangeiros inimigos" que fugiram dos nazistas – estava preparado para tomar de assalto as praias fortemente defendidas da Normandia e mais de um milhão de homens tomariam parte em uma das maiores batalhas individuais na Europa, em uma região onde, hoje, vicejam pontos turísticos e residências de veraneio.

Dessa operação dependia o futuro da Europa, se não do mundo. Por mais de quatro anos, o ditador da Alemanha nazista, Adolf Hitler, e seu parceiro italiano, o fascista Benito Mussolini, haviam dominado a maior parte da Europa continental com mãos de ferro. Agora, as tropas dos Aliados tentavam acabar com esse jugo.

A tarefa não seria fácil. Os alemães sabiam que os Aliados viriam e construíram defesas impressionantes – conhecidas como a Muralha do Atlântico – para protegerem a "Fortaleza Europa". Muitos dos oficiais superiores dos Aliados que planejavam a invasão foram testemunhas da terrível perda de vidas acontecida no norte da França durante a Primeira Guerra Mundial, que terminara havia apenas 26 anos. Embora os alemães tivessem sido derrotados por forças anglo-americanas no norte da África e forçados a recuar na Itália e na Europa Oriental, continuavam bem treinados e equipados, tendo conquistado vitórias importantes no início da guerra contra o que consideravam democracias fracas e decadentes.

Contudo, embora demorassem a despertar, as democracias contavam com vantagens consideráveis quando foram à guerra. Seus líderes não procuravam coagir seus soldados em combate, mas sim inspirá-los. John F. Kennedy disse que o primeiro-ministro britânico Winston Churchill "mobilizou a língua inglesa e enviou-a ao combate". Para milhões em todo o mundo, Churchill pôs o mister da guerra em palavras. Do outro lado do Atlântico, o presidente americano Franklin Delano Roosevelt também foi uma figura inspiradora. Roosevelt já havia guiado seu país através da Grande Depressão. Mesmo que os norte-americanos estivessem relutantes em serem arrastados para a guerra na Europa, quando esta tornou-se inevitável, confiaram em Roosevelt para vencê-la. Ambos os líderes deixaram claro que sua guerra não era de conquista. Não expressaram nenhum desejo de conquistar territórios ou escravizar pessoas. Mesmo antes de os Estados Unidos entrarem na guerra, já haviam emitido uma declaração conjunta chamada Carta do Atlântico. O documento afirmava que nenhuma nação buscava tirar vantagens do conflito. Tampouco haveria alterações territoriais sem o livre consentimento dos povos envolvidos. Os líderes afirmaram o direito de cada povo de escolher sua própria forma de governo e pretendiam restabelecer os direitos de soberania e governança própria àqueles que deles tinham sido privados à força. Após a destruição da tirania nazista, buscariam uma paz em que todas as nações pudessem viver em segurança dentro de seus limites, tentando desarmar agressores em potencial. A Carta do Atlântico previa o igual acesso de todos os Estados ao comércio e às matérias-primas, além de uma colaboração mundial para melhorar os padrões de trabalho, o progresso econômico e a seguridade social. Posteriormente, a Carta seria incorporada à Declaração das Nações Unidas.

As tropas que desembarcaram nas praias no Dia D estavam familiarizadas com a natureza agressiva da Alemanha e da Itália. Os soldados viram noticiários de cinema sobre a chegada dos ditadores ao poder, ouvido seu discurso beligerante e visto as marchas em passos de ganso de seus comícios. Viram a Itália invadir a Abissínia (hoje Etiópia) e os alemães testando suas tácticas de Blitzkrieg na Guerra Civil Espanhola. A Alemanha já fizera repetidas demandas territoriais antes que seus exércitos varressem o continente. Quando ainda não havia televisão, os noticiários dos cinemas mostravam cidades destruídas e civis aterrorizados e, à noite, as rádios americanas descreviam vividamente o bombardeio de Londres pelos alemães.

Os maus-tratos dos judeus pelos nazistas também eram bem conhecidos, embora a tentativa de extermínio de toda a etnia não fosse do conhecimento de todos até a libertação dos campos de morte em 1945. Mas os jovens que chegaram às praias em 6 de junho de 1944 sabiam muito bem contra o que lutavam. Poucos duvidavam que Hitler e seu regime nazista fossem um mal inominável e não foram poucos os que deram suas vidas para destruí-lo.

Esses jovens ficariam felizes de saber que seu sacrifício seria honrado mais de 55 anos depois, embora um tanto confusos, talvez, de verem os acontecimentos de 6 de junho descritos como Dia D. No jargão militar, a data de início de qualquer operação militar é um Dia D, assim como a hora inicial é sempre conhecida como Hora H. Mas essa conveniente designação acabou por representar muito mais do que apenas mais uma data no calendário militar. Hoje, o Dia D de 6 de junho de 1944 se destaca como um dos dias mais importantes da história humana.

PARTE 1

PLANEJANDO A INVASÃO

Áreas ocupadas antes de junho de 1944

1
A GUERRA COMO UM TODO

A SEGUNDA GUERRA MUNDIAL começou em 1939, ostensivamente após a invasão da Polônia pelos alemães. Suas origens estão na humilhante derrota da Alemanha na Primeira Guerra Mundial, em 1918. O Tratado de Versalhes, que encerrou aquela guerra, impôs reparações paralisantes à Alemanha. Estas levaram a um colapso econômico, criando um vácuo político que permitiu a Adolf Hitler e seu Partido Nazista tomarem o poder. Determinado a tornar a Alemanha forte novamente, Hitler começou a rearmá-la, fazendo uma série de exigências territoriais com que as nações democráticas, mal preparadas para a guerra, foram obrigadas a concordar.

Em seu manifesto político, "Mein Kampf", Hitler falava da necessidade de a Alemanha expandir-se para o leste. No início de 1939, Hitler decidiu tomar a Polônia, mas não havia o perigo de que isso fosse levar a União Soviética – a Rússia comunista e seus satélites – a sair em defesa de seu país vizinho ocidental. Assim, em agosto de 1939, Hitler assumiu um pacto alemão-soviético de não agressão com o líder comunista Stalin. Em um protocolo secreto, Alemanha e União Soviética concordaram em dividir a Polônia entre si. Em 1º de setembro de 1939, o exército alemão atravessou a fronteira e entrou pela Polônia, fazendo com que Grã-Bretanha e França, que mantinham tratados militares com os poloneses, declarassem guerra.

Havia pouco que os Aliados pudessem fazer pela Polônia, que foi esmagada em um mês. Os alemães, então, se viraram para o oeste. Quem primeiro caiu foi a Noruega. Em seguida, o exército alemão varreu Holanda, Bélgica e França em questão de semanas. Os britânicos haviam enviado uma força expedicionária, que se viu cercada e teve que ser evacuada de Dunquerque no início de junho. A Itália fascista de Benito Mussolini declarou guerra à Grã-Bretanha e à França em 10 de junho de 1940. Paris caiu em 14 de Junho e um armistício entre Alemanha e França foi assinado em 22 de junho, embora uma guerra de guerrilhas esporádica continuasse com a Resistência Francesa, ou Maquis, e as Forças Francesas Livres se organizassem na Inglaterra sob comando do general Charles de Gaulle.

PARTE UM: PLANEJANDO A INVASÃO

A Grã-Bretanha, então, passou a correr um perigo iminente de invasão. Hitler começou a preparar a Operação Seelöwe, um ataque anfíbio ao sul da Inglaterra, descrito na Diretiva do *Führer* de número 16, de 16 de julho de 1940. A chave para seu plano era o controle aéreo. Apesar da bravura incontestável dos pilotos da RAF que lutaram na Batalha da Grã-Bretanha sobre os céus do sul da Inglaterra, a força que tinham diante de si era muito maior. Em agosto de 1940, bombardeiros alemães castigavam aeroportos e instalações de radar dos britânicos com tal ferocidade e a Grã-Bretanha perdia tantos aviões e pilotos que a derrota parecia inevitável. Porém, no início de setembro de 1940, a Grã-Bretanha lançou um audacioso bombardeio a Berlim. Hitler – que prometera que tal coisa jamais aconteceria – ficou tão furioso que parou de bombardear aeródromos e passou a bombardear cidades britânicas, uma ofensiva conhecida como Blitz. Essa mudança de alvos proporcionou tempo para que o Comando de Caças da RAF se recuperasse. Logo, os bombardeiros alemães eram abatidos mais rapidamente do que as fábricas alemãs podiam produzi-los. Com isso, os alemães jamais obteriam a superioridade aérea sobre a Grã-Bretanha – a Batalha da Inglaterra foi vencida pelos britânicos, e Hitler adiou indefinidamente a Operação

Tropas do Exército Vermelho preparam outro ataque durante os selvagens combates de rua pela cidade de Stalingrado. A cidade com o nome do líder soviético se tornou símbolo para ambos os lados.

A GUERRA COMO UM TODO

Seelöwe. Se a Grã-Bretanha caísse perante a Alemanha, nenhuma invasão anfíbia da Europa Continental teria sido possível. Não teria havido nenhum Dia D.

Já foi dito que, após a queda da França em junho de 1940, a Grã-Bretanha resistiu sozinha. Isso não é verdade. Canadá, Austrália, Nova Zelândia, África do Sul, Índia e o restante do Império Britânico estavam em guerra com Alemanha e Itália. No entanto, os víveres e materiais de que a Grã-Bretanha precisava para sobreviver precisavam ser trazidos pelo mar e os navios que transportavam esses suprimentos vitais estavam ameaçados pela Marinha Alemã, sendo afundados regularmente por U-boote – os submarinos alemães – no período conhecido como Batalha do Atlântico. As perdas de embarcações atingiram seu máximo no final de 1942 e, ao todo, 2.232 navios foram a pique.

Pelo restante de 1940 e os primeiros meses de 1941, as potências do Eixo – Alemanha e Itália – consolidaram sua posição com nações simpáticas na Europa central e invadiram Iugoslávia e Grécia, onde, novamente, uma resistência esporádica continuou por toda a guerra. Em setembro de 1940, as potências do Eixo concluíram um Pacto Tripartite com o Japão.

Com a Operação Seelöwe em suspenso, as grandes batalhas terrestres entre a Grã-Bretanha e o Eixo ficaram confinadas ao Norte da África, onde a Grã-Bretanha tentava defender o Egito e o Canal de Suez – rota marítima vital para a Grã-Bretanha rumo ao leste – contra as forças do Eixo que ocupavam países a oeste. As batalhas não foram conclusivas, embora a Grã-Bretanha conseguisse tomar a África Oriental Italiana – Etiópia – e devolver o poder ao imperador Haile Selassie.

Virando o Jogo

A sorte no jogo da guerra começou a favorecer a Grã-Bretanha quando, em 22 de junho de 1941, sem aviso, a Alemanha atacou a União Soviética. Subitamente, a Grã-Bretanha tinha um aliado cujo enorme potencial humano acabaria por derrotar Hitler. Em 23 de junho de 1941, o embaixador soviético em Londres perguntou ao secretário de Relações Exteriores britânico se seria possível abrir uma "segunda frente" no norte da França para desviar os exércitos de Hitler da frente leste. Embora isso fosse impossível naquele momento, os britânicos responderam enviando suprimentos para os soviéticos e, em agosto de 1941, a Grã-Bretanha e a União Soviética invadiram conjuntamente o Irã, dividindo-o entre eles e negando-o aos alemães.

Em 7 de dezembro de 1941, os japoneses atacaram a Frota do Pacífico dos Estados Unidos, em Pearl Harbor. Os Estados Unidos declararam guerra ao Japão e, em resposta, a Alemanha declarou guerra aos Estados Unidos. O presidente americano Franklin Delano Roosevelt já sabia que a guerra se aproximava. Embora o povo americano quisesse desesperadamente ficar de fora, Roosevelt percebeu que os Estados Unidos seriam inevitavelmente atraídos para o conflito. Desde dezembro de 1940, os Estados Unidos vinham enviando navios, munições, alimentos e roupas para a Grã-Bretanha em um sistema de "Lend-Lease", pelo qual eram fornecidos materiais de guerra independente da capacidade do destinatário de pagar por eles. "A América", disse Roosevelt, seria o "arsenal da democracia". Já em novembro de 1940, o presidente Roosevelt e o primeiro-ministro britânico Winston Churchill haviam concordado que se os Estados Unidos fossem arrastados para a guerra, o primeiro objetivo dos Aliados seria a derrota da Alemanha. A frota japonesa que atacara Pearl Harbor foi destruída na Batalha de Midway em junho de 1942, efetivamente interrompendo a expansão japonesa no Pacífico. Após essa batalha, os Estados Unidos voltaram todo o peso de suas forças armadas contra Hitler.

Desde a primeira conferência dos Aliados anglo-americanos, realizada em 31 de Dezembro de 1941 em Washington, os Estados Unidos se comprometeram com um vasto acúmulo de forças na Grã-Bretanha, em preparação para desembarques no continente europeu. Assim que oficiais mais graduados dos Estados Unidos chegavam à Grã-Bretanha, sua primeira missão era investigar a possibilidade de uma invasão através do canal. Os americanos temiam o colapso da Rússia e começaram a planejar a Operação Round-up para invadir o norte da França, logo que houvesse forças disponíveis. Mas os britânicos não se mostravam tão dispostos. Após dois anos de guerra, os britânicos receavam apostar tudo em uma operação arriscada. Seus piores temores se concretizaram em uma operação desastrosa em Dieppe, em agosto de 1942. Aproximadamente 5 mil canadenses, mil britânicos e 50 Rangers dos Estados Unidos foram desembarcados no porto francês de Dieppe para testar a recentemente desenvolvida LCT (Landing Craft, Tank), uma embarcação para desembarque de blindados, e sondar as defesas costeiras. Dos 6.100 soldados, apenas 2.500 retornaram, incluindo mil que nem chegaram a desembarcar. Os demais foram mortos ou capturados. No entanto, o ataque não arrefeceu o entusiasmo dos Estados Unidos.

O próprio Churchill estava ressabiado com ataques transoceânicos. Como Primeiro Lorde do Almirantado, durante a Primeira Guerra Mundial, Churchill apoiara o ataque a Gallipoli em uma tentativa de tomar Constantinopla (Istambul) e tirar da guerra a Turquia, que havia se aliado à Alemanha. Os soldados, em grande parte australianos e neozelandeses, foram apanhados nas praias. Cerca de 250 mil foram perdidos antes que os 83 mil restantes pudessem ser evacuados. Churchill renunciou a seu cargo no governo.

No entanto, em 1942, sob intensa pressão americana, Churchill concordou em prosseguir com a Operação Round-up para o mais tardar em abril de 1943. No

PARTE UM: PLANEJANDO A INVASÃO

entanto, o principal estrategista da Grã--Bretanha, Sir Alan Brooke, chefe do estado-maior imperial, continuou a argumentar que seria uma operação muito arriscada. Propôs, então, uma abordagem mais gradual. Os americanos estavam ansiosos para entrar em ação e foram convencidos a se juntarem aos britânicos na Operação Tocha, a invasão do norte da África. Os americanos desembarcaram pelo mar nas praias do Marrocos e da Argélia. O plano era imprensar o *Afrika Korps* alemão, comandado pelo marechal de campo Erwin Rommel, entre as tropas dos Estados Unidos no oeste e o Oitavo Exército britânico, que já havia conquistado uma vitória decisiva na batalha de El-Alamein, no leste. Os desembarques ocorreram em novembro de 1942 e em maio de 1943 o norte da África estava livre das forças do Eixo.

O Ponto Fraco

Brooke também conseguiu fazer com que os Estados Unidos participassem da Operação Husky, a invasão da ilha da Sicília, e da operação Point-Blank, a ofensiva de bombardeio contra a própria Alemanha, cujo objetivo era enfraquecer a capacidade de guerra alemã até um ponto em que uma invasão se tornasse uma possibilidade real. No entanto, houve profundo descontentamento em Washington, onde

Veículos do 817º Batalhão de Engenharia de Aviação dos Estados Unidos desembarcam de uma embarcação LST (Landing Ship, Tanks), Itália, setembro de 1943. A experiência adquirida nessas operações seria vital para o sucesso da Operação Overlord.

altos escalões do governo se opuseram ao que consideravam operações "secundárias" no Mediterrâneo e que, para os americanos, teriam sido elaboradas para servirem a propósitos diplomáticos e imperialistas da Grã-Bretanha.

Os alemães haviam desperdiçado tolamente um grande número de homens na tentativa de manter um enclave no norte da África – mais de 250 mil foram feitos prisioneiros. Isso deixou a Sicília vulnerável. Na conferência da Casablanca, em janeiro de 1943, em que os Aliados se reuniram para discutir o que fazer a seguir, Roosevelt concordou em adiar a abertura de uma segunda frente na França em favor de uma operação mais modesta contra Sicília e Itália, atacando o que Churchill chamou de o "ponto fraco" da Europa. Os aliados contavam com superioridade aérea esmagadora no Mediterrâneo e, em julho de 1943, organizaram uma invasão marítima da Sicília com aproximadamente 478 mil homens. O Oitavo Exército Britânico, comandado pelo general Bernard Montgomery, e o Sétimo Exército dos Estados Unidos, comandado pelo general George Patton, desembarcaram em duas praias, cada uma delas com 64 quilômetros de comprimento, com aproximadamente vinte quilômetros de distância entre si. Os americanos já haviam abrandado a oposição, ao contatarem os líderes da Máfia local através do chefe do crime "Lucky", Luciano, que estava preso no estado de Nova York. Havia duas unidades alemãs de blindados, os Panzers, estacionadas na ilha. Muitos dos defensores italianos eram sicilianos que não estavam dispostos a verem sua terra natal transformada em campo de batalha por causa dos alemães e, assim, opuseram pouca resistência. O sucesso da invasão representava uma ameaça imediata à Itália continental. Muitos italianos queriam a paz e, como resultado, Mussolini foi deposto. De repente, o "teatro" do Mediterrâneo já não era mais um secundário. Líderes militares e políticos dos Estados Unidos se lançaram ao apoio da campanha italiana. Em uma conferência sobre a estratégia anglo-americana em Quebec, em agosto de 1943, os Aliados novamente concordaram com a invasão marítima da França, agora com o codinome de Operação Overlord, mas os britânicos fizeram pressão para que o momento da operação fosse deixado em aberto. Os americanos, no entanto, insistiram para que uma data provisória fosse definida em maio de 1944. Além disso, insistiram em um aumento de 25% na força de ataque planejada e em uma invasão simultânea ao sul da França, designada Operação Anvil, ainda que o desvio de recursos valiosos retardasse a campanha italiana.

A Tomada da Itália

Em 3 de setembro de 1943, Oitavo Exército de Montgomery cruzou o Estreito de Messina e desembarcou no bico da "bota" da Itália. Em 8 de setembro, o governo italiano capitulou e em 29 de setembro declarou guerra à Alemanha. No entanto, havia ainda uma grande força alemã na Itália, comandada pelo marechal de campo Albert Kesselring. O marechal contra-atacou quando uma enorme força anglo-americana, comandada pelo general Mark Clark dos Estados Unidos, desembarcou em Salerno, no cano da "bota" italiana, em 9 de setembro. Contudo, depois de seis dias, a cabeça de ponte foi consolidada e, em 1º de outubro, as forças Aliadas entraram em Nápoles. Outros desembarques no "calcanhar" da Itália também obrigaram as forças alemãs no leste a recuar. Porém, em meados de outubro, Kesselring estabeleceu uma linha defensiva na Itália, a Linha Gustav, aproximadamente 60 quilômetros ao sul de Roma, interrompendo o avanço dos Aliados. Em janeiro de 1944, os Aliados desembarcaram 50 mil homens ao norte da Linha Gustav, em Anzio. O desembarque encontrou pouca resistência, mas em vez de avançar direto sobre Roma, a força de ataque parou para consolidar sua posição, dando tempo suficiente a Kesselring para organizar uma contraofensiva que, em fevereiro, quase empurrou os aliados de volta ao mar.

A força principal dos Aliados foi detida pelos defensores alemães em Monte Cassino, um mosteiro no topo montanhoso central na linha Gustav. O comandante geral, marechal de campo Harold Alexander, decidiu desviar a maior parte do Oitavo Exército, que estava no lado do mar Adriático da península, para o flanco ocidental. Na noite de 11 de maio de 1944, os Aliados conseguiram romper a Linha Gustav a oeste de Monte Cassino, que foi flanqueada e batida pelas tropas polonesas do Oitavo Exército em 18 de maio. Em 26 de maio, a principal força Aliada se juntou à cabeça de praia em Anzio e, em 5 de junho de 1944, os Aliados entraram em Roma.

Hitler acreditava que uma vitória rápida contra a União Soviética em 1941 convenceria a Grã-Bretanha e os Estados Unidos de sua invencibilidade. Essa vitória não aconteceu. Os ganhos iniciais, todavia, foram impressionantes. Atacando ao longo de uma frente de quase 2.900 quilômetros, três milhões de alemães irromperam pela fronteira, apoiados por unidades romenas e finlandesas. Colunas blindadas alemãs arremeteram sobre a União Soviética, cobrindo 80 quilômetros por dia. O Exército Vermelho estava despreparado e parcialmente desmobilizado. Dentro de um mês, seriam feitos meio milhão de prisioneiros. Entretanto, tempestades em meados de julho transformaram as estradas em lama, retardando o avanço. Os russos adotaram a mesma tática de "terra arrasada" que tinham usados contra Napoleão na invasão de 1812. Colheitas foram queimadas, pontes e trens foram destruídos, e fábricas inteiras foram desmanteladas e enviadas para o leste. Além disso, os alemães subestimaram o potencial humano russo. Os soviéticos contavam com 150 divisões na parte ocidental da União Soviética, porém os serviços de informação alemães acreditavam que os russos poderiam reunir apenas 50 divisões adicionais. Na verdade, em agosto, os soviéticos já haviam reunido

210 novas divisões. Mas muitas delas foram desperdiçadas. Os alemães capturariam mais 1 milhão de homens antes de chegarem aos arredores de Moscou em 2 de dezembro, quando Stalin se preparava para fugir. Os alemães, porém, estavam exaustos. As tropas de Hitler haviam sofrido mais de 730 mil baixas, um número inimaginável quando comparado aos números das rápidas vitórias no oeste. Hitler estava tão confiante em uma vitória rápida no leste que não supriu adequadamente seus homens com uniformes de inverno. Os soldados alemães, com uniformes leves, começaram a sofrer com congelamentos, e a coluna blindada que alcançara Rostov-do-Don – a porta de entrada para o Cáucaso – ficou sem combustível, permitindo que os russos retomassem a cidade e uma contraofensiva, comandada pelo general Georgy Konstantinovich Zhukov, forçou os alemães a recuarem de Moscou. O moral alemão estava baixo, e tropas estavam mal equipadas para o combate de inverno. Hitler demitiu seus generais, assumiu o comando e ordenou a seus soldados que mantivessem suas posições, evitando uma debandada. Mas isso lhe custou caro. Na primavera de 1942, os alemães já haviam sofrido 1.150.000 baixas na Frente Oriental. No entanto, as baixas soviéticas superavam 4 milhões.

No verão de 1942, Hitler iniciou uma nova ofensiva no sul da Rússia, numa tentativa de tomar os campos petrolíferos do Cáucaso. Depois de retomar Rostov, Hitler dividiu suas tropas, enviando metade para o Cáucaso e metade contra Stalingrado (hoje Volgogrado), no rio Volga. Com poucos homens, a coluna que rumava para os campos petrolíferos hesitou. O avanço da coluna que atacava Stalingrado foi contido e uma luta titânica pela cidade começou. Em setembro de 1942, os alemães chegaram a 800 metros do rio Volga. Em *Mein Kampf*, Hitler dissera que o Volga era o limite do território de que precisaria como pátria para os povos de língua alemã. No entanto, Stalin percebeu que, se perdesse a cidade que levava seu nome, isso também seria seu fim. Tanto Hitler quanto Stalin envolveram um número enorme de homens na Batalha de Stalingrado, porém os alemães jamais conseguiriam transpor aqueles últimos 800 metros. O Exército Vermelho acabaria por cercar os alemães que atacavam Stalingrado. Em 16 de janeiro de 1943, o Sexto Exército alemão, comandado pelo recém-promovido marechal de campo von Paulus, rendeu-se com 94 mil homens. Aproximadamente 147 mil haviam morrido dentro da cidade e 100 mil fora dela. Dois exércitos romenos, um exército italiano e um exército húngaro também haviam sido destruídos.

Ao longo de 1943, ofensivas e contraofensivas aconteciam no leste. Porém, enquanto o impasse enfraquecia os alemães, os soviéticos aperfeiçoavam suas habilidades de luta. Assim, na primavera russa de 1944, Zhukov começou a empurrar os alemães para fora da Rússia e da Ucrânia.

Guerra na Selva

A Europa, porém, não foi o único palco da guerra. Quando os japoneses atacaram Pearl Harbor, atacaram simultaneamente Singapura e Hong Kong, tomando rapidamente o sudeste da Ásia, as Filipinas, as Índias Orientais Holandesas – Sumatra, Java, Bornéu e as Molucas – e a maior parte do oeste do Pacífico. No entanto, em 1942, tropas dos Estados Unidos e da Austrália retomaram Papua Nova Guiné e Guadalcanal e, durante 1943 e 1944, as forças dos Estados Unidos passaram a tomar continuamente uma ilha após outra, geralmente contra resistência feroz, em todo o Pacífico. Isso fez com que aperfeiçoassem suas habilidades em ataques anfíbios e operações combinadas.

Embora o Japão já tivesse lutado na China desde 1937, o governo nacionalista de Chiang Kai-shek declarou formalmente guerra ao Japão, Alemanha e Itália em 9 de dezembro 1941 e os americanos enviaram ajuda na forma de conselheiros militares como o general Stilwell e dos "Incursores de Merrill", soldados norte-americanos que tinham sido treinados em guerra na selva pelos britânicos. Isso foi ainda mais importante quanto os aviões do famoso Ataque de Doolittle, liderado pelo comandante James H. Doolittle, que bombardearam Tóquio e outras quatro cidades japonesas em 18 de abril 1942, quatro meses depois de Pearl Harbor, tiveram que pousar em aeródromos chineses. A invasão da Birmânia ameaçava a Índia, que ainda era a joia da coroa do Império Britânico. Ficou evidente que as forças atacantes japoneses geralmente levavam a melhor sobre britânicos, indianos e Chindits (tropas irregulares de britânicos, gurkhas e guerrilheiros birmaneses, organizadas pelo general Charles Orde Wingate), que eram contornados e cercados. Assim, o comandante britânico, general William Slim, adotou uma nova tática. Em vez de retirar seus homens, deixava-os cercados na posição, abastecendo-os por via aérea. Em seguida, contra-atacava, forçando os japoneses a lutarem de costas para os homens cercados. Em maio de 1944, essa tática já dava resultados.

Em 6 de junho de 1944 – o Dia D –, os japoneses estavam em retirada por todo o Pacífico e no continente asiático, com sua frota mantida nos portos. Os italianos haviam mudado de lado. A Alemanha estava em retirada na Frente Oriental e na Itália. Enquanto isso, as cidades alemãs eram reduzidas a escombros pela Força Aérea do Exército dos Estados Unidos durante o dia e pelo Comando de Bombardeiros da RAF durante a noite. O primeiro "ataque de mil bombardeiros" foi enviado contra Colônia em 30 de maio de 1942. Outras cidades alemãs receberam o mesmo tratamento. Foram criadas bombas de 8 mil libras. Cidades foram bombardeadas com uma mistura de bombas de fragmentação e incendiárias, criando tempestades de fogo que as reduziram a cinzas. O marechal do ar Sir

PARTE UM: PLANEJANDO A INVASÃO

Arthur "Bombardeiro" Harris jamais se desculpou pelo extenso e intenso bombardeio de áreas povoadas, argumentando que os alemães haviam semeado vento quando atacaram cidades britânicas e colheriam tempestades. Harris acreditava que bombardeios em massa, por conta própria, poderiam ganhar a guerra. Naquela situação, ao forçar os alemães a adotarem uma postura defensiva, afirmava Harris, com alguma razão, incontáveis vidas dos Aliados foram salvas quando a Segunda Frente finalmente foi aberta.

Posição de artilharia no alto da Muralha do Atlântico.

2
A MURALHA DO ATLÂNTICO

MURALHA DO ATLÂNTICO foi o nome dado à linha de fortificações costeiras construídas pelos alemães e que se estendia desde o extremo norte da Noruega até a Espanha. A ideia era fazer com que qualquer invasão marítima da Europa continental fosse impossível.

Suas origens datavam da Operação Seelöwe, ou Leão-Marinho, o plano de Hitler para uma invasão anfíbia da Grã-Bretanha. Para que uma invasão fosse bem-sucedida, os alemães teriam que controlar as rotas de acesso ao canal. Assim, a marinha alemã instalou baterias de canhões de longo alcance em Pas de Calais, capazes de bombardear a costa inglesa na área planejada para os desembarques. Hitler ordenou que também o exército disponibilizasse seus canhões de longo alcance. Essas baterias deveriam ser instaladas em espessas casamatas de concreto, para protegê-las de bombardeio aéreo. Até o final de agosto de 1940, a Marinha tinha trinta baterias instaladas e o exército, 42.

Após a derrota na Batalha da Grã-Bretanha, a Operação Leão-Marinho foi arquivada e as defesas costeiras esquecidas. Hitler estava mais preocupado com a guerra no leste, pois acreditava que, se pudesse derrotar os russos, a Grã-Bretanha cairia em si e pediria a paz. Nesse meio tempo, lançou seus submarinos ao alto--mar, em um esforço para subjugar pela fome a Grã-Bretanha até a rendição. Os submarinos alemães partiam de instalações nos portos franceses de Lorient, Brest, St. Nazaire e La Pallice e da ilha alemã de Heligoland. Esses portos precisavam ser fortificados para protegerem os submarinos. Os alemães também reforçaram as fortificações de seus portos no Mar do Norte, que haviam sido despojados de suas defesas pelo Tratado de Versalhes, no final da Primeira Guerra Mundial. Quinze baterias navais ao longo da costa da Holanda protegiam seus acessos. As Ilhas do Canal, as pequenas e únicas porções de território britânico tomadas pelos alemães durante a Segunda Guerra Mundial, foram fortificadas contra uma possível tentativa britânica de retomá-las. Além disso, depois de uma força anglo-francesa ter reocupado brevemente o porto de Narvik no norte da Noruega, no final de maio e início de junho de 1940, foram elaborados planos para sua fortificação.

PARTE UM: PLANEJANDO A INVASÃO

No entanto, a entrada dos Estados Unidos na guerra mudou tudo. Com a América ao lado da Grã-Bretanha, a invasão das Ilhas Britânicas seria impossível e toda a costa ocidental da Europa continental estava aberta a um ataque. De súbito, a Alemanha descobriu que lidava com uma Frente Ocidental estática, que precisava ser defendida. Foi só então que um plano abrangente para fortificar o litoral foi elaborado pelo Alto Comando Alemão. A Diretiva do *Führer* de número 40 instruía o exército, a marinha e a força aérea alemã a colaborarem na construção da Muralha do Atlântico. Logo depois dessa diretiva ser emitida, comandos britânicos fizeram uma incursão ousada em St. Nazaire, em março de 1942, destruindo a doca de manutenção ali instalada. Essa operação foi seguida pelo malfadado ataque a Dieppe, em agosto. Além de ter sido uma falha que custou caro, o ataque a Dieppe alertou os alemães sobre as intenções dos Aliados. Foi então que Hitler ordenou a construção da "Fortaleza Europa", e erigir a Muralha do Atlântico tornou-se uma questão de urgência.

Em 29 de setembro de 1942, Hitler convocou uma conferência para discutir a defesa no oeste. Nessa conferência, propôs a ideia de uma parede de concreto indo do Círculo Polar Ártico até os Pirineus, com 150 mil pontos fortificados e defendida por 300 mil soldados. Essa parede de concreto deveria ser concluída até 1º de março de 1943. Embora fosse esse um cronograma claramente otimista, Hitler conhecia um homem que poderia levá-lo a cabo: Fritz Todt, que havia projetado com urgência a Linha Siegfried, as defesas ocidentais da Alemanha, em 1936. Todt também havia construído mais de 4 mil quilômetros de rodovias entre 1933 e 1938. Todt morrera em um misterioso acidente de avião em 1942, mas a Organização Todt, que levava seu nome, ainda existia. Os planos foram aprovados em 14 de dezembro de 1942, e os trabalhos nos pontos fortificados designados foram iniciados quatro dias depois.

Contudo, em março de 1943, a Muralha não estava nem perto de ser concluída. Reveses na Rússia e bombardeios intensos da indústria alemã haviam retardado sua construção. As obras foram intensificadas em abril, mas um relatório do marechal de campo Gerd von Rundstedt, comandante do exército de Hitler no oeste, afirmava que em nenhum ponto da Muralha as defesas emulavam aquelas das Ilhas do Canal. Rundstedt também destacava que a conclusão rápida da Muralha era agora uma necessidade, já que, com os retrocessos na Rússia, a Alemanha enfrentava uma guerra iminente em duas frentes. Na Diretiva do *Führer* de número 51, emitida em novembro de 1943, Hitler aceitava que uma invasão dos Aliados ao longo da costa atlântica era inevitável, e o exército, a marinha e força aérea deveriam fazer preparativos de emergência para confrontá-la. Rommel foi transferido da Itália para a França para assumir o comando e, embora estivesse subordinado a Von Rundstedt, prestava contas diretamente a Hitler. Quando Rommel inspecionou a muralha, descobriu que, devido à confusão entre os serviços, apenas 30% do trabalho exigido havia sido concluído. O problema era que a construção dos locais de lançamento das bombas voadoras V-2, uma precursora a jato dos mísseis de cruzeiro, recebera prioridade. Assim, Rommel começou a implantar um amplo sistema de defesas de campo entre os pontos fortificados existentes e encheu as praias expostas com uma série de obstáculos. Rommel estava bem consciente da importância de defender as praias:

"A guerra será vencida ou perdida nas praias", [disse ele]: "Teremos apenas uma chance de parar o inimigo e essa será enquanto ele estiver na água, lutando para chegar à terra. As primeiras 24 horas da invasão serão decisivas... tanto para os Aliados quanto para a Alemanha, esse será o mais longo dos dias."

Como operações de dissimulação dos Aliados levaram Hitler a acreditar que a invasão viria através do Estreito de Dover – o menor ponto de travessia do canal – as defesas ao longo do Pas de Calais foram reforçadas. Os alemães também acreditavam que os Aliados teriam de tomar um grande porto para que qualquer invasão fosse bem-sucedida. Fortificações em torno dos portos foram reforçadas e cargas de demolição foram postas nas instalações portuárias, para serem destruídas assim que uma frota de invasão fosse avistada. Em maio de 1944, as fortificações ao longo de Pas de Calais, nas Ilhas do Canal, em torno do estuário do Sena, em Lorient, Brest e Cherbourg estavam se aproximando de sua força total. Isso deixava um ponto fraco ao longo da costa de Calvados, na Normandia. Esse era o lugar onde os Aliados planejaram atacar.

No final, a "Muralha do Atlântico" de Hitler se mostraria um fracasso, não apenas por causa de suas fraquezas, mas por ter sido, fundamentalmente, mal concebida. No início da guerra, Hitler mostrou que aprendera a lição da Primeira Guerra Mundial, ou seja, que a Alemanha não poderia vencer uma guerra de atrito, especialmente se travada em duas frentes. O ditador alemão se tornara o mestre da Europa com sua estratégia de Blitzkrieg, empregada em movimento rápido de colunas blindadas que flanqueavam e ultrapassavam o inimigo. Essas colunas eram apoiadas por caças-bombardeiros que castigavam qualquer ponto fortificado. Agora, Hitler recorria a uma linha de defesa estática, a mesma coisa que não funcionara para a Alemanha na Primeira Guerra Mundial. Hitler também esquecera outra lição militar tão antiga quanto a própria guerra: é suicídio militar tentar defender uma linha longa e estática. O ataque de uma força maciça em um ponto da linha irá rompê-la e, uma vez rompida, seus atacantes avançarão pela brecha se não houver reservas móveis e, em seguida, atacarão os defensores pela retaguarda.

Em 1940, a Linha Maginot, construída na década de 1930 para defender a fronteira da França com a Alemanha, foi simplesmente contornada pelas forças

PARTE UM: PLANEJANDO A INVASÃO

Armadilhas antitanque como estas formavam uma parte essencial das defesas alemães ao longo da costa francesa.

Plataformas maciças de artilharia ao longo da Muralha do Atlântico, em 1944. A grande variação no calibre das armas seria uma verdadeira dor de cabeça para os artilheiros alemães, quando a invasão dos Aliados aconteceu.

alemãs, que atacaram através da Bélgica, como sempre o fizeram. É melhor contar com formações flexíveis que podem manobrar em resposta aos movimentos do inimigo, escolher seus próprios campos de batalha e destruir, ali, o inimigo. Todavia, a partir de 1941, Hitler assumiria pessoalmente o controle da guerra, negando a seus comandantes a autonomia de manobrar no campo de batalha em resposta às condições do momento. Além disso, Rommel insistia em que a Muralha do Atlântico fosse construída em um processo industrial, com componentes padronizados em vez de ter cada parte da rede defensiva adaptada à sua situação em particular.

Todo o plano da Muralha do Atlântico remontava à Primeira Guerra Mundial. O conceito do padrão de "ouriço" fora desenvolvido no campo de batalha de Flandres, onde uma rede de pontos fortificados que se apoiavam mutuamente contava com capacidade de fogo para defender a si própria e cobrir os flancos e a retaguarda de unidades adjacentes. A Linha Siegfried, uma muralha defensiva fortificada alemã construída em 1936 como resposta à Linha Maginot, empregava o mesmo princípio, mas não seria posta à prova até o final de 1944, quando os alemães a usaram para tentar conter o ataque dos Aliados.

PARTE UM: PLANEJANDO A INVASÃO

Porém, desde a época da construção da Linha Siegfried, ocorreram desenvolvimentos enormes em armamentos e táticas, com o uso de paraquedistas, planadores e embarcações para ataques anfíbios. Apesar desses avanços, não houve discussão sobre a necessidade de uma linha defensiva ao longo da costa, que poderia ter sido muito melhor defendida por uma força altamente móvel. A ideia da Muralha do Atlântico foi simplesmente aceita.

Os planejadores logo perceberam que não era possível defender cada trecho da costa igualmente e, sendo assim, foi proposta a ideia de Setores Estratégicos de Defesa Costeira. Esses setores eram áreas a serem defendidas onde se poderia esperar os principais desembarques do inimigo. Cada uma delas seria defendida por um batalhão de artilharia costeira (com duas ou três baterias), baterias navais que estivessem disponíveis, uma brigada antitanque e unidades da força aérea alemã, a *Luftwaffe*, suficientes para cobrir de 6 a 10 quilômetros de costa. Seções menos vulneráveis do litoral foram designados Setores de Defesa Costeira. Cada um seria defendido por um batalhão de artilharia costeira (com duas ou três baterias), um regimento de artilharia, um batalhão antitanque, um batalhão de comunicações e um batalhão de engenharia para cobrir de 15 a 20 quilômetros de costa. Atrás deles haveria reservas móveis de destacamentos blindados, de infantaria, de artilharia e de engenharia. Em áreas vulneráveis, como Pas de

Calais, essas reservas deveriam cobrir 80 quilômetros, enquanto na Normandia deveriam cobrir 350 quilômetros.

Foram construídos quatro tipos de defesas costeiras. A menor foi o Ninho de Resistência, projetado para defesa contra ataques locais de blindados e infantaria. Tripulada por uma ou duas esquadras, o Ninho era construído em torno de pelo menos uma arma antitanque e flanqueado por morteiros e ninhos de metralhadoras instalados ligeiramente à frente, geralmente adiante de uma duna de areia, para proporcionar amplo campo de fogo. Trincheiras de comunicação corriam em zigue-zague para trás das dunas de areia, com abrigos antiaéreos dentro de um sistema de entrincheiramento que incluía trincheiras para fuzis escavadas ao longo da crista das dunas, cobrindo todos os acessos e pontos cegos, com toda área cercada por emaranhados de arame farpado e campos com minas antipessoal e antitanque. Embora muitos desses Ninhos de Resistência fossem instalações permanentes em áreas menos vulneráveis do litoral, também foram implantados como defesa temporária durante a construção de novas fortificações.

O ponto fortificado era o tipo mais comum de defesa, contando com um grupo de posições menores arranjadas de modo difuso em torno de um núcleo de armas mais pesadas, como artilharia ou canhões antiaéreos. As baterias eram montadas em casamatas de concreto, porém, quando a céu aberto, eram cercadas por casamatas com postos de comando, depósitos de suprimentos e alojamentos de pessoal. As armas pesadas eram cercadas por metralhadoras, armas antitanque e armas antiaéreas leves, espalhadas para torná-las menos vulneráveis a um ataque aéreo, mas ainda dentro de um perímetro defensável. Um ponto fortificado era ocupado por pelo menos um pelotão, muitas vezes apoiado por uma reserva local. Portos como os de Ostend e Dieppe eram defendidos por grupos de pontos fortificados. Grupos maiores, defendendo os principais portos e estuários fluviais, eram conhecidos como Setores de Defesa. Os Setores de Defesa contavam com reservas locais para apoio imediato, podendo convocar uma reserva móvel principal. Havia 15 desses setores de defesa entre a Holanda e a fronteira espanhola.

Entre cada uma dessas defesas havia posições intermediárias, ocupadas por pequenos destacamentos. Esses pontos intermediários eram posições defensivas e não postos avançados, sendo usados para manter uma vigilância contínua da costa. Então, nos últimos meses antes da invasão, Hitler acrescentou enormes fortalezas aos Setores de Defesa, onde acreditava ser mais provável que os Aliados atacassem.

A Marinha Alemã, a *Kriegsmarine*, concentrou suas forças limitadas em Pas de Calais, nos principais portos e nas ilhas fora da costa, com o exército ocupando-se das defesas costeiras intermediárias. A ideia era criar uma rede interligada de fogo contínuo. Contudo, a coordenação dessa rede entre marinha e exército era difícil, de modo que o comando das defesas costeiras do exército que apontavam para o mar foi dado à marinha, enquanto as defesas do interior continuaram controladas pelo exército. A linha de demarcação ficou sendo a própria praia. Qualquer fogo de barragem na frente dessa linha, fosse fornecido pelo exército ou pela marinha, era comandado pela marinha, enquanto qualquer fogo de barragem atrás da linha era comandado pelo exército. Novamente, algo difícil de coordenar, especialmente à noite.

Estações de radar da marinha e da *Luftwaffe* (Força Aérea Alemã) foram espalhadas pela costa para procurarem por uma frota de invasão. No entanto, as estações da marinha não passavam suas informações diretamente para os pontos de artilharia. Essas informações eram passadas para um sistema central, o que atrasava a resposta da artilharia.

Trabalho Escravo

As primeiras fortificações foram construídas pela marinha, enquanto as defesas de campo ao longo da costa atlântica foram instaladas pelo batalhão de construção do exército e guarnecidas por suas tropas. Todavia, depois de dezembro de 1941, a construção de todas as novas fortificações principais ficou a cargo da Organização Todt (OT), que já havia construído as instalações alemãs para submarinos. Embora armas, blindagens e equipamento militar fossem fornecidos pelas forças armadas, a OT era responsável pela aquisição de materiais de instalação e construção, pela contratação de empreiteiras e pelo recrutamento, uso e bem-estar da mão de obra, conforme o caso. A Muralha do Atlântico foi construída em grande parte com trabalho escravo, cujo bem-estar não era preocupação de ninguém. Teoricamente, a responsabilidade de construir a Muralha do Atlântico era de um homem, o Inspetor das Defesas Terrestres do Ocidente. No entanto, grupos do exército tinham necessidades especiais, que supostamente deveriam ser ratificadas por Berlim. Esse processo era complicado e, naquele momento, decidiu-se que era melhor ter um oficial de ligação local que servisse de consultor para os engenheiros. As diferentes características de terreno precisavam ser levadas em consideração, já que afetavam os campos de fogo e, em alguns pontos, foram feitos desembarques simulados para melhorar a eficácia das defesas.

O projeto das fortificações permanentes era de responsabilidade do ramo das forças armadas que deveria ocupá-las. O exército, a marinha e a *Luftwaffe* tinham escritórios separados trabalhando nos planos. Como resultado, foram produzidos setecentos projetos com padrões diferentes e que foram usados na construção da Muralha. Cada um desses projetos tinha seu código de identificação próprio, com um prefixo que designava uma casamata, um posto de comando, um posto de combate, um posto de observação, um posto de comunicação ou um posto de apoio pertencente ao exército, à marinha ou à *Luftwaffe*. Cada um desses postos foi projetado para atender especificações mínimas. Não havia frescura. Mesmo os alojamentos não tinham conforto. Espessura das paredes, altura dos aposentos, tamanho das paredes divisórias, corredores, tamanho das portas, aberturas, dimensão das salas, tudo era mantido em um tamanho padrão. Sempre que uma instalação tivesse mais de uma função padrão, simplesmente unia-se várias unidades. No entanto, em 1944, a escassez fez com que a espessura das paredes fosse reduzida e plataformas de armas passaram a ser usadas também como abrigos antiaéreos.

Todas as unidades padronizadas eram projetadas para serem facilmente defensáveis, contando com aberturas para armas na parede voltada para a porta, de modo que a entrada pudesse ser protegida com fogo direto. Cada unidade contava, ainda, com uma saída de emergência, uma tubulação ou uma passagem baixa e estreita escondida. Esses meios de fuga eram bloqueados por uma parede de tijolos provisória, que podia ser explodida com explosivos leves. As unidades também foram equipadas com portas estanques, já que os alemães acreditavam que os Aliados usariam gás.

Variedade de Armas

Um problema com o uso de unidades padronizadas foi a montagem de armas. Na Linha Siegfried, foram usadas armas alemãs padronizadas. Entretanto, em 1944, as forças armadas alemãs contavam com uma ampla gama de armas. Muitas delas haviam sido capturadas no início da guerra e eram de fabricação estrangeira. Havia armas provenientes de mais de dez países, de várias idades e projetos. Isso significava que sua elevação e campo de fogo muitas vezes eram limitados pelo padrão da seteira ou da canhoneira, que tinha sido projetado para uma arma alemã. A grande variedade de armas também causou problemas com o fornecimento de munição. Eram usados 28 calibres diferentes, entre 7,5 e 40,6 centímetros. Canhões antigos da Primeira Guerra Mundial, de 15,5 centímetros, eram comuns, apesar de serem imprecisos e de terem uma baixa taxa de disparo. No entanto, após Hitler reduzir seu programa de construção naval, modernas torres de couraçados passaram a ser usadas.

Fortificações eram instaladas no subsolo, já que o teto de uma unidade fechada não poderia ultrapassar um metro acima do solo. No entanto, isso às vezes causava problemas com infiltração de águas subterrâneas na unidade. Fortificações foram cobertas com terra e grama para reduzir sua silhueta. Superfícies expostas eram camufladas com tinta ou texturização, e a construção era escondida de reconhecimento aéreo por uma rede de camuflagem. Botânicos, zoólogos e geólogos foram empregados para produzir camuflagem natural. A maquinaria de construção era coberta com tapetes entrelaçados de palha e junco, mas era praticamente impossível esconder os canteiros durante a construção.

Unidades como torres de observação ficavam necessariamente expostas acima do solo e, sendo assim, eram disfarçadas como edifícios locais, com tetos falsos e portas e janelas pintadas. Unidades em posições isoladas eram projetados desde o início para se parecerem com torres de água ou igrejas, com mirantes e contrafortes. Algumas edificações existentes foram adaptadas e reforçadas, e fortificações antigas foram preparadas para abrigar armas modernas. Hitler insistia que todas as fortificações fossem feitas de concreto armado por motivo de propaganda. Assim, elas pareceriam inexpugnáveis no noticiário local. Seu uso também resultou de sua própria experiência em casamatas durante os bombardeios ocorridos na Primeira Guerra Mundial. O concreto armado era considerado muito prático. Foram feitos experimentos para determinar a espessura de concreto necessária para parede e tetos, e os cantos foram arredondados para desviar projéteis e a força de explosões.

Sempre que possível, as fortificações eram embutidas em rocha. Caso contrário, fundações maciças de concreto eram construídas. Em um primeiro momento, foi usado concreto alemão de alta qualidade. Contudo, quando o bombardeio Aliado começou a causar problemas de transporte, o cimento Portland comum passou a ser usado, juntamente com areia e agregados locais. Embora supostamente todos os trabalhos de fortificação devessem atender a norma alemã DIN 1164 e panfletos explicando isso fossem impressos em vários idiomas, o uso de materiais locais deixava a construção vulnerável à sabotagem. Trabalhadores forçados colocavam areia demais na mistura, até mesmo açúcar, deixando o concreto muito mais fraco do que o especificado.

Portas eram feitas de aço de 40 milímetros e seteiras ou canhoneiras eram protegidas por uma blindagem que deslizava e travava sobre a abertura. Pontos para fuzis também poderiam ser fechados. Proteção adicional contra foguetes disparados por aeronaves voando baixo era proporcionada por correntes penduradas fora do vão da abertura, fazendo com que o projétil detonasse fora da casamata, e periscópios eram usados para observação.

O "Lindemann", em Sangatte, abrigava três torres de canhões navais de 40,6 centímetros, com giro de 100 graus e ângulo de elevação de 60 graus. A munição era transferida de depósitos com ar condicionado para a sala de armas através de uma escotilha à prova de chama, para um dos dois guinchos de projétil na torre de tiro. Havia três andares de alojamentos, sendo a instalação protegida por paredes e um teto com 3,5 metros de espessura. Ao todo, foram usados 35 mil metros cúbicos de concreto. Fortificações maiores contavam com iluminação, aquecimento, ar condicionado e energia elétrica. As quatro baterias principais em Pas de Calais e na Ilha do Canal podiam receber 99 homens, oferecendo chuveiros, sala de recreação e biblioteca.

A comunicação entre as unidades era feita por telefone de campo. Os cabos tiveram de ser enterrados a pelo menos 2 metros de profundidade, para protegê-los de danos, com uma folga deixada para impedir que partissem quando o solo fosse sacudido por ondas de choque. Instalações importantes também eram dotadas de rádio, para o caso de a comunicação telefônica ser cortada.

Casamatas padronizadas também foram usadas para abrigar hospitais e enfermarias de campo. Havia casamatas para abastecimento de água e depósito. Outras abrigavam estações de radar e estações de retransmissão que repassavam informações sobre alvos para os pontos de artilharia. No entanto, o radar alemão era impreciso e sujeito a interferências e, sendo assim, os artilheiros geralmente confiavam na informação visual fornecida pelos observadores e suas torres de observação especialmente construídas para esse fim. Assim como as defesas costeiras, a Muralha do Atlântico também incluía uma série de instalações ofensivas – docas fortificadas para submarinos e para lanchas de patrulha, os E-boats.

Após a morte de Fritz Todt, ministro de armamentos e produção de guerra, Albert Speer assumira a organização. Speer estava ansioso por completar alguns dos projetos mais visionários de Todt: a extensão do sistema de autoestradas para dentro da França e a construção de uma autoestrada da Noruega à Sicília. Porém, em maio de 1942, Speer foi chamado a uma reunião preliminar para discutir a possibilidade de construir a Muralha do Atlântico. Quando lhe foi perguntado se era possível, Speer disse que, para construí-la, precisaria de aproximadamente 400 mil metros cúbicos de concreto por mês. O cálculo se mostrou subestimado. No auge da construção, aproximadamente 769 mil metros cúbicos eram usados a cada mês e aproximadamente 13.134.500 metros cúbicos de concreto foram usados ao todo.

Em 1943, somente a construção das defesas costeiras da França usavam 14 Batalhões de Construção de Engenharia de Fortaleza, 4 Batalhões de Construção de Engenharia, 5 Companhias de Perfuração de Rocha e 2 Companhias de Instalação de Minas. Na Holanda, 20 mil civis foram recrutados para o programa, juntamente com 30 mil comunistas espanhóis que tinham sido expatriados e foram trabalhar na França desde que o general Franco chegara ao poder na Espanha. Esses homens eram alimentados e pagos, mas a maioria da construção foi feita por mão de obra forçada, enviada da Europa Central em grande número. No auge da operação, em maio de 1943, aproximadamente 260 mil homens eram empregados pelo projeto na França e na Holanda, dos quais apenas 10% eram alemães, geralmente trabalhando como supervisores. Contando com aqueles que trabalhavam na defesa da Dinamarca e da Holanda, mais de meio milhão de homens foram empregados na construção da Muralha do Atlântico. No entanto, conforme os Aliados intensificaram seus bombardeios de cidades alemãs, mais mão de obra da OT era necessária na Alemanha para reparar danos causados por bombas e isso logo resultaria em escassez de mão de obra. Apesar de Hitler insistir que a Muralha deveria estar concluída até março de 1943, a construção ainda continuava em maio de 1944, após uma nova diretiva instruindo que todas as plataformas de armas abertas fossem alojadas em casamatas, embora apenas 20% do concreto necessário chegasse aos locais de construção. O trabalho não estava terminado quando, em 18 de junho, o comandante das forças alemãs na Europa Ocidental, marechal de campo Gerd von Rundstedt, emitiu uma ordem geral transferindo todos os trabalhadores da OT das defesas costeiras para o trabalho de recuperação e reparo das ferrovias francesas.

Um Adversário Formidável

No momento da invasão, 12.247 das 15 mil fortificações planejadas haviam sido concluídas, juntamente com 943 ao longo da costa do Mediterrâneo. Meio milhão de obstáculos de praia foram plantados e 6,5 milhões de minas haviam sido colocadas. Grande parte disso se deveu à eficiência e energia de Rommel. Porém Rommel, como Hitler e Von Rundstedt, concentrou a maior parte de seus esforços em Pas de Calais. No setor crucial ao longo da costa de Calvados, onde os Aliados desembarcaram, apenas metade das fortificações planejadas havia sido construída. Embora muitos dos canhões navais ao longo da costa estivessem prontos, seu alcance era o alto-mar. Apenas uma pequena seção da segunda linha de canhões que poderiam bombardear as praias estava pronta.

Mesmo assim, os Aliados enfrentavam um inimigo formidável. Von Rundstedt, que estava nominalmente responsável pela defesa da Europa Ocidental, contava com 60 divisões à sua disposição, cada uma dotada de 14 mil a 21 mil homens. Embora o Exército Vermelho forçasse uma retirada alemã no leste, Hitler estava convencido de que os soviéticos poderiam ser parados antes de entrarem na Alemanha. A guerra, Hitler acreditava, seria vencida no oeste. Toda sua estratégia era empurrar qualquer força desembarcada de volta ao mar. Uma vez que os Aliados conquistassem um enclave no continente, a guerra estaria perdida.

Entre meados de 1943 e maio de 1944, Hitler aumentou suas forças no oeste em dez grandes unidades. Mas a guerra já cobrara seu preço. O sistema divisional havia ruído e a unidade operacional básica era agora o *Kampfgruppe*, ou grupo de batalha, menor do que uma divisão, mas sem estrutura fixa. Divisões de infantaria haviam perdido muito de seu apoio de artilharia. Além disso, embora as divisões blindadas fossem totalmente motorizadas, o restante do exército alemão dependia de transporte de tração animal, com até 5 mil cavalos por cada divisão. Mesmo a prontidão para combate das divisões blindadas fora limitada pelo bombardeio aliado de seus suprimentos de combustível. O transporte de muitos soldados alemães fora reduzido a bicicletas.

Diversas divisões Panzer apareceram na Bélgica e na França na primavera de 1944. Após seus encontros com os tanques pesados russos em 1941, os alemães começaram a construir seus próprios tanques pesados. Foram introduzidos os tanques *Panther*, *Tiger* e *Königstiger*. Estes últimos eram imunes às armas dos tanques aliados a mais de 200 metros e podiam nocautear um tanque a cinco vezes essa distância. No entanto, como o avanço implacável do Exército Vermelho continuou, esses Panzers tiveram de ser enviados para o leste. Não obstante, em 6 de junho, os alemães contavam com 16 mil tanques na Europa ocidental, porém em grande parte agrupados na área entre a Holanda e o Sena. Ao sul do Sena, os alemães tinham apenas uma divisão Panzer e duas unidades menores em Caen.

Em construção: as defesas do Atlântico deram aos nazistas a ilusão de segurança contra uma invasão aliada, uma ilusão que seria duramente desfeita em 6 de junho de 1944.

PARTE UM: PLANEJANDO A INVASÃO

Havia seis outras divisões estacionadas na área, porém algumas delas dependiam de batalhões Ost (leste) de prisioneiros de guerra da frente oriental, que haviam se apresentado "voluntariamente" para lutar pela Alemanha. Esse contingente era formado em grande parte por anticomunistas russos ou russos que se declararam anticomunistas enquanto eram prisioneiros de guerra maltratados e passavam fome. Sua motivação para lutar contra os britânicos e americanos era pouca.

As perdas no leste significavam que o exército estava tendo problemas para recrutar homens. Trabalhadores estrangeiros estavam sendo enviados para a Alemanha, para liberar mão de obra alemã das fábricas de lá. Em novembro de 1943, foi iniciado um programa para "peneirar" o restante dos alemães sadios e alistá-los no exército. Apesar de ameaças das mais severas penalidades por evasão, em abril de 1944, apenas 6.500 novos homens haviam sido recrutados. Mais da metade dos homens em divisões SS tinha menos de 20 anos, enquanto divisões "estáticas" eram compostas por soldados idosos e homens doentes. A situação era complicada ainda mais pelo colapso do sistema divisional. Ninguém sabia se um grupo de batalha tinha homens demais ou de menos.

A *Luftflotte 3* (3ª Frota Aérea) e o 9º Corpo Aéreo, unidades de caças e bombardeiros que defendiam a Europa ocidental, tinham problemas semelhantes. Dos

Campos minados ao longo da costa francesa, em 1943. Os aliados desenvolveram o "Crab" (caranguejo), tanque antiminas para lidar com essa ameaça.

900 aviões no inventário da *Luftflotte 3*, apenas 650 estavam em funcionamento, embora houvesse mais 145 na Noruega. O 9º Corpo Aéreo, que tentara bombardear os portos de embarque do Dia D no sul da Inglaterra, contava com apenas 100 aviões. Mas a falta de aeronaves não era o único problema. Apesar dos bombardeios dos Aliados, Speer conseguiu aumentar consideravelmente a produção de aeronaves durante 1944, mas a produção acabaria por superar a oferta de pilotos treinados. Em maio de 1944, dos 2.155 aviões perdidos pela *Luftwaffe*, 847 foram derrubados em acidentes que não envolveram uma ação inimiga.

A Marinha Alemã retornara suas embarcações de superfície para seus portos de origem e, devido à falta de cobertura pela *Luftwaffe*, os navios não ousavam se aventurar fora do porto à luz do dia. No Ocidente, os alemães tinham 3 contratorpedeiros, 5 lanchas torpedeiras, 34 canhoneiras, 163 caça-minas e 34 submarinos. E, acreditando que a ameaça de invasão amenizara, o almirante Karl Dönitz, chefe da marinha e mais tarde sucessor de Hitler, ordenara que os submarinos voltassem para o Atlântico no final de maio. A marinha também tinha um plano para lançar "barragens relâmpagos" de minas ao primeiro sinal de aproximação de uma força invasora, mas o plano dependia da cooperação da *Luftwaffe*, que se recusara a ajudar.

Tropas Desmoralizadas

O moral das forças alemãs no oeste não era bom. Depois de muitos meses – em alguns casos, anos – de espera, as tropas relaxaram. Sua atenção estava voltada para usufruir da comida, do vinho e das mulheres francesas. Também tiveram de suportar o efeito deletério do desprezo e, algumas vezes, da desobediência pura e simples da população ocupada. As crescentes atividades da Resistência interrompiam a rotina cotidiana e deixavam os alemães sobressaltados. Os nazistas não se sentiam totalmente seguros em nenhum lugar dos países ocupados. Ordens foram emitidas para que membros da Resistência ou comandos inimigos fossem combatidos sem clemência, mesmo que tentassem se render sem lutar. Soldados antes imbuídos do ideal de nobreza de sua causa e da superioridade ética da raça alemã achavam difícil se reconciliar com ideia de atirar em prisioneiros a sangue frio. Em geral, apenas as tropas SS fanáticas de Hitler assassinavam prisioneiros a sangue frio.

Na Frente Oriental, era mais fácil motivar os soldados, dizendo a eles que estavam envolvidos em uma cruzada contra o comunismo e os eslavos "subumanos". No oeste, porém, havia eslavos lutando ao lado desses soldados, que não conseguiam encontrar razões raciais ou ideológicas para desprezar britânicos e americanos. Um sargento foi severamente repreendido por dar um cigarro a um aviador britânico abatido sob olhares de civis franceses. Apesar disso, as tropas alemãs foram instruídas para, em caso de invasão, lutarem até a morte. O Chefe do Estado Maior, o general alemão Alfred Jodl, disse "seremos vitoriosos porque temos de ser vitoriosos, caso contrário não haverá mais sentido para a história do mundo".

Jodl foi julgado e executado em Nuremberg, em 1946, porque havia homens do outro lado do canal inglês que tinham uma visão diferente da história. No final, a Muralha do Atlântico e o sacrifício de homens que nela lutaram até a morte foram um desperdício. Jodl, que estava perto de Hitler, sabia que havia somente uma esperança para o Terceiro Reich, o Reich que deveria durar mil anos. Essa esperança não estava na Muralha do Atlântico, mas nas armas secretas que estavam em desenvolvimento.

3
A GUERRA DOS SEGREDOS

Embora na Conferência de Casablanca, em janeiro de 1943, o presidente Roosevelt tenha concordado em adiar uma invasão em larga escala à França por via marítima até 1944, os chefes de Estado-Maior reunidos, que incluíam os chefes do Estado-Maior conjunto dos Estados Unidos e o comitê dos chefes de Estado-Maior britânicos, começaram a planejar a operação e passaram a estudar o desastroso ataque em Dieppe, concluindo que a força das defesas inimigas ao longo da costa francesa exigia uma imensa concentração de poder no ataque inicial. Em vez de assaltos e invasões dispersos em toda a extensão do litoral, seria melhor empreender um único ataque principal. Isso garantiria uma cabeça de praia que serviria de ponto de desembarque e área de reunião e suprimento para o restante da força de invasão.

Primeiro, os planejadores precisaram encontrar um local adequado para a tal cabeça de praia, que deveria estar ao alcance dos caças baseados no Reino Unido, de modo que a superioridade aérea sobre a cabeça de ponte pudesse ser mantida. Aeródromos ou locais adequados para sua construção teriam de estar à mão. Praias deveriam ser protegidas dos ventos. Nessa área, deveria haver pelo menos uma porto de grande porte, com boas ligações rodoviárias para que a força de invasão pudesse avançar.

Para os alemães, os aliados desembarcariam em Pas de Calais, onde a travessia marítima seria menor, de apenas 35,4 quilômetros. Ali, havia boas praias e três grandes portos em Dunquerque, Calais e Boulogne. Porém, a experiência de Dieppe convenceu os Aliados de que o porto não poderia ser capturado no desembarque inicial. Entre Boulogne e a foz do Somme, havia meia dúzia de praias adequadas, com boas ligações rodoviárias para o interior. Embora esperasse ataques diversionários na Normandia e Bretanha, Hitler estava convencido de que o ataque principal aconteceria em algum lugar entre Dunquerque e o Somme.

Entretanto, os planejadores dos Aliados encontraram uma série de praias adequadas em uma baía protegida na costa norte da Normandia, entre o estuário do Orne e o pé da Península do Cotentin. Não havia portos lá, mas os planejadores

PARTE UM: PLANEJANDO A INVASÃO

encontraram uma solução. Construiriam portos com peças pré-fabricadas, chamadas "Mulberry", a serem rebocadas através do Canal. Uma vez que a cabeça de praia estivesse assegurada, as forças aliadas seriam capazes de rumar para oeste, cortando a Península do Cotentin. Poderiam, então, tomar o porto de Cherbourg e os portos da Bretanha. A Normandia era plana e adequada para a construção de aeródromos, com boas estradas se estendendo em direção a Paris e à fronteira alemã. A escolha de um local para os desembarques que estava longe de ser óbvio foi o primeiro grande segredo do Dia D.

A derrota da *Luftwaffe* na Batalha da Inglaterra permitiu um reconhecimento aéreo detalhado da área. Cada centímetro da linha costeira foi fotografado por voos exclusivamente de reconhecimento, bem como bombardeiros que sobrevoavam a área em missão. As fotografias aéreas foram utilizadas para construir um mapa em escala de 1:25.000. Aviões carregavam duas câmeras para que imagens estereoscópicas pudessem ser usadas para construir modelos mostrando o formato do solo, árvores, sebes e fortificações alemãs, além de pontos fortificados em torno das praias de desembarque e das zonas de salto. Mais tarde, esses modelos seriam usados nas instruções para a força de ataque, pouco antes do Dia D.

O rescaldo da fracassada incursão britânica a Dieppe, em 1942. Embora sem sucesso, as lições aprendidas não seriam esquecidas nos preparativos para a Operação Overlord.

O reconhecimento aéreo também revelou um dos segredos de Hitler. Sua primeira "arma de vingança", a bomba voadora a jato V-1, apareceu nas fotos. A campanha de bombardeio contra o centro de pesquisas em Peenemünde, no Báltico, e contra as rampas de lançamento em Pas de Calais, atrasou a construção das V-1 e evitou que fossem usadas para interromper a reunião da força de invasão. Em 1943, intérpretes de fotografia aérea detectaram o início da construção de baterias do chamado "Canhão de Londres". Essa arma tinha um cano de mais de 120 metros de comprimento, capaz de disparar 25 kg de explosivos pesados a mais de 160 quilômetros. Estavam planejadas duas baterias de 25 canhões, cada uma despejando dez disparos por minuto no centro de Londres. A 1ª Força Aérea dos Estados Unidos destruiu o local e o projeto foi abandonado.

Inicialmente, seria preciso um reconhecimento aéreo em altitudes elevadas. Contudo, no início de 1944, o chefe da *Luftwaffe*, o *Reichsmarschall* Herman Göring, chamou seus caças de volta para defenderem a Alemanha contra o bombardeio dos Aliados. Isso permitiu um reconhecimento aéreo de baixa altitude com os rápidos aviões Mosquitoes, proporcionando resultados muito mais detalhados.

Todavia, por melhor que fosse o reconhecimento aéreo, os Aliados precisavam conhecer detalhes sobre a construção das defesas, da força e do moral das tropas inimigas que enfrentariam nas praias. Uma vasta quantidade de informação era necessária sobre essas praias e os locais de salto a serem usados pelas tropas aerotransportadas. Seria preciso eliminar as defesas locais antes que os desembarques começassem e numerosos objetivos no interior teriam de ser conquistados para que a cabeça de praia pudesse ser defendida. Toda essa informação seria, então, usada para elaborar um plano detalhado.

Planos Roubados

A resistência francesa já presenteara os Aliados com um mapa e uma planta das defesas alemãs em torno de Cherbourg e Le Havre, a área onde os desembarques ocorreriam. Esses documentos haviam sido roubados dos engenheiros alemães responsáveis pelas construções por um empreiteiro francês chamado para redecorar os escritórios da OT. Os planos não somente mostravam as posições de plataformas de armas, baterias, casamatas, abrigos fortificados de metralhadora e sistemas de trincheira, como também suas especificações técnicas. Campos de tiro, intervalos entre armas, detalhes de comunicações e sistemas de comando e os locais de abastecimento e depósitos de munição estavam mostrados ali. Quando esse material chegou à Inglaterra, o MI6 receou não poder usá-lo, já que os alemães teriam dado falta dos planos e alterado tudo. No entanto, não era assim que as coisas funcionavam com os nazistas. Quando a unidade de engenharia que preparara o material furtado percebeu que este havia sumido, ficou com tanto medo das consequências que acobertaram a perda produzindo rapidamente uma duplicata. O reconhecimento aéreo logo confirmou que as fortificações em construção continuavam a seguir os planos roubados.

Os Aliados obtiveram ainda mais informações da Resistência Francesa. Já que a Resistência não podia se arriscar a espionar as defesas em si, que eram construídas em "áreas proibidas", seus membros viajam pelas áreas periféricas, conversando com moradores locais que testemunhavam a construção da Muralha do Atlântico, de Hitler, no curso de suas atividades normais.

Muitas das tripulações de artilharia alemãs eram alojadas por famílias francesas. Essas tripulações consistiam em homens de meia-idade que, como seus hospedeiros involuntários, passaram pelos horrores da Primeira Guerra Mundial. Isso criaria um vínculo entre eles. Depois de um copo de vinho à noite, os artilheiros alemães resmungavam sobre um posto de metralhadoras que era uma armadilha mortal, um comandante que era um bêbado, uma unidade que só falava russo ou uma parte vital de um equipamento que não havia chegado da Alemanha. A Resistência coletava todos esses pedaços de informações aparentemente inocentes e os enviava para uma unidade do MI6 em Oxford Street, Londres, conhecida como os Marcianos. Reunindo as informações coletadas por esses informantes – aproximadamente 50 mil deles – os aliados criaram uma imagem detalhada do que enfrentariam quando o dia da invasão chegasse. As informações eram tão detalhadas que as unidades aliadas não só conheciam pormenores íntimos dos oficiais e soldados que tripulavam os alvos a serem atacados como puderam ensaiar o ataque por meses em réplicas criadas em campos de treinamento na Inglaterra.

O homem que roubara os planos da Muralha do Atlântico chamava-se René Duchez, um pintor e decorador contratado para um serviço nos escritórios da Organização Todt, em Caen. Duchez roubara os planos por impulso quando a oportunidade surgiu, mas normalmente reunia informações de forma mais sistemática. Passando por simplório, Duchez ficava rondando pelos cafés frequentados pelos engenheiros da Todt e iniciava discussões sobre os métodos de construção. Aproveitava então, para sugerir aos engenheiros alguma forma já antiquada de construção. Os alemães presumiam, assim, que Duchez era um colaborador e ficavam felizes em corrigi-lo e informá-lo sobre os mais recentes métodos de construção. Como estes eram muito difíceis de explicar para alguém aparentemente tão atrasado como ele, os engenheiros desenhavam pequenos diagramas que Duchez dava um jeito de enfiar nos bolsos. Além disso, durante os frequentes ataques aéreos, os homens da Todt corriam para os abrigos, deixando Duchez e outro agente, Henri Marigny, livres para verificarem as defesas. E nos finais de semana,

Duchez levava grupos de meninos e meninas para passeios de bicicleta ao longo da costa. Os alemães aprovavam um exercício tão saudável, sem saberem dos mapas que René produzia e escondia enrolados no guidão de sua bicicleta. Duchez acabaria traído, mas quando a Gestapo, a polícia política alemã, chegou em sua casa, encontrou sua esposa, a sra. Duchez, que parecia estar discutindo com um homem que se recusava a pagar por um trabalho de má qualidade feito por seu marido. Depois de uma altercação, a Gestapo o pôs para fora, sem perceber que se tratava do próprio René Duchez. Infelizmente, como não conseguiu pôr as mãos em Duchez, a sra. Duchez acabou sendo enviada para o campo de concentração de Matthausen.

Outro agente se disfarçou de sacerdote e, travestido de religioso, perambulava a qualquer hora do dia ou da noite sob pretexto de atender as necessidades de seus paroquianos. Terminou desmascarado, não pelos alemães, mas por católicos devotos, alegando que ele não tinha o direito de ouvir confissões. Houve, ainda, um escultor monarquista chamado Charles Douin, cujo trabalho consistia em viajar por cidades e aldeias costeiras, restaurando estátuas e monumentos. Infelizmente, Douin culpava os ingleses pela Revolução Francesa e pela execução de Luís XVI, e se recusava a trabalhar para os Aliados. No entanto, estava perfeitamente satisfeito em espionar para "Rei da França". Seu trabalho muitas vezes exigia que subisse até o topo da torre de igrejas, o que lhe dava boa vista da planície rural. Como viajava pelo interior, parava para tomar um copo de vinho e conversar longamente com os moradores, que muitas vezes revelavam detalhes das construções em andamento na área e, com seus olhos de artista, Douin poderia divisar o concreto fresco, a terra recentemente revolvida e o arame farpado brilhando ao sol. Pescadores foram outra fonte de informações. Esses homens vislumbravam as defesas costeiras a partir do mar e, às vezes, podiam ser convencidos a levar uma câmera consigo. Quando os alemães pretendiam testar os canhões da Muralha, punham cartazes de alerta para que os pescadores se afastassem de uma área específica. A partir dos detalhes, era possível determinar o alcance e o campo de tiro dos canhões. Campos minados eram preparados em segredo, à noite. No entanto, quando um agricultor descobria que parte de sua terra estava fora dos limites, deveria ir até o escritório fiscal local para requerer uma redução de seu imposto territorial. Tudo o que um agente tinha de fazer era sentar e ouvir.

Os alemães também despenderam grandes esforços para ocultar a designação das unidades enviadas para as defesas costeiras. Emblemas, brasões e outros símbolos de identificação eram removidos. Contudo, os soldados tinham o número de sua unidade impresso na roupa de baixo, que era lavada pelas francesas locais. Quando uma unidade era transferida – em geral, por segurança e com pouco aviso prévio – um endereço de encaminhamento era dado para que as lavadeiras pudessem enviar a roupa lavada aos soldados. Quando um soldado alemão morria, era enterrado em um cemitério local. A ideia era exumar seu corpo e levá-lo de volta à Pátria quando a guerra terminasse. Assim, seu nome, número e unidade estavam marcados em seu túmulo.

Outras informações viriam de franceses e francesas que trabalhavam como funcionários ferroviários, faxineiros e telefonistas. Fragmentos vitais eram enviados para Londres, para serem meticulosamente reunidos. Somente quando uma operação de contrainformação organizada foi posta em ação durante março e abril de 1944 é que os alemães começaram a perceber o quanto os Aliados sabiam. Na verdade, os "Marcianos" sabiam mais sobre a Muralha do Atlântico do que os alemães que a haviam construído.

Sabotagem

Em janeiro de 1944, uma unidade da Resistência Francesa empreendeu um ataque armado não autorizado a um posto de comando alemão no intuito de apreender documentos. Como apenas um membro da unidade falava alemão, a maioria do que levaram consigo era inútil. Mas um documento chegaria a Londres, via Paris, uma cópia de um relatório escrito pelo marechal de campo Rommel, que havia inspecionado a Muralha em novembro e dezembro de 1943, logo quando fora designado para supervisionar as defesas alemãs e as encontrou longe de estarem adequadas. Em alguns lugares, as ameias eram tão estreitas que limitavam o campo de tiro dos canhões. Em outros, a construção era pequena demais para permitir o recuo. A Muralha havia sido construída com mão de obra escrava que, deliberadamente, cometera "enganos", além de errar nas fundações, economizar nos reforços e enfraquecer a mistura do concreto. Isso confirmava relatos que os "Marcianos" já tinham, sabedores também de que a sabotagem havia sido muito mais extensa do que Rommel descobrira. Naturalmente, os engenheiros da Todt envolvidos na construção da Muralha conheciam as falhas. Falar delas, no entanto, poderia significar assumir a culpa e uma rápida transferência para a frente russa.

Com sua energia característica, Rommel se dedicou a reforçar a Muralha. Porém, como levaria muito tempo para corrigir as fortificações, Rommel ordenou o uso extensivo de minas, armadilhas e obstáculos, transformando o norte da França no que chamou de "jardim do diabo". Novamente, concentrou a maior parte de suas energias nas defesas em Pas de Calais. Mas nas semanas que antecederam o Dia D, o reconhecimento aéreo revelou que Rommel voltara suas atenções para as praias da costa da Normandia, e os Aliados começaram a temer que o marechal de campo soubesse de seus planos.

Apesar da enorme quantidade de informações amealhadas sobre a Muralha do Atlântico, os Aliados pouco sabiam sobre as praias. Poderiam elas, por exemplo, suportar o peso de um tanque? Na época do ataque a Dieppe, houve um apelo nacional por fotografias de férias passadas em praias francesas. Essas fotografias forneceram informações vitais sobre a inclinação das praias, algo que não poderia ser observado em fotografias aéreas. Publicações turísticas francesas também foram reunidas e revelaram que havia depósitos de turfa comercialmente viáveis na praia na região de Arromanches-Asnelles, onde um dos portos Mulberry deveria ser instalado. O conselheiro científico do quartel-general encarregado de operações, professor John Bernal, foi chamado para fazer experimentos sobre a resistência da turfa a cargas. Depois da libertação de Paris, Bernal visitou um velho amigo na Sorbonne, professor Jean Wyart, que disse a Bernal que esperava que este tivesse recebido as informações que enviara, com grande risco pessoal, sobre as condições das marés e as inclinações das praias. De volta à Inglaterra depois da guerra, Bernal constatou que a informação de Wyart havia sido recebida, protocolada e arquivada em um armário como "Altamente Secreta", sem nunca ter sido usada.

Não obstante, Bernal coletou todas as informações geológicas, biológicas e topográficas que pode encontrar nas praias da Normandia e procurou praias inglesas que fossem semelhantes. Bernal descobriu que a praia de Brancaster, em Norfolk, tinha quase todas as características das praias do desembarque. Assim, um treinamento preliminar começaria ali com Grupos de Reconhecimento de Operações Combinadas em dezembro de 1943. As unidades COPPS (do inglês Combined Operations Pilotage Parties) eram especialmente treinadas para realizar o reconhecimento em praias inimigas durante a noite. Essas unidades eram desembarcadas na costa da Normandia por submarino e remavam ou nadavam até a praia para recolher amostras e fazer outras medições. Além disso, faziam o reconhecimento de minas e obstáculos abaixo da linha d'água. Amostras eram retiradas para que réplicas fossem feitas e os sapadores Aliados as usassem em seu treinamento, para que soubessem exatamente como destruí-las. Esse trabalho foi vital. Embora os obstáculos nessas praias não impedisse que a força de ataque inicial chegasse à terra, limitavam o desembarque de reforços, suprimentos e estrutura de comando necessários para que a cabeça de praia progredisse. Sem isso, o ataque estancaria e as tropas de desembarque seriam empurradas de volta ao mar.

Os alemães estavam, obviamente, à procura de comandos invasores, que deveriam ser fuzilados onde encontrados, conforme ordem direta do *Führer*. Como precaução, as equipes COPPS também eram lançadas de paraquedas ao longo de Pas de Calais para continuar com o engodo de que era ali que aconteceria a invasão que estava por vir. As patrulhas alemãs à procura de comandos tinham seu lado positivo: as rotas que tomavam mostravam claramente aos observadores dos

Aliados onde as praias não estavam minadas. Mesmo durante o dia, minissubmarinos submersos ao largo faziam o reconhecimento das praias. Cartas náuticas, regulamentos portuários, avisos aos navegantes e guias foram usados para construir um retrato das condições das praias e novas técnicas foram desenvolvidas para lidar com a velocidade das ondas ao longo das áreas de desembarque.

A praia de Brancaster também foi usada para descobrir o que aconteceria se o bombardeio aéreo da Normandia ficasse aquém do alvo e criasse crateras na linha da praia. Verificou-se que grandes crateras de bombas prejudicariam os desembarques. Como resultado, apenas bombas, com fusíveis instantâneos para que não explodissem quando as tropas estivessem em terra, seriam usadas durante os desembarques.

O problema era que os alemães sabiam que os Aliados estavam chegando. Mesmo que parecesse óbvio que o ataque aconteceria mais cedo ou mais tarde, os Aliados ocidentais encorajaram essa noção. Na Operação Cockade, os serviços de informação britânicos alimentaram os alemães ativamente com rumores de que os Aliados pretendiam atacar algum lugar ao longo da costa Atlântica. A ideia era forçar os alemães a reterem homens e munições na Europa ocidental, aliviando a

General Erwin Rommel, convocado de volta por Hitler depois da queda do norte da África para supervisionar as defesas da Muralha do Atlântico.

pressão sobre o Exército Vermelho no leste e sobre as Forças Aliadas que abriam caminho através da península italiana pelo sul.

A tática central da inteligência aliada era manter os alemães pensando que os desembarques ocorreriam em Pas de Calais, de modo que concentrassem suas forças ali. A tarefa seria difícil, já que os alemães sabiam que os britânicos eram mestres do engodo. Durante a Primeira Guerra Mundial, o coronel Richard Meinertzhagen, oficial de informações do marechal Edmund Allenby, deixou cair uma mochila manchada de sangue, aparentemente por acidente, na frente de uma patrulha turca na Palestina, em 1917. Mensagens de rádio frenéticas, interceptadas e decifradas, falavam de Meinertzhagen sendo levado à corte marcial por negligência. Isso convenceu os turcos de que os planos falsos na mochila fossem reais, levando à vitória decisiva de Allenby sobre os turcos na Batalha de Gaza. Mais recentemente, o corpo do fictício "major William Martin" dos fuzileiros britânicos – o "homem que nunca existiu" – foi despejado no Atlântico para desembarcar no Golfo de Cadiz. Mensagens de rádio britânicas foram captadas pelos alemães sobre o major desaparecido e sua pasta, que conteria material altamente confidencial. Os alemães persuadiram o chefe do Estado-Maior da armada espanhola, que era simpático a Hitler, a deixá-los examinar os documentos, antes de lacrá-los novamente e entregá-los de volta aos britânicos. Isso os levou a esperar uma invasão na Sardenha, com um ataque diversionário na Grécia, em vez dos desembarques ocorridos na Sicília.

Consequentemente, os oficiais de informação foram instruídos a ficarem atentos a Pas de Calais, para se certificarem de que os alemães ainda estavam reunindo forças lá. Os Aliados também precisavam saber se havia um mínimo de atividade na Normandia. Se os alemães já estivessem prontos e esperando, como ocorrera em Dieppe, a Operação Overlord poderia se transformar no maior desastre militar que o mundo jamais vira.

Desvendando o Código

Em se tratando de engodos, os Aliados ainda tinham alguns truques na manga. Primeiro foi o Ultra, o sistema de deciframento de códigos desenvolvido em Bletchley Park e que decifrou as comunicações militares alemãs de alto nível criptografadas pelo código Enigma, que os alemães ainda acreditavam ser indecifrável. Os técnicos em Bletchley Park eram capazes de informar aos agentes de informação se o inimigo acreditava ou não na desinformação que espalhavam.

Os Aliados foram ajudados, ainda, pela rivalidade entre o *Abwehr*, o Serviço Militar Alemão de Informações, e o *Sicherheitsdienst*, ou Serviço de Segurança (SD), o setor de informação da SS e do Partido Nazista. O objetivo do chefe da

SD e um dos autores da "solução final", Reinhard Heydrich, era controlar o *Abwehr* e se livrar de seu chefe, o almirante Wilhelm Canaris, um conhecido antinazista. Heydrich, porém, foi assassinado em Praga em 1942. Heinrich Himmler também tentou se livrar de Canaris, mas este tinha informações secretas sobre Himmler. Canaris só foi desacreditado depois de uma deserção do alto escalão do *Abwehr* em janeiro de 1944. A partir daí, o *Abwehr* seria encampado pela SD. Canaris foi executado em 9 de abril de 1945 como um dos conspiradores da *Schwarze Kapelle* que tentou assassinar Hitler em *Wolfsschcinze*, a Toca do Lobo, seu quartel-general na Prússia Oriental, em julho de 1944. No entanto, o novo chefe do setor militar de informação da SD, o antigo *Abwehr*, era, sem o conhecimento das autoridades, outro membro da *Schwarze Kapelle* e leal seguidor de Canaris.

Em uma tentativa de aumentar sua influência sobre Hitler, os grupos rivais dentro da inteligência alemã inflavam suas estimativas de força do inimigo, levando o *Führer* a acreditar que os Aliados tinham entre 85 e 90 divisões disponíveis para a invasão. Na verdade, eram apenas 35. Isso favorecia o serviço de contrainformações dos Aliados, que inundava as transmissões de rádio com mensagens sobre um inexistente 1º Grupo de Exércitos dos Estados Unidos, ou FUSAG (First United States Army Group), além do igualmente fictício Quarto Exército Britânico.

As mensagens de rádio interceptadas sobre esses exércitos fictícios eram respaldadas pelos relatórios de espiões da Alemanha na Grã-Bretanha. Todo esse esquema era fácil de organizar, já que as tentativas nazistas de espionar a Grã--Bretanha eram extraordinariamente ineptas. Os alemães enviaram para a Grã--Bretanha agentes que não falavam inglês fluentemente e não sabiam nada sobre o país, esperando que se misturassem com a grande população de estrangeiros que fugia da perseguição nazista. Mas as áreas onde a força de invasão estava sendo reunida estavam proibidas a estrangeiros, e os espiões nazistas acabavam facilmente sendo capturados. A maioria nunca chegou perto e foi presa ainda nas praias. Muitos estavam mesmo ansiosos para se entregar.

Em março de 1944, um agente alemão que alegava ser uma figura de destaque na resistência belga se apresentou à embaixada britânica na neutra Suécia. Disse ele que estava em fuga e que os alemães haviam colocado um preço por sua cabeça. Para provar sua história, entregou recortes de jornais da imprensa belga controlada pelos alemães, em que aparecia sua fotografia. Isso imediatamente alertou os britânicos. Qual lutador genuíno da resistência fugiria levando consigo recortes de jornais incriminadores por toda a Europa ocupada? O homem foi levado para a Escócia, onde foi solto para ver se levaria o MI5 a outros contatos. Quando ficou claro que trabalhava por conta própria, foi preso. Anotações sobre movimentos de transportes e danos causados por bombas foram encontrados em seu poder. Isso foi suficiente para garantir-lhe uma sentença de morte em seu julgamento em Old Bailey, em 26 de maio de 1944.

Redes de Espionagem Alemãs

Antes da Segunda Guerra Mundial, os alemães haviam instalado duas redes de espionagem no Reino Unido. Uma delas era uma rede de empregados domésticos que deveriam informar qualquer coisa de importância que ouvissem ou vissem, mas cujo papel principal era desviar dos agentes profissionais do *Abwehr* a atenção do MI5 e da Divisão Especial da Scotland Yard. Antes que fossem enviados para a Grã-Bretanha, os agentes do *Abwehr* frequentavam uma escola especial em Hamburgo, onde eram treinados para se parecerem com ingleses e se comportarem como eles. Seu instrutor, formado em Oxford, dizia-lhes que o melhor disfarce era criar uma aura de respeitabilidade e, na Grã-Bretanha, respeitabilidade dependia de ter um saudável saldo bancário. Seus espiões eram instruídos a abrirem uma conta poupança nos Correios quando chegassem à Grã-Bretanha e depositarem todos os fundos do *Abwehr* que tivessem trazido consigo. Devem, então, ir à polícia e relatar a perda da caderneta bancária, mencionando o quanto estava anotado nela. Isso, segundo ele, seria suficiente para convencer a polícia de que eram cidadãos respeitáveis. No entanto, o instrutor havia sido plantado pelo MI6 e, quando a guerra eclodiu, a polícia britânica contava com uma lista de praticamente todos os agentes do *Abwehr* no país.

A chave para a operação de contrainformações britânica era um canadense conhecido como Snow. Ele era engenheiro elétrico, mas posava de espião e, primeiro, ofereceu seus serviços à Inteligência Naval Britânica em 1936 e, em seguida, ao MI6. Ambos recusaram. Depois disso, ofereceu seus serviços ao *Abwehr*. Naturalmente o MI5 o vinha mantendo sob vigilância e um dia após a guerra ter sido declarada, Snow foi preso. Foi sugerido a ele que deveria considerar a possibilidade de se tornar um agente duplo. Como a única alternativa era fazer isso ou terminar pendurado na ponta de uma corda, ele concordou. Snow mantinha contato com o *Abwehr* por rádio e seus contatos em Hamburgo informavam-no regularmente sobre os agentes que enviavam. Essas informações eram passadas para as autoridades britânicas e os agentes também eram apanhados.

Os alemães tiveram maior sucesso na França ocupada, onde conseguiam capturar agentes britânicos e membros da Resistência Francesa. Conforme o Dia D se aproximava, os Aliados precisavam informar os Maquis de seus planos para que pudessem coordenar o ataque com as atividades de sabotagem da Resistência e minimizar as baixas civis. O serviço de informação alemão na França descobriu a data da invasão dessa forma. Contudo, a tarefa principal das operações alemãs

PARTE UM: PLANEJANDO A INVASÃO

A máquina alemã Enigma, usada para criptografar o código Ultra. Decifrar este código seria vital para o sucesso na Batalha do Atlântico.

de informação na França era rastrear e matar a Resistência, não interrogá-la, e as informações que obtiveram acabaram perdidas no jogo de cena do logro aliado.

Muito embora o Exército Vermelho, em 1944, estivesse se aproximando incansavelmente vindo do leste, e os Aliados estivessem progredindo inexoravelmente pela península italiana, Hitler ainda estava convencido de que poderia ganhar a guerra. Com sua arma V-1 e seus canhões de Londres, poderia forçar a Grã-Bretanha à rendição. Embora a campanha de bombardeio dos Aliados cobrasse seu preço, especialmente da *Luftwaffe*, a produção de guerra aumentara em dez vezes desde 1940 e não havia crise de abastecimento. Os alemães tinham tanques e armas que eram superiores a qualquer coisa que os Aliados possuíssem, além de um exército com experiência de combate de 10 milhões de homens. Os caças que saíam das fábricas podiam bater qualquer aeronave dos Aliados e os V-2 – o primeiro míssil balístico moderno – estava em produção. Para evitar que Londres se tornasse um amontoado de escombros fumegantes, os Aliados teriam

Alan Turing, matemático e criptógrafo de Bletchley Park.

PARTE UM: PLANEJANDO A INVASÃO

de se livrar dos locais de lançamento em Pas de Calais. Esse foi outro motivo para Hitler estar convencido de que o ataque dos Aliados aconteceria ali e de a região estar protegida pelo setor mais forte da Muralha do Atlântico. Ali Hitler manteve sua mais poderosa força de defesa, o impressionante Décimo Quinto Exército.

Os Aliados tinham muito interesse em deixar que Hitler continuasse acreditando nisso e uma enorme operação de dissimulação foi posta em ação. O plano geral para enganar os alemães na Segunda Guerra Mundial foi a Operação Jael, assim batizada por causa da história do Velho Testamento sobre a mulher de Heber, o Queneu, que convenceu o comandante em chefe do exército cananeu de que estaria seguro em sua tenda para, em seguida, enquanto o comandante dormia, atravessar uma estaca da barraca em sua cabeça. O plano de dissimulação em torno do Dia D foi chamado Bodyguard após uma observação de Churchill na Conferência de Teerã entre ele, Roosevelt e Stalin em novembro de 1943, em que Stalin concordou com uma ofensiva no leste para coincidir com os desembarques na Normandia. Churchill disse que "em tempo de guerra, a verdade é tão preciosa que deveria estar sempre protegida contra mentiras por um guarda-costas". A Operação Bodyguard em si consistia de duas partes, Zeppelin e Fortitude. Zeppelin seria a operação para convencer os alemães de que a ameaça estava ao sul ou sudeste. Havia um perigo real para o Reich nessa área. Desde o fracasso da invasão da Rússia pelo alemães, a Hungria já havia tentado mudar de lado e tanto Bulgária quanto Romênia tentavam deixar de lado seus tratados com as potências do Eixo. A Operação Zeppelin buscaria convencer Hitler de que haveria um ataque anglo-soviético na Romênia a partir do Mar Negro, um ataque anglo-americano em Trieste e um ataque britânico através da Grécia. De lá, os Aliados passariam pela Europa Central e Áustria e entrariam no sul da Alemanha. A chave da Operação Zeppelin foi o chamado "Caso Cícero". Um turco chamado Elyesa Bazna disse aos alemães que havia obtido as chaves das caixas de malote da embaixada britânica na Alemanha e fotografado seu conteúdo, entregando cópias de documentos secretos altamente confidenciais. No início houve algumas dúvidas nas mentes alemãs sobre "Cícero" ser um engodo, mas os alemães se convenceram quando os britânicos começaram a fazer um alarido sobre a segurança na embaixada. Talvez Bazna fosse tão convincente por ser, de fato, um espião, mas suas atividades eram conhecidas da inteligência britânica e, sem que ele soubesse, as caixas de malote haviam sido recheadas com desinformação. Como resultado, Hitler reforçou os Bálcãs com 25 divisões que poderiam estar na França no Dia D.

O outro lado da artimanha, Operação Fortitude, tinha três partes. Fortitude Norte, para convencer os alemães de que a invasão viria pela Noruega. A Suécia, neutra até então, entraria na guerra ao lado dos Aliados, permitindo a estes que desembarcassem na Dinamarca e a partir dali atacassem o norte da Alemanha.

Fortitude Sul reforçaria na mente de Hitler a ideia de que o ataque viria de Pas de Calais ou da costa da Bélgica. Havia, ainda, Fortitude Sul II, também conhecida como Rosebud, que continuou depois do Dia D. Tratava-se em grande parte de uma operação de rádio concebida para convencer os alemães de que os desembarques do Dia D eram apenas uma isca e que a invasão real em Pas de Calais ainda estaria por vir.

A Operação Bodyguard visava Hitler pessoalmente. Conforme a guerra progredia, Hitler usurpou mais controle de seus generais e exercia autoridade absoluta de seu quartel-general fortificado em Berchtesgaden, na Baviera, e principalmente da Toca do Lobo em Rastenburg, na Prússia Oriental. Hitler nunca esteve no *front* nem visitou cidades bombardeadas, preferindo executar suas campanhas a partir de mapas e sem ver ninguém, a não ser um punhado de oficiais. Assim, se uma campanha de dissimulação convencesse Hitler, era tudo o que importava.

O impulso da campanha era fazer com que Hitler acreditasse que se os Aliados fossem invadir a França, não poderiam fazê-lo antes de julho de 1944, sendo que o ataque ocorreria mais provavelmente nos Bálcãs ou na Noruega. A ideia era fazê-lo dispersar suas forças em torno do perímetro de seu império. E Hitler engoliu a isca. Como disse Von Rundstedt, o "cabo da Boêmia", como desdenhosamente chamava Hitler, tentaria se agarrar a tudo e acabaria, no final, por perder tudo.

A Paranoia de Hitler

Os Aliados usaram a crescente paranoia de Hitler contra ele, levando-o a acreditar que estava cercado por todos os lados por seu inimigo, sem saber onde ou quando seria atacado. Hitler também foi levado a acreditar que, quando a invasão da França viesse, a principal força atingiria todo o Estreito de Dover em Pas de Calais, embora houvesse ataques diversionários em outros lugares – na região de Calvados na Normandia, por exemplo. Era vital que, mesmo depois que os Aliados estivessem com todas as suas forças nas praias da Normandia, Hitler mantivesse seu Décimo Quinto Exército em Pas de Calais à espera de uma invasão que nunca viria. Utilizando o Ultra, os Aliados podiam ver em qualquer momento se seus subterfúgios estavam funcionando.

Embora Hitler confiasse apenas em sua intuição, uma análise mais objetiva da situação feita por Von Rundstedt também o levou a concluir que os Aliados atacariam em Pas de Calais. Como o Estreito de Dover oferecesse a rota mais curta de travessia do Canal, poderia haver um revezamento rápido de embarcações de desembarque e, assim, um rápido reforço da cabeça de praia. Os Aliados poderiam contar, ali, com o máximo de cobertura aérea. Os aviões não teriam de

PARTE UM: PLANEJANDO A INVASÃO

empreender um longo voo de seus aeródromos na Inglaterra, o que permitiria que passassem mais tempo sobre o campo de batalha. Pas de Calais também era o caminho mais curto para o objetivo principal – a própria Alemanha. Von Rundstedt avaliou que se os Aliados fizessem um desembarque bem-sucedido em Pas de Calais, levariam apenas cinco dias para chegarem ao Reno, com efeitos catastróficos sobre o moral da *Wehrmacht* e do povo alemão. No caminho, os Aliados poderiam destruir os locais das novas armas que ameaçavam Londres e havia grande chance de que capturassem pelo menos um porto importante intacto.

Sabendo que a posse de um porto seria vital para qualquer invasão, Von Rundstedt descartou a possibilidade de um ataque à Normandia, já que os dois portos ali, Cherbourg e Le Havre, fervilhavam com cargas de demolição. Se uma frota de invasão tentasse a travessia de 160 quilômetros desde a costa inglesa, fatalmente seria detectada pelo radar, por aviões de reconhecimento ou pelas lanchas de patrulha E-boat alemãs. No momento em que a frota de invasão chegasse à costa da Normandia, cargas de demolição seriam detonadas, e os portos colocados fora de ação. No entanto, se os Aliados arremetessem através do Estreito de Dover, poderiam capturar Calais, Dunquerque ou Boulogne antes que os alemães tivessem tempo de explodir as instalações portuárias.

O almirante Theodor Krancke, comandante do Grupo Oeste da Marinha Alemã, também acreditava que os Aliados precisariam desembarcar perto de um grande porto. Depois de estudar os desembarques anfíbios dos Aliados, Krancke acreditava que obstáculos de praia e defesas costeiras poderiam mantê-los afastados. Qualquer ataque teria de vir durante a noite na maré alta, pensava ele, para que as embarcações de desembarque pudessem navegar sobre os obstáculos. Um ataque teria de ser montado longe de falésias e recifes, onde poderia haver contracorrentes traiçoeiras, em condições de ondas de pelo menos de dois metros, com ventos superiores a 48 km/h e visibilidade de pelo menos 4.500 metros.

Rommel discordava e acreditava que, para superar os obstáculos da praia, os Aliados teriam de desembarcar durante a maré baixa e durante o dia, para que os sapadores pudessem explodir e remover os obstáculos. Ele, contudo, também acreditava que os Aliados precisavam tomar um importante porto, o que jamais fora intenção dos Aliados. Já em junho de 1938, os planejadores britânicos de operações combinadas consideraram a ideia de portos flutuantes. O general Dwight D. Eisenhower, que se tornaria comandante supremo da força de invasão e, mais tarde, presidente dos Estados Unidos, recordou certa vez que, quando a ideia de um porto flutuante foi levantada pela primeira vez em uma reunião de planejamento conjunto, em 1942, foi saudada com "apupos e zombarias" pelos americanos. Apesar dessa reação inicial, eles acabaram abraçando a ideia, e o porto flutuante se tornaria uma realidade – embora, de fato, outros métodos fossem testados. Havia um plano para construir um quebra-mar afundando navios velhos cheios de concreto, até os planejadores perceberam que os navios afundados teriam de ser maiores que os navios de abastecimento que utilizariam o quebra-mar. O tamanho dos navios necessários para reabastecer as forças em terra significava que os navios afundados para fazer o quebra-mar teriam de ser maiores do que qualquer embarcação disponível. Havia também experimentos para criar uma "zona calma", onde os navios pudessem ser descarregados através da criação de uma cortina de bolhas com ar comprimido. Essa ideia foi abandonada em favor do Porto Mulberry, que foi testado com sucesso na Escócia em junho de 1943. Dois deles foram, então, construídos, um para o setor britânico e outro para o setor americano. Esses portos foram concebidos para suportar ventos de até força 6 na Escala Beaufort, durar noventa dias e entregar 12 mil toneladas de carga à praia por dia, independentemente do clima. O Mulberry americano não atingiu seu objetivo por ter sido montado com demasiada pressa, sem sondagens adequadas, mas se saiu bem o suficiente. Interrogatórios de comandantes alemães capturados depois da invasão revelaram que os alemães nada sabiam sobre os Portos Mulberry. Isso deu aos Aliados uma enorme vantagem. Trazer seus próprios portos com eles significou poderem atacar em qualquer lugar ao longo do litoral, usando o elemento surpresa.

O fato de planos operacionais vitais como o emprego dos Portos Mulberry terem sido mantidos em segredo é um tributo ao sucesso da Operação Bodyguard. Isso foi feito por um escritório secreto chamado Seção de Controle de Londres, dentro do quartel-general de Churchill e comandado pelo coronel John Bevan e pelo tenente-coronel Sir Ronald Wingate, que trabalhavam em estreita colaboração com "C" (chefe do MI6), a organização de contrainformações MI5 e um setor especial do MI5 chamado Comitê XX (ou Comitê Double-cross). O trabalho do Comitê XX era cooptar agentes alemães. Como todos os espiões alemães na Grã-Bretanha foram apanhados quase que imediatamente, o Comitê XX tinha muito com o que trabalhar. Prováveis candidatos eram submetidos a longos interrogatórios por uma equipe especial em Battersea. Para ser um bom espião, um indivíduo precisa ser criativo e autossuficiente, o que implica uma certa independência de espírito. Isto significava que nazistas dedicados nem sempre são bons espiões. Espiões nazistas eram entregues às autoridades civis para julgamento. Trinta deles foram considerados culpados e executados. No entanto, o Comitê XX descobriu que a maioria dos agentes recrutados pelo *Abwehr* e vários recrutado pela SD tinham sérias dúvidas sobre o nazismo. Após a derrota alemã em El Alamein e Stalingrado, parecia que Hitler não era tão invencível assim e cooptar esses agentes ficara cada vez mais fácil. Como agentes duplos, eram uma arma poderosa para alimentar Hitler com falsas informações e conforme falavam com seus contatos

PARTE UM: PLANEJANDO A INVASÃO

na Alemanha, os ingleses sabiam que informações estavam sendo solicitadas. Isso deu a eles uma visão poderosa da mente do inimigo.

As informações falsas passadas à inteligência alemã por agentes duplos eram respaldadas por interceptações de rádio feitas pelo Serviço Y alemão, que sintonizava todo o tráfego de rádio dos Aliados. Obviamente, isso deveria ser feito de forma sutil, com extrema habilidade. Se as informação chegassem com muita facilidade, o inimigo desconfiaria. Felizmente, os Aliados descobriram com o Ultra qual de seus códigos os alemães haviam decifrado. Esses códigos poderiam ser usados para despejar trechos de informações falsas para os alemães, reforçando o que seus agentes informavam. Os Aliados chegaram a emitir rajadas de mensagens de uma área específica, que o Serviço Y poderia identificar com seu equipamento de detecção direcional, em códigos que os alemães ainda não tivessem decifrado, para dar a impressão de um acúmulo de tropas ali, como no caso do fictício FUSAG, por exemplo. Devido à variação na frequência de tráfego entre os vários níveis de um exército – corpo, divisão e brigada – foi possível criar na mente alemã uma ordem de batalha completamente fictícia. Como a RAF controlava os céus da Grã-Bretanha, os aviões de reconhecimento da Alemanha só conseguiam ver o que os Aliados queriam que vissem. Além disso, agentes alemães na Grã-Bretanha confirmavam partes vitais de uma situação que o setor de informações alemão construíra meticulosamente a partir de desinformações que propositadamente receberam.

Jornais eram outra importante ferramenta para o envio de desinformações ao inimigo, já que os principais jornais britânicos podiam ser encontrados com frequência em países neutros. Recortes da imprensa local também podiam ser enviados através de um país neutro para espiões alemães. Jornais provinciais eram uma rota particularmente boa para espalhar engodos, pois muitas vezes incluíam informações sobre homens e mulheres locais que havia se alistado, mencionando de passagem sua unidade e seu paradeiro. Noivados e casamentos de pessoal alistado enchiam as colunas de anúncios, enquanto as seções de cartas traziam queixas da população local protestando contra o comportamento desordeiro de homens de uma unidade alojada na área. Com estórias, anúncios pessoais e cartas fictícias, tudo de acordo com um plano meticuloso, era possível compor uma enorme e falsa imagem.

Quando os Estados Unidos entraram na guerra, o chefe do FBI, J. Edgar Hoover, que era profundamente antibritânico, não se envolveria com o Comitê XX. Todavia, após o estabelecimento do Escritório de Serviços Estratégicos, precursor da CIA, chefiado pelo general de divisão "Wild Bill" Donovan, em 1942, os Estados Unidos montaram o Controle Conjunto de Segurança, ou JSC (Joint Security Control), nos moldes da Seção de Controle de Londres, e Hoover criou um "Comitê XX" americano, conhecido como X2. O JSC e o X2 lançaram uma campanha de desinformação similar nos Estados Unidos. Durante o planejamento da invasão da Normandia, a estratégia anglo-americana do dissimulação foi coordenada pelo Comitê Conjunto de Meios Especiais.

Mesmo que J. Edgar Hoover não tivesse tempo para os britânicos, ele não era nenhum desleixado quando se tratava de contrainformação. Mesmo antes de os Estados Unidos entrarem na guerra, Hoover tinha uma lista completa de agentes alemães operando nos Estados Unidos (e outra menos completa de agentes britânicos). Como o britânicos, Hoover foi ajudado pela inépcia dos serviços de informação alemães. Havia agentes que não eram fluentes em inglês. Em uma operação particularmente inepta, sete agentes alemães foram enviados para sabotar fábricas americanas. No caminho, tiveram uma folga em Paris. Bêbados, suas conversas foram ouvidos pela Resistência e detalhes de sua missão foram passados para o MI6, que os retransmitiu para o FBI. Durante essa folga, um deles contraiu uma doença venérea e foi incapaz de continuar. A bordo do submarino que

Almirante Wilhelm Canaris, o sombrio chefe do serviço de informação militar alemão, o Abwehr. Canaris foi executado pelos nazistas por sua participação em um complô contra Hitler.

PARTE UM: PLANEJANDO A INVASÃO

deveria desembarcá-los clandestinamente na costa leste, receberam cédulas de dinheiro americano que fora capturado no Pacífico e parte delas com impressões em japonês. O resto consistia em notas antigas, que não valiam mais. Uma vez em terra, dois dos agentes alemães se entregaram imediatamente e ofereceram seus serviços ao governo americano. Outro, que era um pouco mais dedicado, entrou em uma farmácia para comprar um aparelho de barbear e, por força do hábito, bateu os calcanhares, levantou o braço em uma saudação nazista e gritou "Heil Hitler!". Foi imediatamente preso.

No entanto, nem tudo ia de vento em popa. Após a queda de Canaris, a suspeita recaiu sobre um agente duplo britânico, conhecido como Artist, que era um oficial do *Abwehr* operando em Lisboa. Artist foi sequestrado pela SD, drogado e contrabandeado para a Alemanha, onde foi interrogado pela Gestapo em sua notória sede de *Prinzalbrechtstrasse*, em Berlim. Artist havia sido contratado por um iugoslavo chamado Dusko Popov, um agente duplo altamente bem-sucedido, que se acredita tenha sido modelo para James Bond. Alguns dizem que Popov teria tentado entregar os planos do ataque a Pearl Harbor, mas Hoover, por causa de seu ódio aos britânicos, se recusou a aceitá-los. Se, sob tortura, Artist tivesse entregado Popov e o resto de sua organização, toda a operação Fortitude Sul teria sido arruinada. Usando o Ultra, os Aliados teriam ouvido que Hitler transferira várias formações de reserva para a Normandia. Os planejadores do Dia D ficaram em suspense. Artist, porém, não falara, morrendo durante o interrogatório ou sendo sumariamente executado e, assim, o importantíssimo Décimo Quinto Exército permaneceu a leste do Sena.

Como parte da operação Fortitude Norte, o quartel-general de um inexistente 4º Exército Britânico criado em Edimburgo, pronto para ser transferido para a Escandinávia a qualquer momento. Na verdade, essa sede consistia em apenas um punhado de operadores de rádio, enviando mensagens que os alemães deveriam captar. Outras similares foram implantadas em Stirling e Dundee. Seu tráfego de rádio era tão convincente que um avião alemão foi enviado para bombardear o posto avançado de Dundee. Enquanto isso, dois agentes duplos alemães, conhecidos pelo codinome Mutt e Jeff, deram detalhes da chegada de um oficial de ligação da Rússia. Parte do plano incluía uma arremetida simultânea do Exército Vermelho através da Finlândia. Esse oficial russo fora enviado para coordenar a parte soviética da operação com o 4º Exército Britânico e um pequeno contingente do fictício Décimo Quinto Exército Americano, estacionado na Irlanda do Norte, que também havia sido designado para a invasão da Noruega. Mensagens partindo desse destacamento deu aos alemães a impressão de que se tratava do quartel-general de dois corpos, com uma divisão blindada, uma divisão aerotransportada e quatro divisões de infantaria. Havia referências a equipamentos e treinamento em escalada, esqui e outras operações em clima frio, junto com detalhes de acessórios esportivos e eventos sociais.

Como parte da operação Fortitude Norte, os agentes dos Aliados na Noruega foram instruídos a obterem informações detalhadas sobre as condições e as defesas locais. Mesmo quando isso foi feito em códigos que os alemães ainda não haviam decifrado, o aumento do tráfego de rádio entre a Escócia e a Noruega convenceu os nazistas de que algo estava para acontecer. Até os soviéticos entraram no jogo, vazando desinformação sobre a reunião de um exército pronto para um ataque à Escandinávia e preparativos para um ataque naval ao porto de Petsamo, no Mar Ártico finlandês, então ocupado pelos alemães. De fato, o Exército Vermelho realmente atacaria a Finlândia, aliada beligerante da Alemanha, em junho de 1944, como parte de sua ofensiva no leste, para coincidir com os desembarques do Dia D.

O setor de informação alemão naturalmente queria uma confirmação de que havia um exército reunido na Escócia. Assim, os nazistas contataram seus dois agentes de maior confiança na Grã-Bretanha: Dusko Popov, de codinome Tricycle, e um espanhol conhecido como Garbo. Ambos confirmaram um fortalecimento militar ao norte da fronteira. Foram enviados aviões de reconhecimento, que a RAF deixou passar. Foram vistas várias aeronaves em aeroportos escoceses – falsas, feitas de madeira e lona – e lagos cheios de navios de guerra da Marinha Real – reais, mas que não se destinavam à Noruega e faziam parte da Força Tarefa "S" que seguiria para a Praia Sword, na Normandia, no Dia D.

Provas Categóricas

Para completar o quadro, uma missão militar anglo-americana foi enviada à Suécia neutra para investigar a possibilidade de deslocar tropas até o Báltico. O reconhecimento aéreo foi aumentado. Incursões de comandos ao longo da costa norueguesa foram intensificadas. Fábricas, centros de comunicação e ferrovias foram sabotados. O volume de tráfego de rádio para grupos da resistência norueguesa e dinamarquesa também cresceu. E ataques navais foram feitos, resultando em danos fatais ao couraçado alemão *Tirpitz* e no afundamento do navio de tropas *Donau*, além de diversos navios mercantes. A prova categórica, no entender do setor de informações alemão, foi um relatório (completamente impreciso) de uma visita do ministro do exterior britânico Anthony Eden a Moscou, supostamente para concluir planos para invadir a Escandinávia. Hitler se convenceu de que os aliados atacariam na Noruega e manteve ali, pelo resto da guerra, quase meio milhão de homens que poderiam ter sido empregados na França. Quando os Aliados finalmente apareceram na Escandinávia, a guerra acabara e 372 mil homens se renderam sem que praticamente nenhum tiro fosse disparado.

PARTE UM: PLANEJANDO A INVASÃO

Enquanto isso, o fictício 1º Exército dos Estados Unidos se reunia no sudeste da Inglaterra, pronto para desembarcar em Pas de Calais. Notícias de sua existência foram divulgadas pela primeira vez pelo FBI através de um agente triplo, um holandês chamado Albert van Loop. Membro do *Abwehr*, van Loop havia sido enviado para Madri, onde contatou a embaixada dos Estados Unidos e se ofereceu para trabalhar para o OSS ou o FBI. Para comprovar suas intenções, entregou duas chaves criptográficas, seu indicativo de chamada e várias verificações de segurança. Na verdade, van Loop agia a mando do *Abwehr*, embora tivesse sido instruído a entregar apenas uma de suas chaves criptográficas. O FBI sabia que van Loop trabalhava para os alemães, mas entendeu que poderia acabar sendo útil e, assim, o holandês foi enviado para Nova York, onde um agente americano usou o material que van Loop fornecera para se passar por ele. Foi assim que informações foram enviadas sobre unidades reais do exército dos Estados Unidos sendo enviadas através do Atlântico para o Dia D, mas cuja presença na Inglaterra acabaria comentada na imprensa de qualquer maneira. Van Loop, sem saber que estava sendo personificado, também enviou mensagens de sua autoria, mas devido à confusão em torno da absorção do *Abwehr* pela SD, ninguém na Alemanha prestou atenção à artimanha. Quando o FBI descobriu que os alemães acreditavam no imitador, começou a alimentá-los com informações sobre o FUSAG. Na Grã-Bretanha, agentes duplos do MI6 e todos os outros métodos aperfeiçoados pela Seção de Controle de Londres e pelo Comitê XX foram usados para confirmar sua existência. O logro foi tão eficaz que Garbo recebeu 20 mil libras dos alemães para liderar uma rede de espionagem inexistente dedicada a espionar um FUSAG que não existia!

Principais Espiões

Garbo era um antinazista ferrenho, que abordara o MI6 em Madri no início da guerra. Mas era espanhol, e o MI6 não viu o que Garbo poderia fazer por eles. No entanto, o *Abwehr* estavam dispostos a recebê-lo. De Lisboa, usando mapas, jornais e livros de viagem, Garbo começou a fabricar relatos fictícios de uma rede inexistente de três agentes, por conta própria. Quando o MI6 descobriu que a Marinha Alemã estava buscando em alto-mar um comboio inexistente em viagem de Liverpool para Malta, que Garbo inventara, recrutou-o e o levou para Londres, onde o espião expandiu sua rede para 14 agentes inexistentes. Os alemães confiavam tanto nele que informavam-no sempre que a chave das mensagens geradas pela Enigma entre Hamburgo, Madri e Tânger era alterada, economizando para Bletchley Park um tempo precioso que, de outra forma, seria empregado na decifração das mensagens.

Outro agente fundamental na campanha de desinformação foi Brutus, um oficial da inteligência polonesa que ajudou a levar a primeira máquina Enigma para a Grã-Bretanha antes da guerra. Quando a Polônia foi invadida, Brutus escapou para Paris, onde trabalhou para o MI6. Brutus foi delatado ao *Abwehr* que também estava à procura de agentes inimigos para cooptar. O polonês concordou em trabalhar para os nazistas, desde que 100 agentes do MI6 que o *Abwehr* já capturara fossem tratados como prisioneiros de guerra, ao invés de executados como espiões. O *Abwehr* concordou e mandou-o para Madri. De lá, Brutus viajou para Londres, onde ofereceu seus serviços ao MI6 mais uma vez. No entanto, o Comitê XX estava relutante em usá-lo, já que o *Abwehr* sabia de sua ligação anterior com o MI6. Contudo, os ingleses pareciam confiar nele quando apresentou informações que teriam sido angariadas em seu novo trabalho como oficial de ligação entre a RAF e a Força Aérea Polonesa.

Um quarto agente usado na Fortitude Sul foi uma francesa chamada Treasure, que se juntou ao *Abwehr* para sair da França ocupada. Os alemães a enviaram à Grã-Bretanha, via Espanha. Em Madri, Treasure foi até a embaixada britânica, que a levou para Londres, onde foi minuciosamente interrogada pelo Comitê XX. Treasure disse ao *Abwehr* que se juntara ao Serviço Territorial Auxiliar, o serviço feminino do exército britânico. Mais tarde, disse a seus contatos que começara um relacionamento em Bristol com um oficial do 14º Exército, parte do FUSAG. Quando Treasure relatou que o 14º Exército havia sido transferido para Essex, pronto para invadir Pas de Calais, sua presença ali foi verificada pelo tráfego de rádio interceptado pelo Serviço Y alemão. Outro detalhe convincente foi que alguém, em Genebra, começou a comprar todos os mapas Michelin da área de Boulogne-Lille. Hitler ficou plenamente convencido de que o ataque principal viria pelo Estreito de Dover quando o Serviço Y captou que o general George "Old Blood and Guts" Patton fora nomeado comandante do Primeiro Grupo de Exércitos.

A *Luftwaffe* aumentou seu reconhecimento aéreo sobre o sudeste da Inglaterra e observou rastros indicando que tanques e outros veículos blindados estavam escondidos na mata ali. Outros tanques foram estacionados em plena vista. Embarcações de desembarque foram atracadas em enseadas e estuários e, em Dover, estava sendo construída o que parecia ser uma grande refinaria de petróleo, para fornecer gasolina para a força de invasão. Nada disso era real. Especialistas em efeitos especiais e construtores de cenários tinham sido recrutados em teatros e estúdios de cinema para enganar o reconhecimento aéreo alemão. Esses homens desenvolveram máquinas especiais de fazer rastros e construíram tanques Sherman infláveis, que pareciam reais quando vistos do ar. Os navios de desembarque eram feitos de madeira e lona, e a refinaria de petróleo em Dover era um enorme *set* de filmagem.

PARTE UM: PLANEJANDO A INVASÃO

General George S. Patton, comandante de topas blindadas dos Estados Unidos e líder totalmente fictício do Primeiro Grupo de Exército dos Estados Unidos.

Embora tanto quanto os alemães soubessem o Primeiro Grupo de Exércitos fosse comandado por Patton, a fictícia invasão de Pas de Calais não seria uma operação exclusivamente norte-americana. O 21º Exército Britânico, comandado pelo general Montgomery, também estava envolvido. Seu quartel-general para a invasão real da Normandia ficava em no Portsmouth, mas o seu tráfego de rádio era retransmitido por linha terrestre a um transmissor em Kent. Assim, durante a preparação para a invasão real, o Serviço Y alemão viu um aumento drástico no tráfego da área onde a força de invasão, indo para o Estreito de Dover, se reuniria.

Hitler mordeu o anzol com linha e chumbada. Rommel, porém, não tinha tanta certeza. O general havia enfrentado Montgomery no deserto do norte da África e conhecia suas táticas e suspeitava que os Aliados estavam dando a impressão de contar com mais divisões do que realmente tinham. Se estivesse certo, então haveria apenas uma invasão e não três espalhadas pelos Bálcãs, Noruega e França. O acúmulo de homens e material, na Inglaterra, levou-o a acreditar que a invasão viria pela França. Para romper a Muralha do Atlântico, os Aliados teriam de concentrar suas forças em uma pequena área para abrir, ali, seu caminho. Em sua inspeção da Muralha do Atlântico, de Dunquerque a Biarritz, concluiu que o melhor lugar para o ataque seria a Normandia. Rommel imaginou que a invasão viria logo depois do amanhecer, na maré baixa, precedido por desembarques aerotransportados e, assim, se preparou para desembarques nos dias 5, 6 ou 7 de junho, dependendo das condições meteorológicas. Todavia, não conseguia tirar da mente a ideia de que os Aliados deveriam conquistar um porto para terem sucesso. Cherbourg e Le Havre seriam postos fora de ação no momento em que a frota de invasão aparecesse no horizonte. Além disso, o general se perguntava como os Aliados providenciariam cobertura aérea adequada a mais de 160 quilômetros de suas bases aéreas. Mesmo assim, Rommel apelou para que Hitler transferisse quatro divisões Panzer para o oeste, prontas para um ataque na costa da Normandia. Hitler recusou. O ditador permanecia convencido de que a invasão viria de Pas de Calais. Além disso, suas reservas blindadas no oeste estavam baixas, devido à Operação Zeppelin. Os planejadores militares aliados, usando o Ultra, seguiam as mensagens trocadas entre Rommel e Hitler com interesse e descobriram que, como resultado da intransigência de Hitler, apenas duas divisões incompletas, mal equipadas e espalhadas, dotadas apenas de cavalos e mulas para movimentar armas e suprimentos, foram deixadas para defender as praias da Normandia entre Cherbourg e Le Havre.

Apenas uma das operações de engodo aliadas parece ter falhado. Chamava-se Operação Copperhead e envolvia um sósia de Montgomery, um ator chamado Clifton James. O ator surgiu supostamente em Gibraltar, aparentemente para organizar uma invasão no sul da França. Foi perguntado ao ditador espanhol, general Franco, se permitiria que Barcelona fosse usada como base para evacuação e tratamento de soldados aliados ferido. Franco, naturalmente, repassou a informação para os alemães. Infelizmente, enquanto Montgomery era reconhecidamente abstêmio, James foi flagrado embriagado publicamente, e a operação foi cancelada. Ironicamente, a invasão aliada do sul da França acabaria por acontecer. Em 15 de agosto de 1944, o 7º Exército dos Estados Unidos e o 1º Exército Francês desembarcaram pela primeira vez na Riviera, para a Operação Anvil (depois chamada Dragoon). Uma vez que a Operação Copperhead não convencera Hitler de que um pouso fora planejado naquela área, a oposição alemã, ali, se resumiu a quatro divisões.

A Intuição de Hitler

Embora Rommel não conseguisse convencer Hitler a transferir Panzers para a Normandia, pelo menos chamou a atenção do ditador para reforçar as defesas de praia da região. Em maio de 1944, um reconhecimento aéreo dos Aliados avistou um acúmulo de defesas e obstáculos ao longo da costa de Calvados. O 6º Regimento Paraquedista alemão foi transferido para a área de desembarque e a 91ª Divisão Aerotransportada, que se especializou em operações contra tropas aerotransportadas, se mudou para a península de Cherbourg e ocupou áreas que viriam a ser as zonas de desembarque da 82ª e 101ª Divisão Aerotransportada dos Estados Unidos. As zonas de desembarque dessas divisões tiveram de ser alteradas. Contudo, como o momento dos desembarques deveria coincidir com o restante da Operação Overlord, as zonas de desembarque não puderam ser transferidas para longe. De repente, parecia que a Operação Fortitude fora descoberta. Na verdade, Hitler percebera que havia um ponto fraco ao longo da costa da Normandia e deslocou suas tropas para reforçá-lo. Isso talvez tenha sido fruto de sua enaltecida intuição. Porém, ainda acreditando que o ataque chegaria por Pas de Calais, o *Führer* manteve seus Panzers a leste do rio Sena.

O Almirante Krancke, em sua análise deficiente da situação, calculou que a invasão aconteceria em 18 de maio. Quando esta não aconteceu, previu então que viria em agosto. Enquanto isso, Von Rundstedt estudara o padrão dos bombardeios dos Aliados em maio. Quando percebeu que as bombas visavam as pontes do Sena, Rundstedt começou a pensar que os Aliados poderiam fazer um desembarque na Normandia. Entretanto, o general acreditava que se os Aliados realmente desembarcassem na Normandia, isso deveria ocorrer na própria península de Cherbourg, já que precisavam de um porto. Mesmo assim, esse seria apenas um ataque menor ou diversionário. Rundstedt ainda concordava com Hitler que a força aliada principal desembarcaria em Pas de Calais.

Muito embora os alemães tenham fortalecido suas defesas na Normandia, as coisas ainda pareciam muito favoráveis para o desembarque dos Aliados ali. Então, apenas uma semana antes do Dia D, os alemães trouxeram para a área a experiente e combativa 352ª Divisão de Infantaria. Vinda diretamente da frente russa, a divisão seria responsável pelo massacre de soldados norte-americanos no desembarque na praia Omaha. O que se conta é que o grupo da Resistência que relatou sua presença se comunicava com seus contatos britânicos via pombo-correio, e os pombos levando a mensagem foram abatidos quando passavam sobre a costa. Se isso é verdade, a mensagem nos pombos era apenas uma precaução. A informação de que a 352ª Divisão de Infantaria estava na Normandia chegou a Londres, mas os planejadores do Dia D não informaram aos homens que desembarcariam em Omaha da sua presença, temendo um efeito adverso sobre o moral.

No final de maio de 1944, enquanto soldados de uma dúzia de diferentes nacionalidades desapareciam dos *pubs* e lojas da Inglaterra rural e começaram a se reunir em silêncio nos pontos de embarque, a Operação Fortitude entrava em sua prorrogação. O tráfego de rádio do fictício 1º Grupo de Exército dos Estados Unidos de Patton foi intensificado. Enquanto veículos totalmente apagados se deslocavam para os portos de embarque, outros não tão cuidadosos e de luzes acesas se moviam de um lado para outro ao longo das estradas do sudeste da Inglaterra. Essa movimentação foi acompanhada por uma saraivada de relatórios dos agentes duplos do Comitê XX sobre o movimento de tropas em Kent e Sussex do Leste. Para aumentar a confusão, um novo agente duplo, uma jovem de codinome Bronx, informou a seus contatos alemães que tinha informações concretas de que o desembarque seria na Baía da Biscaia, em 15 de junho. Treasure, em seguida, relatou que fizera amizade com a namorada do general Koenig da França Livre, que lhe dissera que a invasão viria por Pas de Calais, na segunda semana de julho. Ao todo, 250 mensagens foram enviadas, cada uma dando uma data e um local diferente para a invasão, incluindo uma do representante francês em Argel dizendo que a invasão poderia acontecer na Normandia nos dias 5, 6 ou 7 de junho. O representante pode ter sido um agente triplo trabalhando para os alemães, ou a Seção de Controle de Londres poderá ter achado que se essa possibilidade fosse deixada de lado, os alemães poderiam tirar suas próprias conclusões. Peneirando as mensagens recebidas, o novo chefe da SD, Walter Schellenberg, concluiu que o oficial francês estava certo. Mas àquela altura, o número de relatos conflitantes deixara a reputação do setor de informações alemão em frangalhos e a conclusão de Schellenberg levou o alto--comando alemão a acreditar que a invasão iria ocorrer em qualquer lugar, menos na costa da Normandia, e em qualquer dia, menos em 5, 6 ou 7 de junho.

A crença do almirante Krancke de que a invasão seria em 18 de maio mostrou ser uma dádiva. Durante maio, o tempo estava quente e seco e o mar perma-

PARTE UM: PLANEJANDO A INVASÃO

Bomba voadora V-1, a famosa "Doodlebug". Fotografias aéreas e informações transmitidas pela Resistência Francesa permitiram que Aliados atacassem seus locais de lançamento.

neceu calmo. Um tempo perfeito para uma invasão, e os defensores alemães se cansaram com os alertas constantes, seguidos horas depois por desmobilizações. Na Normandia, as tropas estavam duplamente cansadas por causa dos esforços incessantes de Rommel para fortalecer as defesas ali. Na primeira semana de junho, todos precisavam de um pouco de sono.

Dia ensolarado após dia ensolarado, e nem sinal dos Aliados, de modo que o ceticismo se espalhou. Os defensores começaram a acreditar que os Aliados nem sequer invadiriam. Tudo não passaria de um enorme ardil. Segundo pensavam, britânicos e americanos permaneceriam na Inglaterra, seguros do outro lado do Canal da Mancha, e deixariam que os russos fizessem todo o trabalho – ou adiariam qualquer invasão até que os alemães fossem forçados a retirar suas tropas da Muralha do Atlântico para defender a fronteira oriental da Alemanha.

Sem nenhum sinal de que ocorreria um desembarque anfíbio através do canal, uma lacuna se desenvolveu nas outras frentes. Na Itália, os Aliados recuaram da luta enquanto se preparavam para arremeter e fazer a ligação com a cabeça de praia em Anzio e avançar para Roma, enquanto os russos preparavam sua ofensiva de verão, programada para coincidir com os desembarques do Dia D. De repente, neste período de calmaria, aconteceram centenas de ataques de comandos nocauteando radares e estações de interceptação de rádio nazistas na Noruega, Dinamarca, Rodes, Creta, Bálcãs e em toda a França. A própria França parecia ser mais perigosa do que a frente russa, com a Resistência começando a assediar seus ocupadores. Fábricas e depósitos de combustível foram explodidos. Trens foram descarrilados. E soldados retornando sozinhos às suas bases à noite desapareceram sem deixar vestígio. A reação alemã foi massacrar qualquer membro do Maquis (Movimento Secreto de Resistência Francesa) que capturassem. Ou então, se vingariam em cidadãos inocentes. Isso provocou repulsa e ódio entre o povo francês, e a Resistência logo estaria recrutando mais pessoas do que perdia.

Mesmo Hitler começou a pensar que os preparativos dos Aliados para uma invasão poderiam ter sido uma distração para retirar sua atenção da frente orien-

Saudando os libertadores: Guerrilheiros franceses dão boas-vindas aos membros do 36º Regimento de Engenharia de Combate dos Estados Unidos em junho de 1944. Informações fornecidas pelos guerrilheiros e pela Resistência Francesa seriam de valor inestimável para os Aliados.

tal. Alguma coisa tinha de ser feita para convencê-lo de que o ataque por Pas de Calais estava prestes a acontecer e as informações sobre uma invasão iminente teriam que vir de uma fonte impecável. Foi decidido que o ex-líder do *Afrika Korps*, general de blindados Hans Kramer, que fora condecorado com a Cruz de Cavaleiro da Cruz de Ferro, com Folhas de Carvalho, seria o mensageiro perfeito. Desde sua captura no norte da África, Kramer era mantido em um campo de prisioneiros de guerra no sul do País de Gales, mas estava com a saúde abalada e a Cruz Vermelha Sueca providenciou sua repatriação em maio de 1944. Em seu trajeto para sair do país, foi conduzido por portos cheios de embarcações, aeroportos com fileiras intermináveis de aviões e movimentados pontos de reunião de infantaria, e informado de que estava em Kent e Sussex do Leste, quando estava de fato em Hampshire. Sinalizações foram removidas das estradas britânicas em 1940 na esperança de que isso desorientaria os invasores, por isso não havia nada que atrapalhasse o embuste. Tudo o que Kramer viu aparentemente pertencia ao 1º Grupo de Exército dos Estados Unidos. Com a cortesia devida à sua posição de general, Kramer foi apresentado ao comandante em chefe do FUSAG, o próprio general Patton. Kramer ainda teria uma conversa informal com os oficiais mais graduados de Patton, que incutiram nele a certeza de estarem rumando para Calais.

Kramer retornou à Alemanha no navio sueco Gripsholm, chegando em 23 de maio. Seu interrogatório mais uma vez convenceu os alemães de que a invasão estava a caminho. Seus relatórios do poderio aliado espalhou alarme e desânimo. Goring chegou a acusá-lo de ser um derrotista. Os alemães entraram em alerta mais uma vez, mas ainda assim ninguém sabia quando ou onde a invasão aconteceria, embora Kramer houvesse confirmado a visão de Hitler de que Pas de Calais era um lugar a ser vigiado.

Violação de Segurança

Os alemães tiveram oportunidades para descobrir a verdade. O sargento Thomas P. Kane, um soldado americano de origem alemã da Seção de Fornecimento de Material Bélico do Supremo Quartel-general em Londres, enviou documentos classificados por engano para sua irmã em Chicago. As autoridades foram alertadas quando o pacote se abriu em um escritório de classificação em Illinois. Embora a explicação fosse inocente o suficiente, Kane, sua irmã e todos no escritório de classificação que pudessem ter visto os documentos foram mantidos sob rigorosa vigilância até depois do Dia D.

Outra violação da segurança aconteceu quando um oficial britânico deixou uma pasta contendo o plano de comunicação para a Operação Netuno, a parte naval da Overlord, em um táxi. Felizmente, o motorista entregou-o imediatamente ao Escritório de Achados e Perdidos. No início de junho, um antigo amigo de exército do general Eisenhower anunciou na sala de jantar de Claridges que a invasão viria antes de 15 de junho. Foi rebaixado e mandado para casa. Outro oficial americano também foi repatriado depois de ficar bêbado em uma festa e revelar informações secretas. Mas o pior susto aconteceu quando oito embarcações de desembarque de tanques foram afundadas por lanchas de patrulha alemãs enquanto ensaiavam para o Dia D, em Lyme Bay. Cerca de 650 homens foram mortos ou se afogaram. Entre eles havia vários "Bigots", nome codificado dado ao pessoal autorizado a ver as informações de mais alto nível sobre a invasão. Duas das lanchas alemãs haviam navegado lentamente entre os sobreviventes e uma delas foi vista manobrando seu holofote como se procurasse algo. Não era impossível que prisioneiros tivessem sido feitos. Mergulhadores foram enviados para recuperar as plaquetas de identificação dos cadáveres. No fim, todos os "Bigots" desaparecidos foram encontrados.

Na véspera do Dia D, o setor de informação alemão concluiu que todos os postos da RAF que se aprontavam para ação estavam no sudoeste da Inglaterra, longe de Pas de Calais. Isso indicava que o ataque começaria na Normandia, mas não conseguiram que ninguém no alto-comando os ouvisse. No princípio, Hitler desconfiava dessas informações. Os relatórios apenas o levaram a acreditar que um ataque diversionário seria encenado na Normandia. O nível de tráfego de rádio do FUSAG, que já fora visto por Kramer, o convenceu de que o ataque ainda viria pelo Estreito de Dover.

No entanto, conforme o Dia D se aproximava, os Aliados se viram em xeque. Um alto oficial britânico que fazia as palavras cruzadas do *Daily Telegraph* todas as manhãs descobriu que Omaha e Utah, codinomes de duas das praias do desembarque na seção dos Estados Unidos, juntamente com as palavras Overlord, Netuno e Mulberry, surgiram em uma série de cinco palavras cruzadas entre 2 de maio e 2 de junho. Poderiam espiões alemães não identificados estar usando as palavras cruzadas do *Daily Telegraph* para enviar mensagens para Berlim? O MI5 investigou e descobriu que as palavras cruzadas foram compiladas por dois professores em Leatherhead, Surrey. O mais experiente deles vinha fazendo o trabalho havia 20 anos, o outro era um velho amigo. Apesar de terem entregue as palavras cruzadas com aproximadamente seis meses de antecedência – antes que alguns dos codinomes nem sequer tivessem sido imaginados – foram submetidos aos controles de segurança mais rigorosos e pareciam genuinamente angustiados durante seu interrogatório. A investigação os isentou de qualquer acusação, embora os americanos ainda estivessem céticos.

A *Associated Press*, na London's Fleet Street, chegou mesmo a anunciar a invasão em 3 de junho. Um operador de teletipo de 23 anos, que estava trabalhando em um rascunho para um especial sobre a invasão, acidentalmente divulgou a informação. Centrais de notícias nos cinco continentes receberam o seguinte texto:

URGENTE ASSOCIATED PRESS NYK
FLASH: QG DE EISENHOWER ANUNCIA
DESEMBARQUE DOS ALIADOS NA FRANÇA.

O erro foi corrigido com rapidez suficiente para impedir que a história fosse parar em qualquer jornal, mas a notícia chegou ao hipódromo de Belmont Park, em Nova York, e ao Polo Grounds, onde o New York Giants jogava contra o Pittsburgh Pirates. Em ambos os locais, as multidões, a pedido dos locutores, se levantaram para oferecer uma oração silenciosa em prol do sucesso dos Aliados.

O próprio general Eisenhower era considerado um risco para a segurança porque, com sua esposa nos Estados Unidos, o general mantinha um caso com a motorista da ATS, Kate Summersby, uma irlandesa divorciada. Isso poderia dar margem a uma chantagem. Embora a Irlanda fosse neutra durante a guerra e muitos republicanos lutassem bravamente pelos Aliados, muitos nutriam sentimentos antibritânicos.

Churchill era outro risco para a segurança, já que passava um tempo considerável no telefone com Roosevelt. O Ultra revelou que os alemães interceptavam as chamadas e um novo filtro telefônico foi instalado em fevereiro de 1944. No entanto, considerando a extensão e a frequência das conversas, de alguma forma Schellenberg deduziu que a invasão seria na França e não nos Bálcãs, como Zeppelin deixou entender.

O maior segredo de todos na invasão foi o mais difícil de esconder – os Portos Mulberry. Esses portos eram mantidos firmes por enormes caixões de concreto, do tamanho de blocos de apartamentos. Esses portos eram grandes demais para serem escondidos ou camuflados e foram avistados no ancoradouro em Tilbury por aviões alemães de reconhecimento. Os alemães pareciam mesmo saber para que as estruturas serviam. Em 21 de abril de 1944, o radialista de propaganda William Joyce, conhecido como Lorde Haw-Haw por seu tom de voz sarcástico, disse: "Vocês acham que irão afundá-los em nossas praias durante o ataque. Poupem suas forças. Quando vocês estiverem a caminho, vamos afundá-los para vocês".

Conforme o Dia D se aproximava, o medo se espalhou pelo Supremo Quartel-General. Se os alemães estavam cientes dos Portos Mulberry, deveriam saber que os Aliados não precisariam de um porto no primeiro ataque e havia poucos lugares ao longo da costa onde portos flutuantes suficientemente grandes pudessem ser empregados. Seria apenas coincidência as praias da Normandia estarem sendo reforçadas? Novamente, a resposta veio do Ultra. O embaixador japonês em Berlim, general barão Hiroshi, enviava relatórios regularmente ao Japão, que eram interceptados e decodificados. Os Aliados achavam esses relatórios muito úteis. Em outubro de 1943, o barão já havia excursionado por toda a Muralha do Atlântico e enviou um relatório longo e detalhado, que despertou mais interesse em Washington e Londres do que em Tóquio. Em abril de 1944, Hiroshi visitou a Muralha novamente e recebeu informações detalhadas do general von Rundstedt. Em seu encontro, Hiroshi e Rundstedt conversaram sobre os enormes caixões que a *Luftwaffe* avistara em Tilbury. Von Rundstedt tinha chegado à conclusão de que eram torres antiaéreas. O próprio Hitler acreditava que as estruturas seriam substitutas para docas e píeres que poderiam ser destruídos por cargas de demolição ou em um ataque, e isso só fortaleceu sua opinião de que os Aliados visavam um porto importante. Assim, o segredo do plano de invasão e dos Mulberries estava seguro.

No início de junho, começaram os bombardeios aéreos dos alvos no interior. Porém, como os alemães tentavam instalar mais rampas de lançamento da bomba V-1 em Pas de Calais, houve bombardeio suficiente naquela área para que os alemães continuassem a acreditar que aquele seria o lugar de onde o ataque viria. Enquanto isso, a complacência reinava entre os defensores da Muralha do Atlântico, devido à declaração de Krancke de que a invasão não aconteceria até agosto. O sentimento geral era de que qualquer ataque deveria coincidir com uma ofensiva russa. No leste, o degelo tinha chegado tarde naquele ano e o Exército Vermelho não seria capaz de se mover até o final de junho, pelo menos. E quando o tempo começou a mudar na França e no Canal, os alemães acreditaram que os Aliados haviam perdido sua chance. Mesmo Krancke começou a acreditar que a coisa toda era uma farsa e que ele fora enganado.

Rommel aproveitou a oportunidade para discutir possíveis respostas a um desembarque aliado. Mais uma vez, o general percebeu que era vital que os Panzers fossem transferidos para oeste do rio Sena e postos sob seu controle. Uma vez que os Aliados conquistassem uma posição, acreditava Rommel, a única maneira e derrotá-los seria em uma batalha localizada que somente poderia ser vencida por um comandante ali presente, e não a centenas de quilômetros de distância em Rastenburg. Hitler se recusara repetidamente a entregar o comando dos Panzers. Rommel começou a acreditar que a única maneira de convencer Hitler seria ver o *Führer* pessoalmente. Se o tempo permanecesse bom, o general jamais teria deixado seu quartel-general na Normandia, mas no início de junho as condições meteorológicas começaram a se deteriorar. O aniversário da esposa de Rommel era em 5 de Junho. Assim, o general planejou dar uma passada em casa e, em seguida, rumar para o quartel-general de Hitler para uma reunião em 6 de junho. Naquele momento, Rommel era o único membro do alto oficialato que ainda acreditava que a invasão estava por vir. Mas isso o levou cometer outro grande erro. Temendo ataques aéreos, Rommel removera os canhões de sua posição em muitos pontos ao longo da Muralha. Ao avaliar a Muralha, Rommel notara que não havia os quatro metros de concreto necessários para proteger os canhões dos bombardeios. Assim, as armas estariam seguras o suficiente se fossem mantidas nas proximidades, bem camufladas. Rommel acreditava que poderia contar com um alerta antecipado de pelo menos 24 horas de qualquer ataque, o que daria a seus homens tempo bastante para reposicioná-los. Todavia, os defensores na Normandia não receberam avisos 24 horas antes da invasão, e quando esta chegou, Rommel, nem sequer estava na França para ordenar o reposicionamento dos canhões.

Em 1º de junho, uma tempestade começou. Não obstante, Eisenhower marcou a invasão para 5 de junho. As previsões meteorológicas pioraram e, em 3 de Junho, a invasão foi adiada para 6 de junho. Um comboio de 140 navios, transportando a 4ª Divisão de Infantaria dos Estados Unidos, já estava a caminho e sem contato por rádio. Se chegasse às praias sozinho, haveria um massacre. Foi enviado, então, um avião, que deixou cair um invólucro contendo uma mensagem instruindo o comboio a retornar. A mensagem caiu no mar. O piloto rabiscou uma segunda mensagem, pôs em outro invólucro e, dessa vez conseguiu acertar o convés da nau capitânia. Depois do que pareceram horas, o comboio deu a volta.

Calmaria na Tempestade

Tudo agora dependia do clima. A invasão poderia ser adiada até, no máximo, 7 de junho. Caso contrário, seria preciso esperar 14 dias até que a maré fosse apropriada novamente. Naquele momento, homens e equipamentos estavam a bordo da frota de invasão e teriam de desembarcar, retornar às suas áreas de agrupamento e passar por todo o procedimento de embarque novamente duas semanas depois. Isto, pensava-se, teria um efeito desastroso sobre o moral da tropa.

Então, em 4 de junho, o principal meteorologista de Eisenhower, capitão John Stagg, divisou uma calmaria na tempestade. Entre as tardes de segunda-feira, 5 de junho, e terça-feira, 6 de junho, o tempo estaria calmo o suficiente para que a Operação Netuno seguisse em frente. Era um risco enorme. Previsões meteorológicas nunca são tão precisas. Os comandantes das forças aéreas, marechal do ar Sir Trafford Leigh-Mallory e o marechal do ar Sir Arthur Tedder, estavam preocupados com as condições de voo. Eisenhower e Montgomery, contudo, estavam prontos para aproveitar a chance. Ambos sabiam que o mau tempo só acentuaria o elemento surpresa. Ninguém esperaria que os Aliados invadissem durante uma tempestade, e os Aliados sabiam que os alemães estavam completamente desavisados da calmaria na tempestade que se aproximava. Os Aliados haviam se empenhando em rastrear e destruir ou bloquear todos os navios meteorológicos do inimigo.

Com o plano de invasão iniciado, os alvos dos ataques aéreos dos Aliados passaram a ser as defesas costeiras. Os portos ocupados pelos alemães foram minados e houve um aumento na quantidade de mensagens codificadas enviadas para a Resistência Francesa através da BBC. Porém, ainda assim os alemães acreditavam que tudo era uma farsa e o reconhecimento aéreo não revelara nenhum ajuntamento de embarcações de desembarque no porto de Dover. Conforme o tempo piorava, as patrulhas dos aviões de reconhecimento, lanchas e submarinos alemães eram canceladas. Os alemães estavam convencidos de que as condições do tempo tornavam uma invasão impossível.

Para manter os alemães no escuro, a Resistência começou a cortar todos os fios de telefone e telégrafo, enquanto equipes de três homens eram lançadas de paraquedas para organizar operações especiais. Um grupo foi capturado e acabou revelando o sinal que alertaria a Resistência de que a invasão estava a caminho. O sinal seria um verso do poema "Chanson d'Autome", de Paul Verlaine. Mas quando esse verso foi transmitido repetidamente pela BBC, foi desconsiderado por causa do mau tempo. Mais tarde, os defensores na Muralha do Atlântico, em Pas de Calais, entrariam em alerta, enquanto aqueles que estavam na Normandia tiravam folga, frequentavam festas, escreviam cartas para casa ou simplesmente dormiam.

Na noite de 5 para 6 de junho, conforme a Operação Netuno se desenvolvia, tudo que o serviço de informações dos Aliados podia fazer era monitorar o tráfego de rádio alemão. O Ultra não detectava nada de especial e parecia que os alemães não tinham ideia do que estava prestes a acontecer. Enquanto isso, uma peça final do engodo que antecedeu o Dia D entrava em ação. Bombardeiros Lancaster lançaram "chaff" – tiras de metal que refletem o radar – em intervalos precisos através do Estreito de Dover. Os bombardeiros também utilizaram um dispositivo eletrônico chamado Moonshine, que gerava imagens múltiplas de uma aeronave no radar inimigo, fazendo com que um punhado de aviões parecesse uma esquadrilha enorme. Em seguida, lanças rebocando balões de barragem portando refletores radar partiram para o mar revolto. Logo, operadores de radar em Pas de Calais veriam o que pareceria ser uma enorme frota cobrindo uma área de aproximadamente 320 quilômetros quadrados vindo em sua direção. Enquanto na Normandia não haveria alerta e nenhuma arma alemã seria disparada até que a frota de invasão aparecesse no horizonte. No Estreito de Dover, os holofotes varriam as águas, as baterias costeiras abriam fogo e unidades navais partiam para o mar para não encontrar nada. Então, poucos minutos depois da meia-noite de 6 de junho, centenas de bonecos foram lançados de paraquedas. Quando atingiam o solo, acionavam detonadores que simulava o som de armas de fogo leves. Sinalizadores, bombas de fumaça, morteiros e simuladores de metralhadoras também foram lançados. Esses dispositivos eram jogados em bosques, onde seria difícil saber o que estava acontecendo. Tudo para parecer que um ataque aerotransportado em grande escala estava em andamento e que o combate se propagava no solo. Esses assaltos encenados chegaram a atrair alguns dos defensores da Praia Omaha para longe de suas posições, ou seja, o massacre que ocorreu ali não foi tão dramático quanto poderia ter sido.

Agora, as tropas de ataque estavam a caminho, levando com elas mapas detalhados de onde desembarcariam. Segundo Eisenhower era improvável que qualquer exército já tivesse ido para a batalha mais bem informado. A operação de coleta de informações dos Aliados fora um triunfo completo, assim como seus engodos, que continuaram após os desembarques. Hitler manteve seu 15º Exército em Pas de Calais, esperando o inexistente 1º Grupo de Exército dos Estados Unidos até muito tempo depois de os Aliados já terem evoluído de sua cabeça de praia. O próprio Hitler, como alguém já disse, fora a arma mais valiosa no arsenal dos Aliados. Acreditando ser, ele mesmo, um gênio militar, Hitler permaneceu longe da frente de batalha, dirigindo a luta a partir do Covil do Lobo, onde truques tão antigos quanto a própria guerra acabariam por enganá-lo.

4
AS FORÇAS ALIADAS

GRAÇAS AO SUCESSO DAS OPERAÇÕES de dissimulação dos Aliados, as forças de desembarque poderiam contar, pelo menos, com a surpresa, mas os fatos históricos estavam contra eles. O desembarque anfíbio da ANZAC em Gallipoli na Primeira Guerra Mundial fora um fracasso. Os canadenses não se saíram muito melhor em Dieppe, em 1942. Assaltos anfíbios bem-sucedidos aconteceram no norte da África em 1942, e na Sicília e em Salerno, em 1943. Mas estes não se deram contra uma costa fortificada. No norte de África, as forças aliadas haviam sido lançadas contra um exército colonial francês e contaram com a surpresa por não terem feito uma declaração formal de guerra. Mesmo assim, houve dificuldades. Na Sicília, tropas italianas desanimadas impuseram pouca resistência, mas mesmo assim houve baixas autoinfligidas. Aviões aliados transportando tropas da 82ª Divisão Aerotransportada foram abatidos pela artilharia naval dos Aliados e, em Salerno, os alemães quase conseguiram forçar as forças aliadas de volta ao mar.

Apesar dos evidentes perigos de lançar um ataque total contra uma costa fortificada, a invasão recebeu seu próprio impulso. Os britânicos haviam conseguido convencer os americanos a desistir de um ataque atravessando o Canal em 1942 e 1943, porém o líder dos chefes de Estado-Maior reunidos, general George C. Marshall, transformara um exército americano de 170 mil homens em 1940 em uma força de 7.200.000 homens em três anos, e ele não estava ansioso para vê-la desperdiçada em um pequeno teatro de guerra como a Itália. Os britânicos enfrentavam a ameaça constante de ver esses homens transferidos para o Pacífico se não fossem envolvidos em uma invasão da França. Embora Churchill estivesse particularmente nervoso com um ataque à França, o primeiro-ministro sempre soube que isso precisaria ser feito. Já em 1940, Churchill dissera ao comandante das operações combinadas, Lorde Louis Mountbatten, "Você deve se preparar para a invasão da Europa, pois, a menos que desembarquemos, lutemos contra Hitler e derrotemos suas forças em terra, jamais venceremos esta guerra".

Também havia a situação política a ser considerada. Até que os aliados estivessem nas praias da França, a situação na frente oriental estaria sempre sujeita a

PARTE UM: PLANEJANDO A INVASÃO

Os comandantes aliados: Marechal do ar Arthur Tedder, general Dwight Eisenhower e general Bernard Law Montgomery, supervisionando os preparativos para a Operação Overlord.

mudanças. Primeiramente, havia a possibilidade de Hitler e Stalin assinarem um armistício em separado no leste. Em outra hipótese, Hitler poderia decidir jogar toda sua força contra os soviéticos e forçar o Exército Vermelho a recuar. Por fim, os soviéticos poderiam vencer Hitler sozinhos e ocupar toda a Europa Ocidental. Até a Segunda Guerra Mundial, Churchill sempre fora um ferrenho anticomunista, chegando a apoiar a intervenção dos Aliados na Rússia em 1919 em uma tentativa de estrangular o Estado soviético no berço. Quando perguntado como pudera fazer uma aliança com Stalin durante a Segunda Guerra Mundial, Churchill disse que faria um pacto com o diabo se o inferno lutasse contra Hitler.

Mesmo que as declarações de que Hitler criara a Fortaleza Europa fossem um tanto exageradas, os alemães estavam em melhor posição, pois contavam com fortificações enormes e bem concebidas, boa comunicação em linhas terrestres seguras e estariam lutando na defensiva. No entanto, os Aliados tinham algumas coisas em seu favor, particularmente o controle do mar e do ar. Além disso, poderiam escolher o momento e o lugar onde o ataque ocorreria. Contudo, assim que a invasão come-

AS FORÇAS ALIADAS

Embarcações de desembarque de tanques LST (Landing Ship, Tanques) dos Estados Unidos, rebocando balões barragem, abrem caminho através do Canal da Mancha, rumando para as praias da Normandia.

çou, a vantagem voltou para os alemães. Até que a cabeça de praia fosse grande o suficiente para garantir que veículos meia-lagarta fossem desembarcados, as forças atacantes só seriam capazes de se mover na velocidade de suas próprias pernas. Os alemães seriam capazes de mover seus reforços rapidamente, por estradas e ferrovias. Também seria fácil abastecê-los, ao passo que cada bala, cada bandagem, cada ração que os Aliados usassem teria de ser trazida através do Canal.

As forças de desembarque também estariam em ampla desvantagem numérica. Os alemães contavam com 50 divisões de infantaria e 11 divisões blindadas na França em 1944. No máximo, os Aliados seriam capazes de desembarcar cinco divisões no primeiro dia e seriam necessárias até sete semanas para desembarcar as 40 divisões que haviam sido reunidas na Inglaterra. Um contra-ataque começaria na primeira semana. No entanto, se pudesse ser contido, o acúmulo de enormes quantidades de armas e materiais que saíam das fábricas nos Estados Unidos acabariam por prevalecer. A doutrina militar dos Estados Unidos ditava que guerras eram vencidas por meio de organização e administração. Os melhores homens eram destinados para as posições de retaguarda, de onde controlavam a administração da guerra e o fluxo de homens e material. Aqueles que não eram tão bons eram destinados ao combate e os piores deles iam para a infantaria. Todavia, se as tropas na linha de frente recebessem a munição e o equipamento de que precisassem quando precisassem, a vitória estaria assegurada. Perdas substanciais eram aceitas como fato.

Guerra de Atrito

Embora a Wehrmacht tivesse alcançado seus objetivos em 1939 e 1940, flanqueando e manobrando contra seus opositores, em 1944 a guerra voltou a seguir o modelo da Primeira Guerra Mundial. O Exército Vermelho fazia ataques frontais maciços que eram custosos para ambos os lados, enquanto na estreita península italiana não havia espaço para movimentos de flanco. O pressão dos Aliados tornou-se uma guerra de atrito. Inicialmente, o mesmo aconteceria na Normandia. O desembarque em uma praia de um litoral fortificados era, por sua própria natureza, um ataque frontal.

Na Primeira Guerra Mundial, os exércitos atacantes arrefeciam as defesas com grandes bombardeios de artilharia. Na Normandia, esses bombardeios ficariam a cargo das enormes frotas britânica e americana no canal. No entanto, foi decidido que o elemento surpresa seria mais importante e, assim, o bombardeio antes do desembarque foi limitado a meia hora.

Depois disso, havia o problema de desembarcar homens e máquinas na praia inimiga. Os alemães haviam reunido barcaças em canais e rios da Europa durante

AS FORÇAS ALIADAS

sua preparação para uma invasão da Grã-Bretanha em 1940. Essas embarcações teriam sido rebocadas através do Canal cheias de tropas. Porém, como barcaças têm fundo chato, isso só poderia ter sido feito durante uma calmaria total. Os americanos, no entanto, já haviam se dedicado ao assunto mesmo antes da guerra.

Prevendo uma guerra contra o Japão no final de 1930, os fuzileiros navais dos Estados Unidos tinham experimentado embarcações de desembarque anfíbio para ataques em praias insulares. Em 1941, os britânicos levaram a ideia adiante com o navio de desembarque de tanques LST (Landing Ship, Tank) e o barco de desembarque de tanques LCT (Landing Craft, Tank). O LST era um navio tão grande quanto um cruzador leve, com 327 pés de comprimento e deslocando 4 mil toneladas. Seu fundo chato o tornava difícil de manobrar em alto mar, mas permitia que chegasse à praia. Portas na proa se abririam, então, para os lados e uma rampa seria baixada para que dezenas de tanques e caminhões desembarcassem de seu porão para a terra. O LST poderia, ainda, transportar pequenos barcos de desembarque em seu convés.

O LCT era menor, mais curto e poderia levar de quatro a oito tanques, que seriam desembarcados por uma rampa. Novamente, tratava-se de uma embarcação de fundo chato, porém mais estável do que um LST, e podia ser manobrado em mar agitado. Quando os Estados Unidos entraram na guerra, iniciaram a produção de LSTs e LCTs.

Tropas britânicas em exercício usando embarcações de desembarque de veículos e pessoal LCVP (Landing Craft, Vehicles, Personnel), apelidadas de barcos Higgins em homenagem a seu inventor, Jack Higgins.

Quando chegou o Dia D, essas embarcações já haviam sido testadas com sucesso no Mediterrâneo. Contudo, apresentavam suas deficiências. Eram lentas, difíceis de manobrar e, por isso, alvos fáceis. Uma piada cruel entre as forças de desembarque dizia que LST significada Long Slow Target (alvo lento e comprido). Mesmo assim, essas embarcações se tornariam o carro-chefe de operações anfíbias dos Aliados.

LSTs e LCTs eram boas para desembarcar blindados, mas não serviam para por em terra os homens necessários para o ataque inicial. O que era preciso era um barco menor que encalhasse, desencalhasse sozinho, desse a volta sem ser virado pelas ondas e retornasse à embarcação principal para pegar mais homens. Também seria necessária uma rampa frontal para que a força de ataque pudesse alcançar a praia rapidamente. Pular pelos lados faria com que os atacantes atuassem isoladamente e fossem repelidos facilmente. Havia inúmeros projetos diferentes, já que sua construção fora encomendada a estaleiros de pequeno porte e cada um fez sua própria versão. Na época, os estaleiros da marinha americana estavam ocupados construindo os navios do tipo Liberty que transportavam cargas através do Atlântico, além de seus navios de escolta. Essas embarcações consumiam todo o aço e os motores marítimos disponíveis. A construção de uma frota de embarcações de desembarque grande o suficiente para levar de três a cinco divisões através do Canal em um dia era demais até mesmo para o poderoso parque industrial norte-americano.

"O destino de dois grandes impérios parecia estar atado em umas malditas coisas chamadas LSTs", lamentou Churchill.

Quem resolveu o problema foi um irlandês beberrão chamado Jack Higgins. Projetista autodidata de barcos em Nova Orleans, Higgins já construíra barcos para empresas petrolíferas que exploravam os pântanos do sul da Louisiana na década de 1930. Essas empresas precisavam de um barco que, caso encalhasse, pudesse voltar a flutuar com um mínimo de dificuldade. Higgins construiu, então, o "Eureka", um barco de madeira, mas que funcionou.

O Barco Higgins

No final de 1930, Higgins percebeu que a guerra estava chegando e que haveria uma enorme demanda por pequenas embarcações. Também previu que haveria escassez de aço e, sendo assim, em 1939, comprou nas Filipinas uma colheita inteira de mogno. A demanda inicial por embarcações de desembarque veio dos fuzileiros navais. A Marinha dos Estados Unidos não tinha interesse em projetar embarcações de desembarque, preferindo as grandes embarcações. Assim, abriu concorrência para projetos. Higgins foi vencedor com seu projeto de uma embarcação a diesel para desembarque de veículos e pessoas, ou LCVP (Landing Craft, Vehicle and Personnel) baseado no projeto do barco Eureka. Esse barco também ficaria conhecido como barco Higgins. Embora os burocratas da Marinha odiassem trabalhar com o beberrão Higgins, os fuzileiros adoraram a embarcação. Com 36 pés de comprimento e 10,5 pés de largura, podia transportar um pelotão de 36 homens, ou um jipe e uma esquadra de 12 homens. A rampa era de metal, mas o restante era feito de madeira compensada. Mesmo em mares moderados, as ondas quebrariam na proa e nos bordos, não impedindo que homens desembarcassem em uma praia em questão de segundos, antes de girar e retornar para mar aberto.

Higgins criou pequenas linhas de produção por toda Nova Orleans. Extraordinariamente para a época, Higgins empregava tanto mulheres quanto negros, pagando bem independentemente de gênero ou etnia. No pico da produção, Higgins chegou a empregar 30 mil trabalhadores, que produziram mais de 20 mil LCVPs, juntamente com centenas de LCTs com o projeto aperfeiçoado, e dezenas de PT Boats (barcos de patrulha), também projetados por Higgins. Os barcos Higgins foram levados através do Atlântico e, mais tarde, através do Canal, no convés dos LSTs, entrando em ação nas águas do Mediterrâneo, Normandia e Pacífico, desembarcando mais combatentes americanos do que todos os outros tipos de embarcações de desembarque juntos.

"Ele foi o homem que ganhou a guerra para nós", disse certa vez Eisenhower.

Outros pequenos produtores criaram embarcações médias de desembarque, ou LCM (Landing Craft, Medium) e embarcações de desembarque de infantaria, ou LCI (Landing Craft, Infantry). O LCI tinha 160 pés de comprimento e levava 200 homens, que desembarcavam por rampas de qualquer um dos lados da proa. Havia também o DUKW, ou "Duck", um caminhão americano padrão de duas toneladas e meia, dotado de tanques de flutuação e hélices. Esse veículo desenvolvia até 5,5 nós em um mar moderado e 80 km/h em terra.

No Dia D, os Aliados não desembarcariam apenas pelo mar. Eles também chegariam por via aérea. Embora os alemães fossem pioneiros no uso de paraquedistas na invasão da Holanda, haviam abandonado operações aerotransportadas após perdas enormes durante a invasão de Creta. Além disso, em 1944, os alemães não contavam com uma aeronave capaz de mobilizá-los. Aos Aliados, todavia, não faltavam aviões, e os paraquedistas eram lançados pela sua principal aeronave de transporte, o Dakota, fabricado pela Douglas Aircraft. A empresa havia adaptado seu avião bimotor civil, o DC-3, que foi redesignado como C-47 para uso militar. Era uma aeronave desarmada, sem blindagem e lenta, mas confiável, versátil e capaz de lançar um grupo de 18 paraquedistas com precisão sobre um alvo. Os britânicos tinham duas divisões aerotransportadas, a 1ª e a 6ª, enquanto os americanos contavam com a 82ª e a 101ª Divisão. Essas forças de elite eram formadas por voluntários. As tropas desembarcadas por planador e o restante da infantaria eram formadas, em grande parte, por conscritos.

Enquanto os britânicos estavam ficando sem homens, ao Exército dos Estados Unidos não faltavam recrutas. Um terço dos homens chamados após um exame inicial era rejeitado. Como resultado, o soldado americano médio era mais alto, mais pesado e mais saudável do que os soldados inimigos. Eram, também, mais escolarizados. Quase metade dos homens alistados tinha formação secundária e um em cada dez tinha nível superior. Sua média de idade era de 26 anos.

Contudo, mesmo sendo o exército mais bem educado a ir para a guerra, era também o mais inexperiente. Apenas duas das cinquenta divisões americanas que foram selecionados para atuar no noroeste da Europa haviam entrado em combate antes: a 1ª Divisão de Infantaria e a 82ª Divisão Aerotransportada. Da mesma forma, embora a Grã-Bretanha estivesse em guerra há quatro anos, poucos soldados britânicos haviam participado da ação. Nenhuma das unidades designadas para os desembarques do Dia D contava com mais do que um punhado de veteranos. Isto não era necessariamente algo ruim: em um ataque direto a uma posição bem fortificada, os homens que ainda não viram o que uma bala, uma mina terrestre ou um morteiro podem fazer ao corpo humano têm uma grande vantagem.

"Um infante experiente é um infante apavorado", disse Carl Weast, dos Rangers dos Estados Unidos, que desembarcou no Dia D. Carwood Lipton, sargento da 101ª Divisão Aerotransportada, admitiu: "Eu fiz coisas arriscadas no Dia D que não voltaria a fazer mais tarde na guerra".

Jovens no final da adolescência e nos seus vinte e poucos anos carregam um sentimento de invulnerabilidade. Quando um oficial disse, na véspera do Dia D, que nove em cada dez homens se tornariam baixas, o soldado Charles East, da 29ª Divisão de Infantaria, olhou para os homens ao seu redor e disse para si mesmo: "Pobres coitados".

No entanto, o moral entre os soldados americanos reunidos para o Dia D não era elevado. Depois de apenas oito meses, as baixas na Itália haviam chegado a 150 mil e esperava-se que as perdas nas praias da Normandia fossem muito maiores. Os soldados dos Estados Unidos adotaram um comportamento fatalista, e soldados que pensam que vão morrer muitas vezes carecem de espírito combativo.

Montgomery havia cuidadosamente espalhado os veteranos de seu Oitavo Exército, que tinham visto a ação no norte da África e na Itália, entre outras unidades. Esses homens eram a prova viva de que alguém poderia sobreviver e acalmaram os temores dos soldados mais jovens. Britânicos e canadenses também estavam ansiosos para vingarem Dunquerque e Dieppe. Isso dava a eles incentivos bem definidos, que os americanos não tinham. Por outro lado, aos britânicos faltava o instinto agressivo que pode ser instilado pela disciplina brutal de um estado totalitário, e o Gabinete de Guerra Britânico receava impor uma disciplina rígida a um exército democrático, para que isso não prejudicasse seu espírito de luta.

"O problema com nossos rapazes britânicos é que eles não são matadores por natureza", escreveu o general Montgomery. E os americanos se queixavam de que os britânicos estavam sempre parando para tomar chá.

Havia outras tensões entre os Aliados. Como os britânicos já vinham lutando por dois anos a mais que os americanos, adotaram uma atitude de superioridade, vendo-os como mal preparados e, essencialmente, civis uniformizados. Havia alguma verdade nisso. O general Maxwell Taylor, comandante da 101ª

Tanque britânico Churchill na Normandia. Convertidos em lança-chamas e apelidados de Crocodile, esses tanques se mostrariam aterrorizantes para os alemães em combate.

PARTE UM: PLANEJANDO A INVASÃO

O oleoduto PLUTO sendo recuperado após a guerra. Ao todo, foram instalados aproximadamente 1.280 quilômetros de tubulação, fornecendo combustível e óleo preciosos às tropas aliadas na França.

AS FORÇAS ALIADAS

Aerotransportada durante a guerra, alardeava que, até dezembro de 1944, algumas companhias em sua divisão eram melhores que qualquer outra, em qualquer lugar. Porém, Taylor admitiu, "Levou algum tempo para isso".

Os britânicos, por outro lado, estavam mais acostumados a uma cultura militar. Muitos dos seus oficiais haviam lutado na Primeira Guerra Mundial. Embora o exército britânico tivesse experimentado uma grande expansão, seu antigo sistema regimental foi mantido. Muitas das unidades americanas haviam sido formadas do zero e enquanto seus soldados desfrutavam de uma licença final antes do Dia D, os britânicos permaneceram treinando até o último minuto.

Os americanos consideravam os britânicos excessivamente cautelosos, acreditando que a guerra não poderia ser vencida sem que corressem riscos. Há alguma verdade nisso também. A Grã-Bretanha, contudo, estava ficando com poucos homens e não queria se arriscar a grandes perdas, enquanto a imensa reserva de recrutas dos Estados Unidos tinha apenas começado a ser explorada. Comandantes como o general Montgomery haviam visto os massacres da Primeira Guerra Mundial e não comprometeriam seus homens com o combate a menos que superassem amplamente o inimigo em número.

Entretanto, apesar da tensão entre os Aliados, havia também respeito mútuo. Já foi dito, com alguma razão, que a guerra no Ocidente foi vencida por uma combinação de músculos americanos e cérebros britânicos. Os Estados Unidos contavam com capacidade de reposição humana e industrial. Em 1939, as fábricas americanas trabalhavam com metade de sua capacidade e apenas 800 aviões militares foram fabricados naquele ano. Quando o presidente Roosevelt apelou para que a produção fosse aumentada para 4 mil por mês, todos pensaram que ele estava louco. Contudo, em 1942 os Estados Unidos já produziam 4 mil aviões por mês, sendo que, em 1943, esse número subiria para 8 mil.

Foram os britânicos, porém, que decifraram o código Enigma e, através de seu sistema Double Cross, mantiveram os alemães acreditando que seu código era inviolável e seus segredos estavam seguros. Os britânicos criaram o Porto Mulberry – sem ele, muito provavelmente qualquer invasão teria falhado – e o duto submarino PLUTO, que bombeava gasolina através do Canal, evitando que fosse transportada em embarcações vulneráveis. Os britânicos desenvolveram o radar, o detonador de proximidade e os Hobart's Funnies, diversos dispositivos destinados a romper as fortificações de concreto e os campos minados da Muralha do Atlântico. Esses dispositivos foram criações do general Percy Hobart. Foi o general quem desenvolveu o Crab, um tanque equipado com um tambor rotativo na frente que surrava o solo com correntes para detonar minas; o tanque de assalto AVRE (Assault Vehicle Royal Engineers) que podia transportar uma ponte desmontável de 12 metros para transpor valas antitanque; e o tanque flutuante, chamado DD, ou tanque Dual Drive. Esse tanque apresentava uma tela de lona inflável que permitia que ele flutuasse, com hélices acionadas por seu motor. Os tanques anfíbios de Hobart foram projetados para chegar até a praia à frente dos barcos de desembarque (LCAs), para darem cobertura à infantaria. Os britânicos também fizeram muito do trabalho preliminar sobre a bomba atômica antes que os americanos entrassem na guerra, e desenvolveram a penicilina, que salvou milhares de vidas no campo de batalha.

Um Assunto Americano

Embora o general Eisenhower fosse o comandante supremo – por razões políticas, o cargo mais alto tinha de ser de um americano – o general Montgomery receberia o comando total da força de invasão em terra; o almirante Sir Bertram Ramsay, no mar; e o marechal Sir Trafford Leigh-Mallory, no ar. Um quarto oficial britânico, o marechal do ar Sir Arthur Tedder, seria nomeado vice-comandante supremo. Quando Montgomery foi nomeado para comandar a invasão no Ano Novo de 1944, jogou fora o plano de invasão em que os americanos vinham trabalhando desde 1942. O general considerava a força de ataque no plano americano insuficientemente forte para o trabalho, e que o ataque visava a uma frente estreita demais. Montgomery insistiu em aumentar o número de divisões no desembarque de três para cinco, e o número de divisões aerotransportadas de uma para três. Montgomery apresentou seu próprio plano aos comandantes militares e políticos do alto escalão na Escola St. Paul, em West Kensington, em 15 de maio de 1944. O plano foi aceito. Uma parte fundamental do plano era que, no próprio Dia D, deveria haver um número igual de soldados britânicos e americanos. Contudo, conforme suas perdas aumentavam, os britânicos não seriam capazes de sustentar esse compromisso. No fim, a guerra na Europa Ocidental se tornaria um assunto predominantemente americano. Para refletir essa situação, o próprio Eisenhower assumiria o comando das forças terrestres.

Enquanto o plano de invasão estava sendo preparado, a reunião de forças militares já estava em andamento. Na primavera de 1944, todo o sul da Inglaterra havia se tornado um vasto acampamento militar. Debaixo de árvores ao lado das estradas, protegidos por corrugados de ferro, havia depósitos de munição e oficinas de engenharia. Campos estavam cobertos de tanques Sherman, caminhões Dodge, jipes e armas de campo. Havia fila após fila deles, até onde a vista alcançava.

Uma frota com 138 couraçados, cruzadores e destróieres fora reunida para bombardear a costa francesa. Estes eram acompanhados por 279 navios de escoltas, 287 caça-minas, 4 lançadores de camadas, 2 submarinos, 495 lanchas, 310 navios de desembarque, 3.817 embarcações de desembarque e barcaças para o assalto inicial. Outros 190 LCVPs e 220 LCTs se juntariam a eles, como parte do serviço de transporte para levar mais pessoal e equipamentos para terra após a cabeça de praia ter sido assegurada. Outras 423 embarcações, incluindo rebocadores, estariam envolvidas na construção dos portos Mulberry e no lançamento da linha de dutos PLUTO que bombearia gasolina para a terra, além de cabos telefônicos conectando os comandantes em terra ao Supremo Quartel-General das Forças Expedicionárias Aliadas, ou SHAEF (Supreme Headquarters, Allied Expeditionary Force), em Londres. Um conjunto de 1.260 navios mercantes também estaria envolvido, perfazendo um total de mais de 7 mil embarcações.

Naturalmente, era impossível manter números tão grandes em segredo, mas se a intenção era manter o embuste de que essa força se destinava a Pas de Calais, o acesso do inimigo a informações deveria ser limitado. Visitantes foram banidos de um corredor que se estendia por 16 quilômetros a partir da costa. As viagens de civis entre a Grã-Bretanha e a Irlanda foi proibida para evitar o contato entre agentes do inimigo e a Embaixada alemã em Dublin. Todas as movimentações de diplomatas estrangeiros dentro e fora do Reino Unido foram proibidas e os 80 correspondentes da imprensa que acompanhariam a força de invasão foram reunidos em 22 de maio e mantidos incomunicáveis até que as tropas estivessem em terra.

Aproximadamente 10 mil aeronaves foram empregadas na Operação Overlord para bombardear os principais alvos, lançar paraquedistas, rebocar planadores, levar tropas aerotransportadas e proteger o espaço aéreo acima da força de ataque. Ao todo, mais de 6 milhões de pessoas estavam envolvidas nos desembarques do Dia D. Vinte divisões dos Estados Unidos, quatorze britânicas, três canadenses, uma francesa e uma polonesa foram alojadas no sul da Inglaterra, junto a centenas de milhares de soldados pertencentes a forças especiais, unidades de quartel-general, equipes de comunicação e pessoal de intendência. Então, de repente, conforme essa força imensa rumava para os portos de embarque em silêncio, à noite, esses homens simplesmente desapareceram.

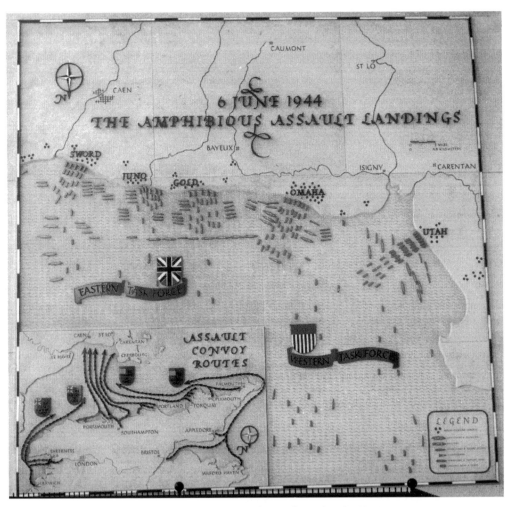

As praias da Normandia, 6 de junho de 1944.

PARTE 2

OPERAÇÃO OVERLORD

5
OS ATAQUES AEROTRANSPORTADOS

O USO DE TROPAS AEROTRANSPORTADAS foi uma adição bastante tardia aos planos do Dia D. O general Omar N. Bradley, comandante das forças de desembarque americanas, era o único comandante de alto escalão que via seu uso com bons olhos. Bradely propôs lançar a 82ª (a "All American") e a 101ª (a "Screaming Eagles") atrás da Muralha do Atlântico para capturar estradas e caminhos que iam do interior até as praias americanas para isolar a península do Cotentin e impedir que os alemães reforçassem Cherbourg. O marechal do ar Leigh-Mallory era contra, e Montgomery só concordaria se Bradley assumisse total responsabilidade pela operação. Bradley concordou.

A cautela britânica era natural. O uso de tropas aerotransportadas era relativamente novo e não tinha um bom histórico, embora tenha começado bem o suficiente. Em 10 de maio de 1940, um regimento de paraquedistas alemães havia tomado a Holanda em apenas um dia e, em abril e maio de 1941, o ataque aerotransportado alemão à ilha de Creta tomou a ilha em apenas oito dias. Durante essa operação, 46 aviões da RAF foram perdidos e foram feitos 12 mil prisioneiros de guerra britânicos. Os alemães, no entanto, perderam de 4.500 a 6 mil homens e de 271 a 400 aeronaves. A perda de tantos dos seus paraquedistas de elite deixou Hitler tão chocado que o ditador proibiu futuras operações de paraquedistas em larga escala e, pelo menos para os alemães, os dias dos paraquedistas haviam terminado.

No entanto, os Aliados não sabiam a extensão das perdas alemãs em Creta e continuaram planejando suas próprias operações aerotransportadas. Estas começaram em 22 de junho de 1940, quando Churchill ordenou a formação de um corpo de tropas aerotransportadas dentro de 48 horas. Sua intenção era ter uma força inicial de 5 mil homens, que deveriam ser treinados naquele verão. Sua primeira ação foi em 10 de fevereiro de 1941, quando 35 deles foram lançados no sul da Itália para destruir o aqueduto em Monte Vulture, que abastecia as cidades de Brindisi, Bari e Foggia, onde havia estaleiros e instalações militares. Em seguida, em 12 de novembro de 1942, o 3º Batalhão da 1ª Brigada Paraquedista da

PARTE DOIS: OPERAÇÃO OVERLORD

Grã-Bretanha capturou o aeródromo de Bône no norte da África, após ser lançado pelos C-46 da Força Aérea do Exército dos Estados Unidos (USAAF).

Em 16 de agosto de 1942, a 82ª e a 101ª Divisões Aerotransportadas dos Estados Unidos foram oficialmente ativadas. Seu efetivo era de 17.650 voluntários, conhecidos como "lean and mean" (magros e maus), sendo que alguns deles não sobreviveriam ao rigoroso e perigoso treinamento. O primeiro grande lançamento de tropas aerotransportadas aliadas aconteceu na Sicília, em 10 de julho de 1943. Quatro horas após o salto, o coronel James M. Gavin, comandante da 82ª Divisão Aerotransportada, só conseguiu reunir vinte homens entre os 3.400 que haviam embarcado nos aviões no norte da África. Alguns soldados foram lançados a mais de 96 quilômetros da zona de salto. Os britânicos se saíram pouco melhor. Apenas 57 de seus 156 aviões lançaram suas tropas em algum lugar perto do alvo. Ao todo, 605

General Dwight D. Eisenhower, comandante supremo aliado da Operação Overlord, conversa com homens da 101ª Divisão Aerotransportada dos Estados Unidos, a "Screaming Eagles", na véspera do Dia D.

AS FORÇAS ALIADAS

Na manhã do Dia D: planadores nos campos da Normandia, enquanto aviões de reboque C-47 podem ser vistos retornando à Inglaterra.

oficiais e soldados foram perdidos, incluindo 326 que caíram no mar e se afogaram. Eisenhower escreveu a Marshall, em Washington, dizendo que não acreditava na capacidade de tropas aerotransportadas, pois duvidava que, depois de espalhadas, pudessem se reunir novamente e formar uma unidade de combate eficaz.

Marshall discordava e, em determinado ponto, sugeriu que a invasão da Normandia fosse principalmente um ataque aerotransportado, com o desembarque nas praias como uma ação secundária. Eisenhower rejeitou a ideia de imediato, mas aos poucos se convenceu de que uma operação aerotransportada poderia fazer uma diferença decisiva na península de Cotentin e na batalha de Cherbourg. Mais tarde, foi planejado um desembarque aerotransportado britânico a leste das praias para proteger o flanco e dar continuidade à farsa de que a invasão teria lugar em Pas de Calais.

Os americanos não tiveram sorte na escolha das zonas de salto. A praia Utah ficava na base da península de Cotentin. Atrás dela, corriam os rios Merderet e Douve. Os engenheiros de Napoleão haviam projetado ali uma série de canais e valas que os alemães usariam para inundar a área. A 101ª Aerotransportada, comandada pelo general de divisão Maxwell D. Taylor, deveria tomar estradas e caminhos que atravessavam esses campos alagados, de modo que a força de desembarque pudesse evoluir a partir da praia. A 82ª Aerotransportada, comandada pelo general de divisão Matthew B. Ridgeway, deveria desembarcar no rio Merderet, a oeste da vila de St. Mère-Église, e tomar o vilarejo e a encruzilhada que havia ali, para impedir um contra-ataque alemão vindo do noroeste. Os alemães não esperavam que os Aliados desembarcassem ali e posicionaram suas formações defensivas e seus *Rommelspargel*, ou "aspargos de Rommel" – postes afiados mortais para paraquedistas e planadores que tentassem pousar –, ainda mais para a retaguarda.

Os Batedores e Seus Problemas

À 1 hora de 6 de junho de 1944, os Batedores (Pathfinders) entraram em ação. Estes formavam uma força avançada que deveria marcar as zonas de salto com balizas de rádio e luzes de localização dispostas como um grande 'T' no solo. Mas houve problemas. Uma formação de nuvens sobre a costa forçou os aviões Dakotas que os transportavam a manobrarem para ficar acima ou abaixo delas. Ou seja, os Batedores tiveram de saltar de altitudes elevadas demais ou baixas demais. Além disso, o fogo antiaéreo obrigou os pilotos a tomarem medidas evasivas, fazendo lançamentos fora da rota. Uma equipe de batedores saltou no canal e apenas uma das dezoito equipes saltou onde deveria.

Meia hora mais tarde, e cinco horas antes que os homens chegassem às praias, os alemães avistaram os 925 C-47 do IX Comando de Transporte de Tropas da Força Aérea dos Estados Unidos em sobrevoo, e seis regimentos – aproximadamente 13.400 homens ao todo – desceram dos céus. Novamente, houve problemas. Aquela seria a primeira missão de combate para a maioria dos pilotos, que não tinha sido treinada para voos noturnos, mau tempo e desviar de artilharia antiaérea. As aeronaves voavam em grupos de nove, separadas lateralmente entre si por apenas 30 metros – um C-47 media 29 metros da ponta de uma asa à outra. Cada grupo estava separado por apenas mil metros dos grupos à sua frente e atrás de si. Os pilotos voavam sem luzes de navegação e tudo que podiam ver do avião à sua frente era um minúsculo ponto azul na cauda.

As aeronaves cruzaram o canal a uma altura de 152 metros, para evitar a detecção pelo radar alemão, seguindo um curso enviado por um sinalizador de rádio a bordo de um barco-patrulha e uma luz transportada por um submarino, ambos britânicos. Sobre as Ilhas do Canal, a esquadrilha subiu para 457 metros para evitar o fogo antiaéreo. As baterias nas Ilhas do Canal abriram fogo, mas tudo que conseguiram foi acordar o paraquedistas americanos que tinham sido nocauteados pelos comprimidos contra enjoo que tiveram de tomar. Uma vez sobre a costa, os aviões baixaram novamente para 182 metros: a altura do salto era baixa para que os paraquedistas ficassem expostos e vulneráveis por menos tempo durante a descida. Mas assim que cruzaram a linha costeira, também encontraram a formação de nuvens. Automaticamente, os aviões dispersaram para evitar o perigo de colidirem em pleno ar. Quando saíram das nuvens, alguns deles se viram sozinhos.

Um soldado americano ocupa posição ao lado do corpo de um soldado alemão morto.

PARTE DOIS: OPERAÇÃO OVERLORD

Foi então que as portas do inferno se abriram. Holofotes e tiros traçantes rasgaram os céus. Os Dakotas foram atingidos por projéteis de 88 milímetros, 20 milímetros e metralhadoras. Alguns aviões explodiram, outros mergulharam em direção ao chão. Os pilotos foram instruídos a reduzir a velocidade para 145 km/h no lançamento, para minimizar o impacto sobre os homens ao pularem. Contudo, um avião voando a 182 metros e 145 km/h é um alvo fácil e, assim, os pilotos empurraram o acelerador para frente até que atingissem 241 km/h e sem ter uma ideia real de onde estavam, a não ser que era sobre algum lugar na península de Cotentin. Os pilotos queriam sair logo dali e acenderam a luz vermelha, instruindo os paraquedistas a se levantarem e se prepararem para o salto, enquanto passavam sobre as Ilhas do Canal. Então, na primeira oportunidade possível, os pilotos acenderam a luz verde, na esperança de se livrar de sua carga e voltar para a Inglaterra o mais rápido possível. Os homens então deram o "salto de 10 mil dólares", chamado assim em alusão ao valor do seguro de vida que eram obrigados a fazer para o amparo de suas famílias caso morressem. Quando saltaram, muitos deles viram

AS FORÇAS ALIADAS

Centenas de paraquedas caem sobre a França durante a invasão aerotransportada aliada.

aviões logo abaixo. Alguns aviões foram atingidos por equipamentos lançados acima deles. Um paraquedista ficou preso na asa do avião que passava abaixo dele.

    Alguns homens foram feridos por estilhaços dentro do avião. Outros se recusaram a saltar quando viram a intensidade do fogo do lado de fora. Aqueles que saltaram descobriram que estavam muito baixo ou muito alto e que os sinalizadores iluminando a noite os tornavam alvos fáceis. Os alemães chegaram a atear fogo em um celeiro, para que pudessem divisar os paraquedistas americanos em sua descida. Aqueles que chegaram ao solo encontraram uma situação no mínimo confusa. Os homens da 82ª Aerotransportada se viram na zona de salto da 101ª, e vice-versa. No escuro, eles deveriam identificar uns aos outros usando brinquedos metálicos que faziam um clique. Infelizmente, o ruído era semelhante demais ao da trava de segurança de um fuzil sendo desarmada.

    O general Taylor, da 101ª, se viu completamente sozinho. Após 20 minutos, encontrou um soldado e um tenente, seu ajudante de ordens. Juntos, tentaram descobrir onde estavam com um mapa e uma lanterna, porém cada um deles chegou a uma conclusão diferente. Mais homens apareceram. Logo, Taylor havia reunido um grupo composto por dois generais, quatro coronéis, quatro tenentes, um punhado de sargentos e uma dúzia de soldados. "Nunca tão poucos foram comandados por tantos", comentou Taylor ironicamente.

    Taylor e seus homens, porém, tiveram sorte. Alguns saltaram em áreas onde a força principal levaria 25 dias para chegar. O tenente-coronel Louis Mendez caminhou por cinco dias, cobrindo 145 quilômetros, sem encontrar outro americano, embora matasse seis alemães no caminho. Alguns paraquedistas caíram no canal, enquanto outros foram capturados logo que tocaram o solo.

    Rommel ordenara que as comportas no rio Merderet fossem abertas na maré alta e fechadas na maré baixa, assim, a área onde a 82ª Aerotransportada deveria descer foi inundada. Isso não aparecera no reconhecimento aéreo. Embora a água tivesse apenas um metro de profundidade, isso era suficiente para afogar um paraquedista totalmente equipado ou que não conseguisse se separar do paraquedas rápido o suficiente. Os britânicos tinham um dispositivo de liberação rápida em seus arneses, mas os americanos usavam fivelas. Trinta e seis soldados da 82ª se afogaram naquela noite. Uma esquadra de salto completa, isto é, o grupo de homens que salta de um avião, desapareceu. Cento e setenta e três homens quebraram um braço ou uma perna, e 63 foram feitos prisioneiros.

    Apenas 4% da 82ª pousou em sua zona de salto a oeste do rio Merderet. Três dias depois, a 82ª permanecia com um terço de seu efetivo, e 4 mil homens estavam desaparecidos. Com isso, a 82ª não conseguiria capturar todas as estradas e vias na área dos rios Merderet e Douve. A situação da 101ª era ainda pior e a divisão só conseguiu reunir mil de seus 6 mil homens.

Impasse

O general James Gavin estava no comando dos homens que deveriam tomar St. Mère-Église. Enquanto sobrevoavam o canal, o general mantivera um olhar atento sobre os 20 aviões em sua formação. Mas, no momento em que seu avião emergiu das nuvens e a luz verde acendeu, somente conseguiu ver duas aeronaves. Foi preciso quase uma hora para que encontrasse os 20 homens que saltaram com ele. Gavin só descobriu onde estava quando uma patrulha que enviara encontrou os trilhos de uma ferrovia. Outras patrulhas conseguiram reunir 150 homens, mas nenhum deles estava armado com nada mais pesado do que um fuzil ou carabina. Ao que parecia, os equipamentos pesados tinham ido parar nos campos alagados e desapareceram sob a água. Retardatários informaram ao general que havia outros americanos do outro lado de uma ponte no vilarejo de La Fière, que era um dos objetivos da divisão. Gavin rumou para lá, mas seu caminho foi barrado por blindados alemães que protegiam a ponte. Instaurou-se um impasse. Sem armas antitanque, os americanos não poderiam desalojar os alemães e se juntar ao resto da divisão, enquanto os alemães estavam em franca desvantagem numérica e não podiam fazer progressos. O impasse só foi quebrado quatro dias mais tarde, quando blindados americanos chegaram da cabeça de praia.

O 506º Regimento atingiu o solo próximo a seu alvo, St. Mère-Église, mas espalhado, enquanto o 505º teve o azar de aterrissar no próprio vilarejo. Os homens do 505º eram alvejados no momento em que desciam dos céus por uma metralhadora alemã na torre da igreja. Um disparo atingiu as granadas de um dos homens, e tudo o que chegou ao chão foi um paraquedas vazio. Outro homem foi sugado para uma casa em chamas. Homens eram fuzilados ao descerem na praça do vilarejo, ou enquanto estavam pendurados em árvores e postes telegráficos. Mas alguns deles posaram com segurança e conseguiram revidar contra os alemães. No único sucesso da noite, metade dos 2 mil soldados que deveriam se reunir se fora de St. Mère-Église chegou ao seu objetivo. Ao amanhecer, o vilarejo foi a primeira localidade na França a ser libertada e a bandeira dos Estados Unidos foi pendurada em frente à prefeitura, onde a suástica nazista havia permanecido por quatro anos. Infelizmente, os problemas do vilarejo estavam apenas começando. Os alemães bombardeariam St. Mère-Église pelos dois dias seguintes, arrasando diversas edificações e matando dezenas de seus habitantes. O primeiro relato de baixas americanas veio de St. Mère-Église. Sua contagem era de 756 desaparecidos, 347 feridos e 156 mortos.

Se por um lado os americanos estavam desorientados e confusos, por outro, os alemães não tinham a menor ideia do que estava acontecendo. Soldados americanos perdidos fizeram a única coisa que podiam fazer – cortar as comunicações do inimigo. Postes telegráficos foram explodidos e fios corta-

PARTE DOIS: OPERAÇÃO OVERLORD

Placa dedicada ao 13º Batalhão (Lancashire) do Regimento de Paraquedistas no vilarejo normando de Ranville. Às 2h30 de 6 de junho de 1944, Ranville se tornaria o primeiro povoado a ser libertado pelos Aliados.

dos, deixando as unidades alemãs isoladas. Mesmo os relatórios que chegavam aos postos de comando alemães eram truncados e incompletos. Para os comandantes alemães, não fazia sentido tamanha dispersão dos desembarques americanos e, assim, o alto-comando concluiu que o ataque à península de Contentin era diversionário.

No solo, os paraquedistas americanos superavam os defensores alemães em dois para um e, ao amanhecer, começaram a fazer progressos. O 506º Regimento, cujo objetivo era capturar o terreno seco na retaguarda da praia Utah, conseguiu reunir dois batalhões. Eles capturaram e mantiveram as rodovias próximas. Em seguida, um batalhão pôs em debandada os defensores alemães em Pouppeville, enquanto o outro abria caminho entre a feroz resistência no extremo sul da praia.

O tenente-coronel Steve Chappius descobriu que o restante de seu 502º Regimento pousara quase cinco quilômetros ao sul da zona de salto. Não obstante, Chappius reuniu uma dúzia de homens e rumou para seu objetivo, a poderosa bateria de artilharia em St. Martin. Ao chegar lá, descobriu que os canhões tinham sido removidos. Chappius informou o fato ao general Taylor, que havia montado o quartel-general de divisão em um antigo mosteiro, a aproximadamente 1,5 quilômetro de distância.

Um dos principais objetivos dos paraquedistas era abrir caminho para a segunda onda da invasão – a força de planadores. A ideia de usar planadores também teve origem nas ações alemãs em 10 de maio de 1940, quando dez planadores DFS 230, transportando nove paraquedistas cada um e rebocados por aviões de transporte Junkers 52, aterrissaram em uma área gramada no topo de Eben Emael, a supostamente inexpugnável fortaleza belga. Isso abriu caminho para que os Panzers alemães flanqueassem a Linha Maginot. Os britânicos começaram a treinar sua própria força de planadores depois de Dunquerque, enquanto a Força Aérea do Exército dos Estados Unidos começara a treinar pilotos de planadores em maio de 1942.

Os britânicos empregavam o Horsa, um monoplano de asa alta de 67 pés com uma envergadura de 88 pés. Esse planador podia levar trinta homens, ou um jipe e dez homens, e pesava oito toneladas quando carregado. Também empregaram o enorme planador Hamilcar, que podia deslocar 18 toneladas na decolagem. Esse planador podia levar quarenta homens e até mesmo um tanque leve, e sua envergadura superava a do avião Halifax que o rebocava.

Os americanos optaram pelos Waco, que eram menores e transportavam 15 homens. Pré-fabricados em Ohio, esses planadores eram enviados para montagem na Inglaterra. Inicialmente, civis britânicos inexperientes foram empregados na montagem, mas dos primeiros 62 montados, 51 não tinham condições de voar.

PARTE DOIS: OPERAÇÃO OVERLORD

Avançando com cuidado: tropas aerotransportadas dos Estados Unidos passam pelo pátio da igreja de St. Mere-Église, palco da aguerrida resistência alemã.

Assim, homens um pouco mais preparados da 1ª Força Aérea dos Estados Unidos assumiram a tarefa e outros duzentos planadores foram montados, porém uma centena deles foi destruída por uma tempestade. Faltando apenas cinco semanas para o Dia D, mecânicos especializados em planador foram trazidos dos Estados Unidos. Trabalhando dia e noite, conseguiram montar 910 Wacos.

Mais de 100 deles pousariam nas zonas de salto em Cotentin, apenas duas horas depois dos paraquedistas, transportando canhões antitanque de 57 milímetros que seriam essenciais para o caso de um contra-ataque alemão. Entretanto, dispersados, os paraquedistas não tiveram chance de preparar os locais de aterrissagem dos planadores. Muitos se desintegraram ao tocar o solo. Muitos campos na zona de pouso eram pequenos demais para uma aterrissagem, e os planadores acabaram por se chocar contra prédios ou sebes, que eram bem mais espessas que o esperado. Embora pudessem ser divisadas por reconhecimento aéreo, acreditava-se que essas sebes fossem como as da Inglaterra, que os caçadores ultrapassavam sem grande dificuldade. Na verdade, as sebes na Normandia tinham 1,80 metro ou mais de altura e eram impenetráveis. Além disso, as árvores eram mais altas que o esperado, sendo quase impossível passar por elas e aterrissar sem bater na sebe do outro lado do campo. Essa foi uma das principais falhas dos serviços de informação. Dos 957 homens da força de planadores da 82ª Divisão Aerotransportada que desembarcaram na Normandia naquela noite, 25 foram mortos, 118 feridos e 14 desapareceram, 16% de baixas antes de nem sequer entrarem em ação. Quatro das 17 armas antitanque que levavam consigo eram inúteis, assim como 19 dos 111 jipes. Uma segunda onda de planadores que desembarcou na noite de 6 de junho sofreu perdas ainda piores e nem um dos Wacos que desembarcou na Normandia sobreviveu intacto.

O objetivo da operação aerotransportada britânica mais a leste era tomar o controle da área de oito quilômetros entre os rios Orne e Dives para proteger o flanco dos desembarques anfíbios contra as reservas blindadas alemãs, concentradas a leste de Caen. A operação tinha de ser realizada pela 6ª Divisão Aerotransportada, que deveria destruir a maioria das pontes sobre o Dives para evitar um contra-ataque alemão e capturar intactas as pontes sobre o Orne e o Canal de Caen, para que os reforços vindos das praias pudessem alcançá-los. Ali também, um dos principais perigos que enfrentariam era uma área alagada.

Os paraquedistas deveriam entrar e marcar as zonas de pouso com sinalizadores. Uma hora e quarenta minutos mais tarde, os planadores deveriam chegar. Como as coisas estavam, os planadores apareceram apenas cinco minutos após os paraquedistas terem entrado nas áreas, sem que tivessem tempo para encontrar as zonas de pouso. Quando os planadores se soltaram de seus aviões de reboque Halifax, desceram rapidamente. A visibilidade era ruim e não havia sinalizadores no chão para orientá-los. Um Horsa, porém, pousou tão perto da ponte sobre o Canal de Caen – conhecida pela posteridade por seu codinome Pegasus – que seu "nariz" atravessou as cercas de arame da defesa da ponte. A sentinela solitária na ponte pensou que um bombardeiro havia caído. Homens saltaram do planador destruído. Os primeiros foram abatidos pelo fogo de metralhadoras. Dentro de três minutos, porém, a ponte vital estava em mãos britânicas. Mais planadores pousaram nas proximidades. Um se partiu ao meio. A maioria dos homens dentro dele ficou ferida e um deles foi jogado no canal e se afogou. Os captores da ponte haviam perdido seus equipamentos de rádio na descida e não puderam contatar a brigada, mas conseguiram fazer contato com outra companhia aerotransportada que tomara a Ponte do Orne.

A Bateria em Merville

O 9º Batalhão de Paraquedas comandado pelo tenente-coronel Terence Otway fora encarregado de tomar a bateria costeira em Merville. As duas peças de artilharia da bateria e as dez metralhadoras pesadas ameaçavam tanto a frota de invasão quanto as praias da invasão britânica. A posição era defendida por ninhos de metralhadoras cercados por arame farpado e campos minados guarnecidos por 200 homens. Na noite de 5 de junho, suas fortificações de concreto armado foram atacadas por uma força de 100 bombardeiros Lancaster, provocando poucos danos. Otway deveria ser lançado a dois quilômetros e meio de distância às 0h50 e tomar a bateria às 5h15. Em seguida, deveria enviar um sinal luminoso, caso contrário os navios de guerra britânicos iniciariam um bombardeio naval, embora ninguém acreditasse que a artilharia naval teria sucesso onde uma centena de Lancasters havia falhado.

As coisas começaram a dar errado quando os aviões de Otway foram alvo de pesado fogo antiaéreo sobre a costa. Um impacto direto na cauda do avião do próprio Otway deixou-o impossível de ser pilotado. Embora não estivessem nem perto da zona de lançamento, Otway e seus homens saltaram. Os paraquedistas desceram na sede de uma antiga fazenda normanda, que os alemães estavam usando como quartel-general. Um deles chegou a atravessar o telhado do prédio, para surpresa dos alemães. Todavia, alguns canadenses que haviam descido nas proximidades abriram fogo e os alemães fugiram. Já bem atrasado, Otway finalmente chegou ao ponto de encontro às 2 horas. Porém, até as 2h30, conseguiu reunir apenas 150 homens – 650 estavam desaparecidos. Seu equipamento pesado, incluindo rádios, fora perdido, mas ainda tinham uma pistola sinalizadora. Rapidamente avançaram sobre a bateria em Merville, chegando lá com uma hora de sobra. Felizmente, o destacamento de reconhecimento pousara no alvo e já tinha cortado o arame farpado e marcado um caminho através do campo minado. Mas tão logo a equipe de demolição cortou o último arame farpado, as metralhadoras alemãs abriram fogo. Os homens de Otway foram apanhados em campo aberto, mas alguns deles alcançaram as trincheiras de defesa dentro da cerca que levavam até as paredes das fortificações. Em seguida, dispararam suas metralhadoras pelas ameias, provocando uma tempestade de ricochetes no interior, e os alemães rapidamente se renderam. O sinalizador foi disparado 15 minutos antes de o bombardeio naval começar. Setenta e cinco soldados britânicos – metade do grupo de Otway – foram mortos ou feridos, enquanto apenas 22 dos 200 defensores alemães sobreviveram.

Mas este foi o único sucesso do 9º Batalhão de Paraquedistas. Confundindo o Orne com o Dives, os pilotos lançaram o resto do batalhão no lugar errado. Alguns desembarcaram no setor americano. Outros foram capturados ou mortos em escaramuças e quase 200 homens nunca foram encontrados. Otway e seus homens tiveram outros problemas mais tarde. Quando deixavam a área de Merville, foram confundidos com um destacamento alemão e bombardeados pela USAAF.

Uma das pontes sobre o Dives foi tomada por um solitário sargento britânico que, depois de tomar emprestado alguns explosivos de alguns canadenses que não deveriam estar ali, caminhou até a ponte sem encontrar resistência, plantou os explosivos e os detonou. A ponte mais importante sobre o Dives estava em Troarn e levava à estrada principal de Caen para Le Havre e Rouen. Embora a ponte estivesse a pouca distância das praias britânicas, estava fora do perímetro protegido pelos paraquedistas. Um destacamento comandado pelo major J.D.A. Rosveare deveria pousar em planadores com jipes e reboques transportando cargas de demolição e avançar sobre a ponte antes que os alemães soubessem o que estava acontecendo. O pouso, como de costume, foi confuso. O major Rosveare reuniu apenas 73 de seus homens, sem jipes e reboques. Juntos, coletaram todos os explosivos que puderam conseguir, carregando-os em carrinhos de mão que encontraram em diferentes fazendas locais, e partiram. A primeira sinalização rodoviária que encontraram informava que estavam a 11 km de Troarn e perceberam que conseguiriam cobrir a distância até o amanhecer a pé. Nesse momento, surgiu um jipe do Corpo Médico Real com um reboque. Rosveare o requisitou, descarregou os suprimentos médicos, carregou com o máximo de explosivos que pôde e transferiu o restante para um destacamento, que enviou para explodir outra ponte nas proximidades. Quando Rosveare e seus homens chegaram à vila de Troarn, colidiram com um bloqueio de estrada com arame farpado. A sentinela alemã disparou um tiro e correu. Mas foram necessários valiosos minutos para livrar o jipe. Em seguida, o grupo rumou para a aldeia, atirando em qualquer alemão que desse as caras. Rosveare perdeu dois homens, não se sabe se para o fogo inimigo de um posto de metralhadora ou por simplesmente terem caído do jipe em alta velocidade. Quando chegaram à ponte, não havia guardas. Foram necessários dois minutos para que Rosveare e seus homens a explodissem. Em seguida, abandonaram o jipe e desapareceram no matagal. À noite, haviam encontrado o caminho para as linhas britânicas. Àquela

AS FORÇAS ALIADAS

Um gosto de liberdade: Crianças francesas aceitam goma de mascar de paraquedista dos Estados Unidos.

altura, as pontes restantes já haviam sido dinamitadas, e as forças britânicas na praia estavam a salvo de qualquer contra-ataque de blindados vindos do leste.

Confusão

Embora as tropas aerotransportadas britânicas tivessem sido mais bem-sucedidas que as americanas, ambas conseguiram espalhar confusão entre o inimigo. Isso não significa, porém, que não tenham enfrentado séria oposição. À 1h30, o coronel Hans von Luck do 125º Regimento da 21ª Divisão Panzer recebeu o primeiro relatório dos desembarques aerotransportados. Imediatamente, von Luck deu ordens para que seu regimento se preparasse, e dentro de uma hora seus oficiais e os homens estavam enfileirados ao lado de seus tanques, com os motores ligados. O plano de von Luck era rumar para a ponte Pegasus e tomá-la dos britânicos, mas a única pessoa que poderia dar a ordem para que os Panzers entrassem em ação era Hitler, e ele estava dormindo. Von Rundstedt também estava dormindo enquanto Rommel estava em casa com sua esposa. Em St. Lô, uma festa de aniversário para o general Marcks terminara em torno de uma hora da manhã. Marcks estava prestes a se deitar quando sua sala de operações informou que havia intensa atividade aérea sobre a Península de Cotentin. Marcks telefonou para o general Max Pemsel no quartel-general do Sétimo Exército em Le Mans e disse acreditar que os desembarques aéreos não eram ataques isolados. Pemsel acordou o comandante do Sétimo Exército, general Friedrich Dollmann, em Rennes, e disse-lhe que a invasão havia começado.

Pemsel também acordou o general Hans Speidal, chefe do Estado-Maior de Rommel, e deu a notícia. Speidal ligou para Von Rundstedt. O almirante Kranke e comandante da *Luftwaffe*, marechal de campo Hugo Sperrle, também ligaram para Von Rundstedt com notícias de atividade inimiga. No entanto, entre eles, concluíram que não se tratava da tão aguardada invasão. Pouco antes das 3 horas, Pemsel telefonou para Speidal novamente, dizendo que os desembarques aerotransportados continuavam e aeronaves inimigas tinham sido vistas na costa leste da Península de Cotentin. Speidal ainda não estava convencido e disse a Pemsel que os paraquedistas eram provavelmente agentes secretos sendo lançados para ajudar a Resistência, ou aviadores aliados abatidos. No entanto, tanto o Sétimo Exército alemão quanto o 82º Corpo foram postos em alerta. Seus centros de comunicação tentavam fazer contato com unidades avançadas, mas em vão. As linhas telefônicas haviam sido cortadas. A *Luftwaffe* foi acionada às pressas, apenas para descobrir que perseguia tiras de papel alumínio a quilômetros de distância das aeronaves que lançavam paraquedistas e planadores sobre a Normandia. Mais confusão foi gerada quando os operadores de rádio britânicos entraram na frequência da *Luftwaffe* e começaram a emitir ordens falsas.

6
A PRAIA SWORD

SWORD ERA A PRAIA MAIS A LESTE na invasão. Seus três mil e duzentos metros se estendiam de Lion-Sur-Mer a Ouistreham, até a foz do Canal do Orne. Era uma praia fundamental no plano de invasão de Montgomery, deixando os Aliados a pouca distância de Caen, cuja captura – esperada por Montgomery para o primeiro dia – impediria que qualquer reforço chegasse de Pas de Calais. Quem primeiro chegou a Sword foi um minissubmarino de sete metros de comprimento, o X23, comandado pelo tenente George Honour. O X23 partira da Inglaterra junto com o X20, que rumou para a praia Juno, às 18h de 2 de junho, uma sexta-feira. Os minissubmarinos haviam sido escoltados por traineiras até passarem da Ilha de Wight. Depois disso, mergulharam e seguiram para seus diferentes destinos.

Pouco antes do amanhecer de domingo, 4 de junho, o X23 emergiu em sua posição exata. Os alemães haviam feito a gentileza de deixar uma luz acesa para marcar a foz do rio Orne. Quando amanheceu, o minissubmarino mergulhou à profundidade de periscópio e o tenente Honour verificou novamente sua posição com base nas torres da igreja e em outros monumentos. Em seguida, a embarcação desceu até o fundo, ancorou e esperou. Ao meio-dia de domingo, o X23 voltou ao nível de periscópio e avistou caminhões carregados de tropas alemãs descendo para nadarem na praia. Claramente, não suspeitavam de nada.

À meia-noite, o X23 emergiu para captar mensagens de rádio e recebeu o sinal codificado: "Sua tia está andando de bicicleta hoje". Isso queria dizer que a invasão havia sido adiada por um dia devido ao mau tempo. O X23 submergiu até o fundo novamente e seus cinco tripulantes se acomodaram para uma longa espera. Alguns tentaram dormir em turnos nos dois beliches. Outros jogaram pôquer. Todos estavam nervosos e irritados porque não podiam fumar. Também não sabiam quanto tempo poderiam permanecer lá embaixo. Seu suprimento de oxigênio vinha de garrafas tiradas de aviões alemães derrubados sobre a Inglaterra e ninguém sabia quanto tempo durariam.

O X23 subiria à tona novamente 24 horas mais tarde. Desta vez não houve mensagem de adiamento, e a embarcação submergiu novamente para se preparar

PARTE DOIS: OPERAÇÃO OVERLORD

Com um olhar atento nos céus, tropas britânicas rumam para as praias da Normandia.

para ação. Às 5h, emergiu. O tempo ainda estava ruim, com ondas de um a três metros quebrando sobre o submarino. Os tripulantes, então, tiveram de erguer um mastro de 18 pés com uma luz verde no topo à guisa de marcador para a primeira onda do ataque anfíbio. De acordo com o plano, um dos tripulantes rumaria em um bote de borracha à terra para instalar um marcador final para o assalto à praia, mas as ondas estavam altas demais, e essa parte do plano teve de ser abandonada. O mastro foi erguido com sucesso às 5h20 e um sinalizador de sonar embaixo do submarino foi acionado. Logo depois, ao amanhecer, o mundo desabou. A Força-tarefa Naval do Leste abriu fogo, e petardos de 5 polegadas de seus destróieres e de 14 polegadas de seus encouraçados passaram uivando por sobre o X23. Bombardeiros e caças também atacavam as praias, e Honour teve seu quepe arrancado pela explosão dos foguetes disparados de um LCT.

Ao contrário das praias desertas onde os americanos desembarcaram, as praias britânicas tinham sido estâncias de férias antes da guerra e eram ocupadas por edificações. Tanto os alemães quanto os Aliados tinham aconselhado os moradores a evacuar a área. Muitos o fizeram, porém os civis franceses que ficaram para trás sofreram terrivelmente.

Às 5h30, soldados britânicos foram reunidos nos conveses dos navios de desembarque de infantaria (LSIs), que estavam prontos para lançar o ataque. Homens dos regimentos de South Lancashire e East Yorkshire subiram em seus

A PRAIA SWORD

LCAs e foram baixados sobre as ondas. Atrás deles, deveriam seguir os quartéis-generais e as companhias de reserva do batalhão. Ao se dirigirem para as praias, após terem passado pelo HMS Largs, um corneteiro do East Yorkshire soou uma saudação para os generais. A saudação foi respondida pelo almirante Talbot e pelo comandante da divisão, general Tom Rennie.

A primeira onda da invasão, que consistia em tanques anfíbios, foi lançada ao mar. Graças ao X23, foram lançados no alvo. Quando estavam a caminho da praia, Honour amarrou um lençol branco ao mastro do minissubmarino para sinalizar e evitar colisões com a força invasora, e tomou seu caminho de volta para a Inglaterra. Os tanques anfíbios deveriam ter sido lançados a 7 mil metros da praia, mas devido ao mar agitado, os LCTs que os transportavam os deixaram a 5 mil metros da praia, onde foram lançados por volta das 6 horas. O vento e as ondas, porém, retardaram o progresso dos tanques anfíbios. Alguns afundaram no mar revolto e um desapareceu em 7,5 metros de água quando foi atingido pela proa de seu próprio LCT. Embora os tanques anfíbios devessem chegar primeiro à praia, acabaram sendo ultrapassados pelos LCTs que transportavam alguns dos equipamentos mais especializados dos "Hobart Funnies", e depois por LCAs transportando os primeiros grupos de assalto de infantaria.

Tropas britânicas desembarcam na praia Sword.

PARTE DOIS: OPERAÇÃO OVERLORD

Hora do chá: soldados do Regimento Real de Infantaria Ligeira de Shropshire fazem uma pausa depois de capturarem a praia Sword.

Felizmente, as principais defesas da praia estavam fora de ação. A bateria de Merville já havia sido tomada e destruída, enquanto a bateria de Le Havre havia passado a manhã toda em um duelo de artilharia com HMS *Warspite*.

Enquanto a infantaria principal se amontoava em seus LCAs, a artilharia no navio de desembarque que vinha atrás dela abriu fogo. Por volta das 6h30, a aproximadamente 14 quilômetros da praia, adotaram uma formação em seta, contando com uma lancha equipada com radar para calcular o intervalo de abertura. Às 6h44 – com um minuto de atraso – os primeiros disparos de projéteis foram feitos por uma tropa do 7º Regimento de Campo. A eles se seguiram disparos de couraçados, cruzadores e destróieres às 6h50. As armas autopropulsadas da 3ª Divisão de Artilharia abriram fogo a 9 mil metros.

Cada um dos canhões na embarcação de desembarque contava com uma centena de projéteis empilhados no convés que seriam disparados no momento do desembarque. A maioria deles era altamente explosiva, embora disparos de fumaça também fossem utilizados. Com os oficiais posicionadores de armas anunciando um intervalo cada vez menor até o alvo, mais de 200 tiros por minuto eram disparados sobre a costa. Aproximadamente 6.500 tiros foram disparados quando o bombardeio foi encerrado às 7h25. Enquanto isso, os cilindros de papelão em que os projéteis eram acondicionados – juntamente com os cartuchos detonados – foram atirados ao mar, deixando um rastro que a próxima onda de navios de desembarque poderia seguir.

O inimigo devolveu fogo com baterias de canhões de 88 milímetros a alguns quilômetros terra adentro, além de fogo de metralhadoras, morteiros de casamatas e posições defensivas instaladas entre os restos das propriedades à beira-mar ao longo do topo das dunas. A água ao redor dos primeiros navios de desembarque logo estaria espumando. Os artilheiros estavam preocupados que, com ondas pesadas, alguns de seus disparos caíssem perto demais, e o alcance foi aumentado. Quando o bombardeio terminou em H-5, os LCTs transportando a artilharia de campo girou para o outro lado e ficou aguardando o horário designado para seu desembarque, que seria de H+195.

Conforme se aproximavam das praias, o major C.K. "Banger" King do 2º Batalhão do regimento de East Yorkshire leu pelo comunicador para seus homens alguns trechos inspiradores de "Henrique V", de Shakespeare, enquanto o brigadeiro Lord Lovat, oficial da brigada de comando, ordenou que seu gaiteiro tocasse uma toada escocesa. Os primeiros LCAs chegaram às praias juntamente com o LCT que transportava os Hobart's Funnies às 7h26. Conforme a infantaria descia pelas rampas para as ondas, mergulhadores da Marinha Real saltavam pelos bordos do navio de desembarque para começarem a trabalhar nos obstáculos de praia submersos.

Em seguida, os tanques anfíbios chegaram depois de um percurso de quase uma hora. Assim que suas esteiras atingiram a faixa de areia, começaram a subir para fora da água. Uma vez que a parte inferior das saias de flutuação saía da água, o ar era expelido, os esteios que as mantinham no lugar eram quebrados e o tanque estava pronto para a ação. Dentro de um minuto, eles estariam golpeando as posições inimigas à sua frente com tiros de canhão e metralhadoras. O inimigo respondeu com morteiros de 88 milímetros e metralhadoras voltadas principalmente para a infantaria, que ainda se debatia em terra. A infantaria contou com alguma cobertura de fumaça, mas as metralhadoras ao longo da extensão da praia cobraram seu preço.

O capitão Kenneth Wright, oficial de informações do Comando Nº 4, sofreu inúmeros ferimentos causados por estilhaços antes mesmo de chegar à praia, quando um morteiro explodiu perto de seu navio de desembarque. No entanto, Wright se viu lançado à água a um metro de profundidade e a 50 metros da praia, em torno das 7h45. Ao chegar à praia, o capitão estava sozinho entre um número considerável de feridos e mortos, muitos deles atingidos ainda na água, que eram arrastados rapidamente praia acima conforme a maré subia. A praia estava lotada, e os comandos tiveram de formar uma fila para vencerem a cerca de arame no fundo da praia, a única saída. Wright foi atendido pelo oficial médico do grupamento, que também estava ferido. Como consolo, tomaram um Calvados e depois de vinte e quatro horas em uma maca a céu aberto, Wright foi enviado de volta para um hospital na Inglaterra.

As baixas foram pesadas entre a infantaria, mas a maioria dos homens conseguiu atravessar a praia e chegar às dunas. Ali, estavam os temporariamente impotentes, já que se adiantaram aos tanques, sendo que alguns deles encalharam quando largaram suas saias de flutuação na maré enchente. Outros foram atingidos e imobilizados, mas ainda disparavam. A infantaria que chegara às dunas logo começou a disparar contra o inimigo, para reprimi-lo.

Uma das principais ameaças era o Ponto Fortificado 0880, codinome Cod. Esse ponto era um abrigo fortificado de metralhadoras cercado por um zigue-zague de trincheiras, quase em frente à praia onde a Companhia B, dos East Yorkshires, havia desembarcado. O comandante da companhia, major Harrison, foi morto quase imediatamente. O tenente Bell-Walker assumiu e decidiu que, se queria salvar seus homens, tinha de fazer alguma coisa a respeito do ponto fortificado Cod. Com bravura suicida, o tenente conseguiu rastejar até a parte de trás da fortificação, lançar uma granada através da abertura de onde vinham os disparos e disparar para dentro com sua submetralhadora Sten. Embora Bell-Walker fosse abatido por tiros de metralhadora vindos da retaguarda, sua companhia saiu da praia mais ou menos intacta.

Quando a primeira onda de LCTs descarregou seus Hobart's Funnies, os Crabs subiram a praia com as correntes em seus tambores girando para explodir minas. Em Lion-sur-Mer, um canhão antitanque alemão estava em ação, mas um tanque Sherman baixou a ponte que transportava diretamente sobre a posição, pondo o canhão fora de ação. Outro dos Hobart's Funnies instalou vários explosivos engenhosos para abrir lacunas no arame farpado e nas dunas. Feixes de toras foram lançados em valas antitanque, e pontes foram colocadas sobre o quebra-mar. Isso permitiu que os Crabs, que haviam feito várias passagens subindo e descendo a linha costeira, fossem empregados terra adentro para abrir caminho para as tropas.

Já às 8h30, o inimigo havia sido expulso da área próxima à praia. Contudo, um ponto fortificado a 500 metros terra adentro, com seus diversos postos de metralhadora, três morteiros de 81 milímetros, um canhão de 75 milímetros, um canhão de 37 milímetros e dois canhões antitanque de 50 milímetros resistiu por três horas e cobrou um alto custo dos invasores. A resistência alemã naquele ponto só foi superada pelo esforço conjunto dos regimentos de East Yorkshire e South Lancashire, com apoio de tanques e infantaria do 5º Batalhão do Regimento Real e elementos do Comando Nº 4. A chegada de um pelotão com metralhadoras do 2º Batalhão do Regimento de Middlesex, com transportadores universais, finalmente abriu as trincheiras alemãs e 15 sobreviventes se renderam às 10 horas.

Atiradores de Elite

Às 9 horas, elementos do South Lanes haviam avançado para o sul e tomado o vilarejo de Hermanville, que estava ocupado por 200 alemães. Uma companhia que rumara para oeste se viu retida por fogo de atiradores de elite e metralhadoras vindo de um ponto fortificado alemão de codinome Trout, em Lion-sur-Mer. Em um bosque vizinho, os alemães mantinham uma bateria protegida por trincheiras e sacos de areia que continuava a disparar sobre toda a praia, enquanto os Suffolks desembarcavam. Um observador naval avançado que estava com os comandos só atingiu a distância de tiro às 14h41, requisitando então um bombardeio ao destróier polonês Slazak. Depois de uma hora e quase mil disparos, o Slazak teve de partir, mas a bateria permaneceu em operação por mais dois dias. Apesar dessa bateria alemã, dos ataques irregulares dos morteiros e de atiradores de elite ocasionais, os combates na praia haviam terminado e os homens se moviam calmamente para o interior, em direção ao combate que agora acontecia ali.

No mar, o destróier norueguês *Svenner* havia sido afundado por uma lancha torpedeira alemã e uma salva de torpedos errou por pouco o HMS *Largs*. Enquanto isso, na ponte do navio acontecia uma discussão acalorada entre o general Rennie, que queria levar o quartel-general da 3ª Divisão de Infantaria para terra imediatamente, e o almirante Talbot, que estava no comando do desembarque e insistia que o general somente desembarcaria quando ele, o almirante, dissesse. Por fim, às 10h30, Rennie foi autorizado a desembarcar e passou o resto do dia apressando suas unidades e incentivando-as a avançar.

Enquanto a onda inicial de infantaria combatia o inimigo, os Engenheiros Reais trabalhavam nos obstáculos na praia. Os sapadores haviam sido duramente castigados pelo fogo inimigo e muitos se afogaram. No Dia D, os sapadores sofreram 117 baixas e 26 tanques Crab foram abatidos, com 42 mortos entre suas tripulações. Às 10h30, a maré – ajudada por um vento forte – cobria a areia rapidamente, e os sapadores se concentraram em liberar as saídas da praia. As equipes passaram a remover minas, estacas e outros obstáculos no alto da praia que pudessem retardar o desembarque de mais tropas. Essa operação foi retardada pela necessidade de remover tanques abatidos espalhados pela praia, que esta-

PARTE DOIS: OPERAÇÃO OVERLORD

Tanques do Staffordshire Yeomanry entram em ação na Normandia.

vam bloqueando as saídas. A única maneira dos blindados saírem das praias era rumarem para oeste, descendo a estrada para Hermanville, que seguia ao longo de um caminho estreito pelas terras pantanosas por trás das dunas. O atraso na limpeza das saídas causou uma aglomeração. Veículos apinhavam a estreita faixa de areia, que era tudo o que restava da praia. Cinquenta canhões autopropulsados permaneciam à beira d'água, disparando para terra. Às 12 horas foi decidido que os desembarques seriam suspensos por 30 minutos para permitir que o engarrafamento se dissipasse.

Felizmente, a precisão do bombardeio alemão sobre a praia Sword durante a manhã havia sido drasticamente reduzido, já que seus observadores avançados tinham sido mortos, capturados ou haviam fugido para a retaguarda. Os britânicos logo perceberam que os alemães passaram a visar os balões de barragem que

A PRAIA SWORD

sobrevoavam a área para impedir ataques aéreos. Como o céu agora pertencia aos Aliados, os balões foram soltos.

Os comandos, que incluíam um grande contingente francês, lideravam a luta no interior. Movendo-se com um pouco mais de apuro e determinação que o restante da infantaria, sobrepujaram os defensores alemães em Ouistreham, onde havia um monumento em comemoração à derrota de uma invasão britânica em 1792, e no cassino em Riva-Bella, onde houve um pesado combate. Um menino francês, feliz por ter sido libertado, comentou como os britânicos foram atenciosos por terem trazido soldados que falavam francês.

O major R. "Pat" Porteous já havia perdido quase um quarto de seus homens quando conseguiu vencer o quebra-mar, e suas baixas teriam sido ainda maiores se suas bombas de fumaça não tivessem atrapalhado a mira das metralhadoras alemãs posicionadas à sua esquerda. Seu objetivo era uma bateria costeira, mas, quando a alcançou, ele e seus homens descobriram que o local abrigava apenas postes telegráficos. Os canhões haviam sido removidos três quilômetros para o interior cinco dias antes, e começaram a bombardear sua antiga posição tão logo os britânicos ali chegaram. O bombardeio era direcionado por uma torre de controle de disparos em uma fortaleza medieval. Havia ainda o fogo dos atiradores de elite. Os britânicos tentaram tomar a torre de assalto, mas os alemães os repeliram com granadas. Uma arma de infantaria antitanque PIAT (Personal Infantry Anti-Tank) disparou uma carga oca contra a torre, sem efeito, e os lança-chamas dos atacantes não tinham pressão suficiente para atingir os observadores. Então Porteous e seus homens desistiram e rumaram para a ponte Pegasus.

Após o choque do ataque inicial, os alemães começaram a revidar. Quando Lord Lovat chegou às praias, os alemães bombardeavam a beira d'água com o fogo preciso de morteiros. Mas isso não impediria o lendário Lovat de caminhar a passos largos pela praia com seu gaiteiro. Tampouco impediu uma linda francesa de 18 anos, chamada Jacqueline Noel, de cuidar dos feridos. Jacqueline descera até a praia para pegar sua roupa de banho e passara através das linhas alemãs usando uma braçadeira da Cruz Vermelha. Uma vez na praia, não conseguiu retornar e, assim, fez o que pôde para ajudar os feridos. Posteriormente, ela se casaria com um soldado britânico que desembarcou no Dia D.

O soldado Harry Nomburg, um judeu da Europa Central que servia com o nome de Harry Drew, para o caso de ser capturado, estava ao lado de Lovat. Durante o desembarque, Harry perdera o carregador de sua submetralhadora Thompson e chegou à praia sem um cartucho sequer. Não obstante, assim que cruzou o quebra-mar, dois soldados alemães se renderam a ele.

Cavando Trincheiras

O coronel Peter Masters, um judeu vienense que também fazia parte do Comando 10, notou que os homens corriam para terra e, em seguida, hesitavam. Suas ordens haviam enfatizado a necessidade de sair da praia o mais rapidamente possível, porém percebeu que os infantes que desembarcaram à sua frente pareciam relutantes em fazê-lo. Alguns chegaram mesmo a começar a cavar abrigos nas dunas. Com uma bicicleta, Masters abriu caminho através de um campo arado, sob uma barragem de morteiros, em direção ao seu ponto de reunião à beira de um pequeno descampado a alguns quilômetros no interior. Recebendo fogo de um atirador de elite vindo do bosque, Masters teve de cruzar um córrego lamacento segurando sua bicicleta levantada. Quando se aproximou do ponto de reunião, o fogo dos atiradores de elite se intensificou, porém alguns tanques britânicos chegaram e começaram a bombardear o bosque.

Quando Masters chegou ao ponto de reunião, Lord Lovat já estava lá, junto com dois prisioneiros. Lovat pediu a Masters que os interrogasse para descobrir onde os obuses alemães estavam posicionados. Masters os interrogou em alemão, mas os homens não responderam. Isso deixou alguns dos comandos bastante irritados, porém Masters examinou os documentos dos prisioneiros e descobriu que um era russo e o outro polonês. Lembrando-se de que os poloneses aprendiam francês na escola, Masters descobriu que o polonês estava bastante disposto a responder a suas perguntas quando feitas em francês. Lovat, cujo francês era melhor que o de Masters, assumiu o interrogatório, enquanto Masters e sua "bicicleta combatente" rumaram para Colleville-sur-Mer, mais tarde rebatizada de Colleville-Montgomery, em honra ao general. No caminho, avistaram vacas mortas nos campos, outras enlouquecidas pelo bombardeio. Quando chegaram à cidade, descobriram que esta havia sido seriamente danificada no ataque. Mesmo assim, havia cartazes por todos os lados anunciando a invasão, e as pessoas apareciam à porta gritando "Vive la France!" e "Vive les Tommies!".

Masters, liderado pelo capitão Robertson, rumou com sua bicicleta para a ponte Pegasus. Todavia, no vilarejo de Benouville, sua marcha foi interrompida por tiros de metralhadora. Robertson não estava disposto a arriscar a vida de mais nenhum dos homens que estiveram com ele no norte da África e enviou Masters estrada abaixo até o vilarejo para ver de onde vinham os disparos. Masters acabara de se juntar à unidade. Era plena luz do dia e não havia valas ou sebes onde se esconder, logo Masters concluiu que suas chances de sobrevivência eram pequenas. Entretanto, lembrou-se de uma cena do filme *Lanceiros da Índia* em que Cary Grant, que estava prestes a ser capturado pelos indianos, se safou gritando "Vocês estão todos presos!".

Então Masters gritou em alemão "Vocês estão cercados. Rendam-se. A guerra acabou para vocês". Os alemães não se renderam, mas também não dispararam. Masters achou que os alemães o tomaram por louco. Em seguida, um alemão apareceu por trás de um parapeito baixo. Masters tomou posição, ajoelhando uma das pernas. O alemão disparou e errou. Masters disparou uma vez e sua "Tommy Gun" emperrou. O coronel, então, se jogou ao chão, acreditando que sua hora chegara. Robinson, porém, já vira o suficiente. Com baionetas caladas, seus homens atacaram o parapeito. Os alemães se retiraram, deixando um ferido e um menino austríaco de 15 anos. O restante dos alemães tomou posição em uma casa próxima e continuou atirando até que dois tanques britânicos chegaram e fizeram dois disparos certeiros, demolindo a parede e silenciando seus ocupantes. Em seguida, Masters e sua bicicleta combatente retomaram seu caminho para a ponte Pegasus, onde se juntaram às tropas aerotransportadas no lado oriental do Orne às 13 horas, conquistando seu principal e mais vital objetivo.

O avanço da 3ª Divisão rumo ao interior foi liderada pelo 1º Batalhão do Regimento de Suffolk, que era o batalhão de reserva da 8ª Brigada de Infantaria. As companhias de fuzileiros haviam deixado as praias congestionadas e rumavam para suas áreas de reunião a 800 metros, no interior. Muito embora o ar estivesse saturado de bombas e balas, houve poucas baixas no caminho. Porém, foram prejudicadas pela perda de seus observadores avançados de artilharia, que foram dizimados por um morteiro quando deixavam seu LCA. Com isso, os infantes não poderiam solicitar apoio de artilharia de embarcações específicas quando atacassem seus alvos.

Quando os Suffolks chegaram à sua área de reunião, não encontraram nenhuma cobertura. As árvores que apareciam nas fotografias do reconhecimento aéreo não estavam lá – provavelmente tinham sido cortadas para fabricar os "aspargos de Rommel". Um atirador de elite alemão estava escondido no mato restante, mas logo desapareceu. No entanto, foi decidido mudar o local do ponto de reunião para um pomar a 200 ou 300 metros mais para o interior. Lá, os ingleses encontraram alguns paraquedistas canadenses que haviam saltado no lugar errado na noite anterior. Durante toda a manhã, haviam sido bombardeados por seu próprio lado. Mesmo assim, os canadenses estavam ansiosos para enfrentar o inimigo e se uniram à Companhia D. Chegaram notícias de que seu apoio blindado, o Esquadrão C do 13º/18º de Hussardos, havia desembarcado, mas não havia sinal do QG do batalhão na retaguarda. O batalhão estava a bordo de um LCI cuja rampa fora atingida e inutilizada antes que a embarcação chegasse à praia e, com isso, os homens foram transferidos para outro navio de desembarque. Finalmente, com uma hora de atraso, desembarcaram.

Um grupo foi enviado com a perigosa missão de fazer contato com a 6ª Divisão Aerotransportada no rio Orne e, depois disso, o batalhão seguiu caminho. Seu primeiro objetivo era o ponto fortificado Morris, uma bateria com quatro canhões de 105 milímetros alojados em uma posição com paredes de 3 metros de espessura nas cercanias de Colleville-Montgomery. No caminho, os britânicos se depararam com um campo minado, convenientemente marcado pelo símbolo da caveira com ossos cruzados e uma placa em que se lia *Achtung Minen* (Atenção: Minas). Contudo, um rápido exame do campo revelou que havia uma lacuna, e batalhão, com seu apoio blindado, prosseguiu para sudeste em direção ao vilarejo. Este já havia sido tomado pelo Comando Nº 6, que tomara os abrigos fortificados de metralhadoras na extremidade norte do vilarejo. Os homens estavam ansiosos para dar cabo de um *Nebelwerfer*, um morteiro com vários canos que bombardeava as praias e a área de agrupamento dos Suffolks. Uma parte dos tanques de apoio do batalhão foi com eles, mas a seção de morteiro alemã rapidamente se retirou. Os Suffolks ficaram impressionados ao verem Lovat caminhando pela vila como se estivesse passeando pelo campo, carregando consigo uma bengala, já que dera seu fuzil para um soldado que perdera o seu na praia. Então, com as gaitas de foles soando, Lovat seguiu para a ponte Pegasus, enquanto a companhia C começava a liberar o vilarejo. Foi preciso verificar mais de uma centena de prédios que se estendiam por mais de um quilômetro estrada abaixo, já que era sabido que os alemães usavam o vilarejo como quartel para as guarnições dos pontos fortificados nas redondezas. No entanto, os franceses estavam ansiosos para ajudar e às 10 horas do Dia D, o cabo Ashby da Companhia C já estava compartilhando uma garrafa de Calvados com o prefeito de Colleville no primeiro andar da Prefeitura, enquanto conversavam sobre a disposição dos alemães. O vilarejo foi liberado sem grande resistência. No entanto, alguns alemães haviam se escondido. Dois conseguiram chegar até a torre da igreja e começaram a disparar dali no dia seguinte. Naquele momento, a área estava fervilhando de blindados britânicos. Um tanque enviou um petardo de 75 milímetros através da torre e os dois atiradores se entregaram.

Na Ponta da Baioneta

Assim que a companhia C terminou de liberar o vilarejo, a companhia B começou seu ataque ao ponto fortificado Morris. A posição era bem defendida por um canhão antiaéreo que a protegia de um ataque aerotransportado, além de seis metralhadoras voltadas para um cinturão externo de arame farpado com quase três metros de largura e um cinturão interno com quase um metro de largura. Entre eles havia um campo minado que combinava minas antipessoas com minas antitanque. Aparentemente não havia atividade dentro do ponto fortificado, porém o major McCaffrey, comandante da companhia B, achou que poderia se tratar de um ardil. Um bombardeio inicial pela bateria de apoio não provocou nenhuma reação. Assim, McCaffrey decidiu explodir as defesas externas com torpedos Bangalore – longos tubos metálicos cheios de explosivos – antes de solicitar um ataque de artilharia mais intenso. Contudo, tão logo os tubos começaram a ser instalados, uma bandeira branca foi levantada e 67 alemães saíram com as mãos para cima. Os prisioneiros, então, foram obrigados a desfilar apela rua principal à ponta da baioneta, para considerável júbilo da população.

Apesar de parecer que o ponto fortificado Morris fora tomado sem luta, os alemães haviam sofrido pesadas baixas durante os ataques aéreos em 1º e 2 de junho. A USAAF os atingira novamente naquela manhã, depois de terem sido bombardeados pelos canhões de 6 polegadas do HMS Dragon e do destróier HMS Kelvin. No entanto, quando os Suffolks tomaram a posição, descobriram que os canhões estavam intactos. Às 12 horas, o inimigo já havia sido expulso da posição. Porém, dez minutos mais tarde, o local seria bombardeado por uma bateria alemã mais no interior. Os soldados aliados agora contavam com as paredes de dois metros da posição para protegê-los e não houve baixas.

Depois que o ponto Morris foi tomado, a companhia B subiu e se deslocou para dar apoio a uma companhia que atacava o ponto fortificado Hillman, na estrada ao sul de Beuville. Como o ponto Morris, que ficava a oeste de Colleville, estava sendo bombardeado, a companhia A tomou uma rota mais a leste para o ponto Hillman. Os alemães pareciam estar disparando às cegas e alguns de seus disparos caíram a leste do vilarejo. Um deles provocou sete baixas no 9º pelotão, inutilizando-o como unidade de combate.

A 100 metros fora do vilarejo, o comandante encontrou um oficial paraquedista canadense que o acompanhou até um milharal de onde poderia observar o ponto fortificado a aproximadamente 150 metros de distância. A visão era um tanto obstruída pelos pés de milho, que tinham aproximadamente 46 centímetros de altura. No entanto, foi possível divisar a cúpula de aço da fortificação, que era tripulada por 150 homens do 736º Regimento Alemão de Granadeiros. Em seguida, o batalhão se preparou para o ataque, com a companhia C enviando um pelotão para assumir posição no flanco e outro para um pomar na periferia de Colleville, enquanto a companhia B e um pelotão da Companhia D aguardavam na reserva, no extremo sul do vilarejo.

Os morteiros de 3 polegadas do batalhão e uma bateria do 76º Regimento de Campo começaram, então, a mirar na posição. Mas houve dificuldades. O major "Jock" Waring, comandante da bateria, teve problemas para se comunicar por rádio com seus canhões. Deficiências nas comunicações por rádio prejudicaram muito as operações no Dia D, não só por causa do equipamento, mas também por haver um tráfego de mensagens tão intenso dentro de uma área limitada.

O capitão Ryley seguiu para um reconhecimento detalhado do ponto Hillman às 11h30 e encontrou a posição intacta. Embora houvesse algumas crateras próximas à cerca de arame farpado, a fortificação em si não fora atingida, mesmo tendo sido um alvo prioritário da USAAF naquela manhã. Naquele momento, os ingleses haviam perdido seu observador avançado e, assim, estavam incapacitados de solicitar um ataque de artilharia ao HMS Dragon.

No interior do forte, seu comandante, coronel Krug, estava pronto para lutar. Krug tinha sido informado dos desembarques aerotransportados à 1h40 por seu comandante de divisão. Durante as primeiras horas da manhã, o coronel ouvira os tanques da 21ª Divisão Panzer sob ataque enquanto tentavam retomar a ponte Pegasus, sem sucesso. Ao amanhecer, o ponto Hillmore proporcionava um excelente posto de observação, de onde se via a enorme armada no Canal e as tropas britânicas abrindo caminho lentamente para o interior.

Às 13 horas, começou um bombardeio de cinco minutos com apoio dos morteiros de três polegadas do batalhão e dos tanques do esquadrão C. Um pelotão precursor da companhia D abriu caminho e rastejou por uma trilha rebaixada até o ponto fortificado. Em seguida, seus homens se arrastaram pelo milharal até a cerca de arame externa com o apoio da companhia A, que estava posicionada de ambos os lados. O destacamento empurrou seus tubos Bangalore por debaixo da cerca de arame externa e a explodiram. Em seguida, um destacamento de sapadores avançou pelo campo minado, abrindo um caminho de quase um metro de largura que demarcaram com uma fita branca. Os Bangalore foram, então, empurrados sob a cerca de arame interna, mas não explodiram, obrigando o comandante do pelotão a voltar e buscar outros, um ato que lhe rendeu a condecoração Croix de Guerre. Embora toda essa atividade ocorresse a 50 metros do inimigo, os alemães pareciam não percebê-la, até que granadas de fósforo foram lançadas para ocultar as atividades do pelotão precursor. As granadas foram tão ostensivas que chamaram a atenção dos alemães, e quando o primeiro pelotão de ataque avançou, foi recebido por uma salva de bala de metralhadora que matou um líder de seção. O comandante do pelotão, tenente Powell, tentou abater a metralhadora na cúpula com uma arma antitanque. Disparou três vezes, porém sem efeito. O pelotão conseguiu ocupar as trincheiras, mas os alemães recuaram para suas casamatas de concreto e concentraram seu fogo de metralhadora nos atacantes.

Um mensageiro foi enviado de volta para avisar que o pelotão havia sido retido, mas foi morto. Um segundo mensageiro conseguiu passar e outro pelotão, liderado pelo comandante da companhia, surgiu sob a cobertura de fumaça e fogo de artilharia. Mesmo assim, o fogo de metralhadora alemã era tão fulminante que só quatro homens conseguiram atravessá-lo. Avançando sozinhos, esses homens conseguiram fazer alguns prisioneiros. O tenente Powell voltou para pedir reforços. Retornou com três homens, mas encontrou gravemente feridos aqueles que havia deixado para trás. O capitão Ryley também fora morto ao buscar ajuda, e o melhor que os homens restantes podiam fazer era arrastar os feridos de volta para a trilha rebaixada, onde os maqueiros os recolhiam e levavam para o posto da Cruz Vermelha que já havia sido instalado em Colleville. Por suas ações naquele dia, o tenente Powell foi premiado com a Cruz Militar, mas foi morto antes que pudesse recebê-la.

Um Preço Terrível

Àquela altura, o quartel-general do batalhão na retaguarda já havia conseguido retirar da praia congestionada o tanque do comandante de bateria e o transporte de pessoal do oficial comandante. Ao chegarem ao ponto Hillman, o batalhão pôde contar com comunicações por rádio eficientes com a linha de canhões e o esquadrão de tanques pela primeira vez. Os tanques foram trazidos até a cerca, mas não tiveram utilidade, já que seus canhões de 75 milímetros pouco fizeram contra a fortificação. Mesmo projéteis antitanque de 17 libras tiveram pouco efeito sobre a cúpula, amassando-a sem penetrá-la, e o fogo de cobertura dos tanques não impediu que as metralhadoras alemãs cobrassem um preço terrível da infantaria que tentava se infiltrar pelo espaço aberto nas defesas.

A única maneira de fazer qualquer progresso era abrir um caminho nas defesas externas grandes o suficiente para que um veículo atravessasse, de modo que a infantaria viesse logo atrás e atacasse o inimigo a curta distância. Um novo bombardeio foi solicitado, mas o ponto Hillman reagiu, pondo dois tanques fora de combate. Outros veículos, inutilizados por minas, agora bloquea-

PARTE DOIS: OPERAÇÃO OVERLORD

Combate de casa em casa imediatamente após o desembarque na praia, conforme as tropas britânicas avançavam para dentro da França.

vam o Regimento Norfolk, que chegava pela retaguarda. Tanques antiminas foram chamados para abrir um caminho mais largo através das defesas externas, mas, antes que chegassem, os sapadores já haviam aberto uma brecha suficientemente larga através do campo minado. Naquele momento, porém, os tanques haviam recebido ordens urgentes para fazerem frente à 2ª Divisão Panzer, que ameaçava contra-atacar.

Os Norfolks tentaram contornar o ponto Hillman para tomar o vilarejo de St. Aubin d'Arquenay, acreditando erroneamente que a localidade ainda estivesse em mãos alemãs. O vilarejo, porém, já fora tomado por comandos havia algum tempo. Os Norfolks seguiram através do milharal, onde se envolveram em um tiroteio desastroso, perdendo mais de 40 homens, incluindo um comandante de companhia, alguns por fogo amigo.

Às 16h15, tanques do Staffordshire Yeomanry apareceram e receberam ordens para atravessar a brecha. No entanto, o primeiro tanque parou, recusando-se a passar sobre o corpo de um soldado britânico morto. "Ande logo com essa porcaria!", foi a ordem que recebeu. Os soldados seguiram os tanques através da brecha e se espalharam, buscando abrigo nas crateras do bombardeio. Novamente, o armamento principal dos tanques não teve efeito sobre a cúpula e a metralhadora alemã ainda era um perigo constante para a infantaria. Elementos do 8º pelotão estavam a 20 metros da cúpula quando um alemão apareceu correndo com as mãos para cima. Foi abatido a tiros. Em seguida, o soldado "Titch" Hunter saiu da cratera onde estava e caminhou resoluto em direção à cúpula, disparando sua metralhadora Bren colada ao seu quadril. A guarnição de metralhadora na cúpula não retornou fogo, mas um alemão solitário nas trincheiras deu um tiro de raspão na testa de Hunter. Em seguida, desapareceu em uma das casamatas de concreto. Granadas foram lançadas pelos dutos de ventilação, e os ocupantes saíram com as mãos para cima. As plataformas de canhões foram explodidas. Às 20 horas, não havia mais resistência. Foram feitos aproximadamente 50 prisioneiros e Hunter foi premiado com a Medalha de Conduta Distinta.

O objetivo, na extremidade oeste da praia Sword, era unir forças com os canadenses desembarcando na praia Juno, a pouco mais de três quilômetros de distância. As praias estavam separadas por uma série de recifes que impediam o acesso à costa. Foi nessa separação que os alemães lançaram seu único contra-ataque sério do Dia D. Encabeçando o contra-ataque estava o 22º Regimento da 21ª Divisão Panzer, liderado pelo coronel Oppeln. Às 9 horas, o coronel recebera ordens de atacar as tropas aerotransportadas britânicas que pousaram a leste do Orne, mas seu progresso fora retardado por ataques de caças aliados contra sua coluna. Às 12 horas, chegaram ordens para que desse a volta, retornasse através de Caen e atacasse a região entre as forças de desembarque britânicas e canadenses. Às 19 horas, o 22º se uniu ao 192º Regimento Alemão de Infantaria Mecanizada, os *Panzergrenadiere*, no ponto de partida para o ataque ao norte de Caen. Ali, Oppeln encontrou o general Marcks, que chegara de St. Lô. Juntos, os oficiais estudaram a situação a partir do topo de uma pequena colina.

"Se você não conseguir forçar os ingleses de volta ao mar, a guerra estará perdida", disse Marcks a Oppeln. O coronel teve a impressão de que a vitória ou a derrota dependia de seus 98 tanques e concordou em atacar imediatamente.

O 192º Regimento, dos *Panzergrenadiere* avançou primeiro. Era uma unidade de elite, equipada com veículos blindados, caminhões e uma gama de armas ligeiras. O regimento avançou para a costa e chegou à praia às 20 horas, quase sem oposição. No entanto, seu avanço alertou os britânicos e canadenses, que convocaram tanques e armas antitanque. Assim, quando a 22ª Divisão Panzer chegou, teve de passar por um corredor de fogo cruzado. O tanque que liderava recebeu um impacto direto e explodiu. Em alguns minutos, 5 Panzers foram destruídos. A Real Força Aérea Canadense logo se juntou ao ataque. Oppeln teve de cancelar o avanço e o melhor que podia almejar era manter sua posição. O 192º *Panzer-*

PARTE DOIS: OPERAÇÃO OVERLORD

Vista aérea da praia Sword.

grenadiere fora abandonado na brecha, já que ao final da tarde o restante da 716ª Divisão estava em plena retirada.

A Infantaria Ligeira Real de Shropshire, com apoio de tanques dos Staffordshire Yeomanry, cujo objetivo era tomar Caen, fora desviada para enfrentar a 22ª Panzer. A tropa fora retardada por uma bateria de obuses próxima a Perier, onde a resistência alemã foi obstinada. A posição só foi tomada quando um polonês capturado mostrou ao major Wheelock, comandante da companhia Z, um caminho através do arame farpado atrás da bateria. Às 16 horas, os britânicos haviam capturado Bieville. Contudo, às 16h15, os Panzers vindos da direção de Caen interromperam seu avanço.

Quando a noite caiu, os Norfolks e os Suffolks tomaram a posição, enquanto o 13º/18º de Hussardos se retirou para conseguir mais munição. A artilharia inimiga abriu fogo, atingindo o caminhão que servia de quartel-general para o batalhão, causando três baixas. A área de consolidação da companhia D ficava na fazenda Beauvais, no cume ao sul do ponto Hillman. A caminho dali, a companhia matou dois atiradores de elite inimigos e abateu quem apareceu na janela da fazenda. Na tentativa de desocupar as edificações, 46 soldados e 2 oficiais alemães em uma trincheira se renderam. Mas já era noite e o major Papillon, comandante da companhia, decidiu estabelecer posições fora da fazenda em vez de tentar tomá-la no escuro.

A PRAIA SWORD

Membros dos Yeomanry Staffordshire fazem uma pose para a câmera com seus tanques Sherman.

Ao final do primeiro dia, os britânicos haviam desembarcado 29 mil homens em Sword, sofrendo 630 baixas, mas infligindo muitas mais e fazendo um grande número de prisioneiros. Mesmo enquanto anoitecia, navios de desembarque faziam fila para deixar mais homens nas praias e uma enorme força aguardava na área de transporte no Canal, pronta para ser desembarcada no dia seguinte. Seções dos portos de Mulberry já estavam a caminho, vindas da Inglaterra. No entanto, a força de invasão britânica não tinha assegurado seu objetivo vital, embora demasiado otimista, tomar a própria Caen. Ao final do primeiro dia, os britânicos ainda estavam a 5 km da periferia a cidade. Os alemães, contudo, não mostraram sinais de que explorariam essa falha. A 21ª Divisão Panzer não conseguira empurrar os britânicos de volta para o mar e o grosso da força blindada alemã ainda estava em Pas de Calais, aguardando uma invasão ali.

Naquela noite, uma nova onda de planadores da 6ª Aerotransportada chegou. Naquele momento, as condições meteorológicas permitiram pousos menos problemáticos, seguidos por um lançamento maciço de equipamentos. Conforme o céu se enchia de paraquedas coloridos, as tropas britânicas exaustas receberam uma injeção de ânimo com essa esmagadora demonstração de poder aéreo. Também se animaram com o efeito depressivo que aquela exibição teria no moral dos alemães.

Os Suffolks haviam acampado para passar a noite no ponto Hillman. Às 22h30, começaram a se preparar para o dia seguinte. Uma hora mais tarde, patrulhas foram enviadas. Tinha sido um dia longo. Para muitos, o dia começara às 3h30, quando foram postos a bordo de embarcações que mal navegavam, prontos para tomarem as praias de assalto. Os objetivos do batalhão foram alcançados a um custo de 25 feridos e sete mortos. O Esquadrão C do 13º/18º de Hussardos contava um morto e sete feridos. O destacamento de sapadores do 246º de Engenheiros Reais teve um ferido, enquanto o pelotão do 2º de Middlesex contou seis feridos e um morto, após um morteiro atingir Colleville. Conseguiram, contudo, capturar 200 soldados inimigos. Um prêmio maior os aguardava na manhã seguinte. Às 6h45, o coronel Krug emergiu, todo arrumado, de seu quartel-general subterrâneo. Os britânicos haviam passado toda a noite no topo de sua casamata, sem saber quem estava ali. Krug foi seguido por sua tropa, que transportava duas valises, três oficiais e setenta homens. A valise do coronel continha mapas e outros documentos, que foram enviados para o quartel-general do batalhão e, após a quantidade protocolar de continências, Krug foi levado de volta para as praias. Os ingleses, então, aproveitaram a oportunidade para revistar seus aposentos e descobriram uma extensa adega de champanhe.

Embora a única oportunidade dos alemães empurrarem os britânicos de volta para o mar tivesse sido perdida, os britânicos estavam agora entrincheirados, mantendo uma linha defensiva em vez de perseguirem o inimigo, que naquele momento estava em franca retirada. Em Caen, 200 suspeitos de serem combatentes da Resistência Francesa foram sumariamente executados na prisão. A Infantaria Ligeira Real de Shropshire havia avançado uma companhia, mas o major Steel, comandante da companhia, foi morto, e o destacamento recebeu ordens para recuar. Isso deu aos *Panzergrenadiere* da 21ª Divisão Panzer a oportunidade de tomar posição ao norte de Caen. Os alemães começaram a fortificar os cumes de La Londe a Lebisey, que dominavam os acessos a Caen. À sua esquerda, receberam reforços de tropas descansadas da 12ª Divisão Panzer *Hitlerjugend* (Juventude Hitlerista). Eram tropas jovens, homens em boa forma recrutados da Juventude Hitlerista, tipos bem diferentes dos soldados idosos ou conscritos estrangeiros que os britânicos encontraram nas defesas costeiras.

No dia D+1, foi a vez do 2º de Warwickshires avançar para Caen. Quando rompeu o dia, os homens tomaram Blainville-sur-Orne, onde seu comandante, o coronel "Jumbo" Herdon, se reuniu com o coronel Nigel Tapp e o brigadeiro Smith para elaborar um plano, para que um batalhão atacasse os alemães em Lebisey. O ponto de partida seria o córrego que ficava a meio caminho entre Blainville e o bosque em Lebisey. Esse foi seu primeiro erro. A linha de partida não estava segura e havia bolsões de alemães na área. Avançando para fazer um reconhecimento, o capitão H. C. Illing da companhia A foi recebido a bala. O início da operação foi adiado por uma hora, porém as companhias A e B, que não contavam com comunicação por rádio, começaram seu avanço no horário previsto, sem o benefício de um bombardeio de artilharia preparatório. Seus homens se depararam com o 125º *Panzergrenadiere*. O pelotão avançado foi massacrado, e o coronel Herdon foi morto. O ataque parou quando os alemães trouxeram seus tanques. No entanto, o brigadeiro Smith acreditou que o objetivo fora alcançado e ordenou que transportadores, canhões antitanque e observadores avançassem até a colina em direção a Lebisey. Os alemães estavam à espera. Para os britânicos, foi um desastre. Os veículos foram destruídos. A maioria dos homens foi morta ou capturada. Apenas alguns conseguiram voltar para o batalhão.

Parte do problema foi que os Warwicks não tinham apoio blindado. Os tanques do Staffordshire Yeomanry deram com uma trincheira antitanque cavada pelos alemães que ia de Beauregard a Lebisey, e ainda foram prejudicados por diversos córregos profundos. O 125º *Panzergrenadiere*, no entanto, tinha apoio dos tanques do 22º Regimento Panzer.

A situação ainda não estava definida quando, às 15h, o brigadeiro Smith enviou o 1º de Norfolks para capturar o lado leste da estrada. Os soldados foram recebidos por fogo de morteiros e canhões, e tiveram que se defrontar com o 192º *Panzergrenadiere*, que estava bem posicionado. Embora sofressem baixas pesadas, os Norfolks chegaram até o bosque e se juntaram ao restante dos Warwicks que estavam ali. Ambos os destacamentos, contudo, acabaram retidos e, às 20 horas, receberam ordem de retirada com a cobertura de uma barragem reforçada por fogo naval e artilharia de campo. Transportadores de metralhadoras Bren, morteiros, canhões e um pelotão antitanque foram perdidos, sendo que os Warwicks perderam 150 homens, incluindo dez oficiais. O próprio brigadeiro Smith ficou temporariamente perdido na confusão e passou a noite escondido em um celeiro. O brigadeiro buscou consolo em uma garrafa de champanhe quando retornou a seu quartel-general em Bieville na manhã seguinte.

Os escoceses do King's Own Scottish Borderers estavam no outro flanco e, às 12h10, avançaram rumo ao vilarejo de Mathieu e o encontraram desocupado. Prosseguiram, então, pela estrada de Douvres até Caen, mas, quando chegaram à floresta em Le Mesnil, receberam ordens para tomar posição. Logo em seguida, foram atacados por canhões e morteiros. Quando ouviram o som de blindados se aproximando, decidiram que sua única opção era recuar. Ao som do gaiteiro tocando "Blue Bonnet", os escoceses do King's Own Scottish Borderers saíram rapidamente da floresta esperando dar de cara com os alemães. Em vez disso, descobriram que estavam sendo alvejados por uma patrulha de reconhecimento do East Riding Yeomanry que, por sua vez, pensara que os escoceses fossem alemães. Abatidos, os Borderers retornaram às suas posições na floresta. Às 17 horas, a eles se juntaram os fuzileiros do Royal Ulster Rifles. Em seguida, a companhia D dos RUR, com apoio de um esquadrão dos East Riding Yeomanry, seguiu para Cambes, onde foram recebidos por fogo alemão, perdendo dois oficiais e 29 homens de diferentes patentes. Inadvertidamente, os ingleses toparam com um contra-ataque do 25º Regimento *Panzergrenadier* SS. Apoiados por cinco tanques do 12º SS Panzer, os alemães haviam tomado Cambes. Na luta, três tanques britânicos foram abatidos. Os Aliados, contudo, ainda controlavam os céus. Ataques de caça-bombardeiros e fogo concentrado de artilharia pararam o avanço dos alemães, que foram forçados a abandonar Cambes e assumir posições defensivas ao longo da estrada para Caen.

Ataques da *Luftwaffe*

Na retaguarda, os Lincolns haviam capturado Lion-sur-Mer e, em seguida, se deslocaram para St. Aubin d'Arquenay e para as pontes em Benouville, que estavam sendo defendidas pela companhia Fox do 92º Regimento Antiaéreo Ligeiro da Artilharia Real. Essas pontes eram vitais para que os britânicos saíssem das praias e, ao longo dos cinco dias que sucederam o Dia D, a *Luftwaffe* desfechou oito ataques contra elas, perdendo 17 aviões para os defensores britânicos.

Ouistreham foi capturada. Os South Lancashires também capturaram os vilarejos de Cresserons e Plumetot, prosseguindo para Douvres. Isso permitiu que os britânicos na praia Sword se juntassem aos canadenses que haviam desembarcado em Juno, embora a estação de radar em Douvres permanecesse em mãos alemãs até 17 de junho, ou seja, D+11. A estação de radar fora danificada por um bombardeio três semanas antes do Dia D, mas a instalação contava com uma linha telefônica segura para Caen e os alemães passaram a usar a estação como ponto de observação avançado.

Embora a tentativa dos britânicos de tomar Caen em D+1 falhasse, suas ações em terra, juntamente com o bombardeio contínuo pelos canhões da Marinha Real, prejudicaram seriamente qualquer tentativa dos alemães de contra-atacar. Um novo ataque frontal estava planejado para 9 de junho, D+3. Os fuzileiros do Royal Ulster Rifles cobriram 1.500 metros de terreno aberto, de Anisy até Cambes, sob fogo inclemente, para tomar a metade norte do vilare-

Tropas britânicas se preparam para embarcar para a Normandia, em 17 de junho.

jo. Nessa ação, todos os três comandantes de pelotão da companhia A foram mortos. A companhia C avançou em seguida, com apoio de cinco tanques que acabaram destruídos pela artilharia alemã, embora não antes que conseguissem derrubar um Panzer. Em uma hora, Cambes estaria em mãos britânicas, embora em seguida a localidade se tornasse alvo de pesado fogo de morteiros e canhões. Ao todo, o RUR perdeu 182 homens, incluindo dez oficiais. A ação rendeu condecorações à tropa: duas *Military Medals*, três *Military Crosses* e uma *Distinguished Conduct Medal*. O King's Own Scottish Borderers, que chegara para reforçar o RUR em Cambes, também teve três homens mortos e 13 feridos, juntamente com dois observadores avançados da Artilharia Real e três oficiais do 2º de Middlesex.

Ao mesmo tempo, o 1º de Suffolks avançou até um ponto de reunião em Le Mesni e se preparou para um ataque contra o vilarejo de Galmanche. No entanto, enquanto faziam um reconhecimento do objetivo, seu oficial comandante foi seriamente ferido e o próprio batalhão foi atacado pela *Luftwaffe*, que lançou bombas de fragmentação.

PARTE DOIS: OPERAÇÃO OVERLORD

Ambos os lados tomaram posição e nas duas semanas seguintes a situação permaneceu inalterada. Embora o plano inicial de Montgomery exigisse a ocupação de Caen, o general usou a posição estática na extremidade leste das praias como um pivô para a invasão como um todo. Montgomery reteve as forças alemãs na Normandia, permitindo que os americanos nas praias avançassem para o oeste, depois para o sul, e por fim para leste, sem nenhuma oposição definida. Não que a situação das forças britânicas que desembarcaram na praia Sword fosse de todo exasperante. Várias vezes por dia havia pausas no assédio do inimigo, quando salvas maciças de artilharia naval e de campo eram disparadas contra os alemães. Mesmo assim, as baixas entre as patrulhas britânicas, que sondavam as posições germânicas e acabavam se envolvendo em selvagem combate corpo a corpo, eram constantes.

7
PRAIA JUNO

Os CANADENSES DESEMBARCARAM na praia Juno, que ficava entre as duas praias britânicas, Sword e Gold. O centro da região era Courseulles-sur-Mer, o ponto mais fortemente defendido no setor britânico. E na extrema esquerda da praia, havia os pontos fortificados de Langrune e St. Aubin. Os britânicos enfrentavam nove baterias médias, compreendendo principalmente canhões de 75 milímetros, e 11 baterias pesadas com canhões de 155 milímetros. No entanto, apenas duas das casamatas fortificadas que as abrigavam haviam sido concluídas. As outras estavam em casamatas sem teto e em poços reforçados com terra. Os canhões podiam ser avistados ao longo das praias, juncadas com obstáculos logo abaixo da linha da maré alta.

No entanto, os pontos fortificados alemães estavam separados por um quilômetro, e a 716ª Divisão de Infantaria, comandada pelo general Wilhelm Richter, só podia contar com transporte puxado por cavalos para deslocar seus canhões e suprimentos. Os pontos fortificados eram guarnecidos principalmente por homens com menos de 18 ou mais de 35 anos. Havia alguns veteranos da Frente Leste na faixa dos 20 anos, mas a maioria deles estava gravemente ferida e mutilada. Os efetivos eram compostos por tropas do batalhão Ost da Polônia, Rússia e Geórgia Soviética. Como disse um dos oficiais de Estado-Maior do general Richter, "É querermos demais que os russos lutem na França pela Alemanha contra os americanos".

Mas eles lutariam. Os comandantes de esquadras e pelotões se certificariam disso – o arame farpado e o campo minado ao redor das posições de artilharia serviam tanto para manter os soldados das tropas Ost dentro quanto os canadenses fora.

Certamente, as tropas alemãs não eram páreo para os jovens, resistentes, saudáveis e bem treinados canadenses, que estavam altamente motivados. Os canadenses haviam sofrido a maior parte das perdas em Dieppe, em 1942. O ataque fora um desastre nacional, e a praia Juno era o local onde os canadenses revidariam contra os alemães com as chances a seu favor, já que superavam os defensores em 6 para 1. Na primeira onda, 2.400 canadenses desembarcaram para enfrentar apenas 400 alemães.

Na manhã de 6 de junho, 366 navios se reuniram em uma área com apenas 8 quilômetros de largura e 16 quilômetros de profundidade ao largo da praia Juno. Às 5h30, os LCTs mais lentos, transportando os esquadrões de tanques anfíbios, começaram sua jornada. Uma hora depois, as embarcações de apoio mais pesadas partiram escoltadas por um destróier. Em seguida vieram os grupos de engenharia que deveriam derrubar os obstáculos na praia. Esses grupos seriam seguidos por tanques de ataque, tanques antiminas e outros veículos especializados concebidos para lidar com as defesas na praia. Atrás deles vinha a primeira onda de infantaria, com duas companhias de batalhões de praia. As outras duas companhias seguiriam em uma segunda onda, 15 minutos depois. Atrás da ponta de lança da infantaria estava o LCT que transportava lançadores de foguetes. Depois deles viriam os regimentos de artilharia autopropulsada, que deveriam fazer três disparos a cada 180 metros enquanto rumavam para a praia.

Os canadenses deveriam desembarcar às 7h45, porém o mar agitado causou dez minutos de atraso, e a maioria das tropas de ataque ficou enjoada. Embora tivessem

PRAIA JUNO

Soldados da 3ª Divisão canadense, carregando suas bicicletas, desembarcam na praia Juno.

PARTE DOIS: OPERAÇÃO OVERLORD

O Comando 48 dos Fuzileiros Reais desembarcam em Aubin-Sur-Mer, balneário francês que fazia parte do setor da praia Juno.

PRAIA JUNO

recebido comprimidos contra enjoo antes de deixarem os navios de desembarque, também haviam aproveitado um desjejum digno de um guerreiro, que não combinava muito com um mar revolto. Quando os barcos de desembarque começaram a avançar, a maior velocidade reduziu o balanço, porém a espuma jogada por sobre as rampas de desembarque encharcava os homens, congelando-os até os ossos.

Alguns dos LCAs encontraram dificuldades no caminho. Embarcações rebocadas tiveram seus cabos partidos. Era considerado perigoso demais lançar os tanques anfíbios e foi tomada a decisão de encalhar os LCTs na praia, para que os tanques pudessem desembarcar direto em terra seca. Contudo, depois de passarem pela marca dos 6.400 metros, o comandante da 7ª Brigada decidiu que seus tanques teriam mesmo que flutuar em direção a terra, embora as condições do mar os obrigasse a chegar em terra logo à frente da infantaria.

A infantaria esperava pouca resistência. Nas reuniões de instrução, fora dito aos homens que todos os abrigos fortificados ou ninhos de metralhadora, além da artilharia, seriam eliminados. Na noite anterior ao Dia D, a RAF deixou cair 5.268 toneladas de bombas sobre as defesas, mas o bombardeio fora terrivelmente impreciso. Na primeira luz do dia, a USAAF assumiu. Porém a visibilidade era ruim e temendo atingir os navios de desembarque que chegavam a terra, os aviões americanos retardaram o lançamento das bombas, que acabaram caindo terra adentro, sem causar danos. Nenhuma das fortificações na praia Juno tinha sido atingida.

Os couraçados e cruzadores da Marinha Real começaram a bombardear às 6 horas. Destróieres se juntaram a eles às 6h19, e os tanques e as peças de artilharia de 25 libras nos LCTs começaram a disparar às 7h10. Depois disso, ondas e mais ondas de foguetes cruzaram os céus. Todo esse poder de fogo, porém, gerou tanta fumaça que ficou impossível divisar os alvos, quanto mais mirar neles. De acordo com um soldado do Royal Winnipeg Rifles, "O bombardeio não matou nem sequer um alemão, tampouco silenciou qualquer arma". Estimativas posteriores revelaram que apenas 14% das casamatas na Muralha do Atlântico foram atingidas. No entanto, a fumaça também tornou impossível para as defesas costeiras encontrar seus alvos.

O bombardeio terminou às 7h30. O atraso do desembarque deu tempo suficiente aos alemães para que reparassem seus canhões. Contudo, nenhum disparo foi feito contra os barcos de desembarque canadenses que rumavam para as praias. O silêncio da artilharia inimiga foi um alívio para os canadenses. Mesmo quando estavam já a 1.800 metros da praia, tudo o que veio contra eles foram disparos imprecisos de morteiro e armas leves. Somente mais tarde, quando chegaram à costa, é que os canadenses perceberam que não houve disparos contra eles quando estavam no mar porque os canhões estavam voltados para as praias.

As equipes de demolição foram as primeiras a desembarcar, detonando as pequenas minas Teller que demarcavam os limites externos dos obstáculos. Quase um quarto dos navios de desembarque foram danificados pelas explosões, mas as tropas ainda conseguiram chegar a terra. Felizmente muitos dos obstáculos foram rapidamente submersos por causa do forte vento noroeste que soprava água sobre eles. Às 8 horas, a primeira onda de LCAs baixava suas rampas e as equipes de ataque abriam caminho em terra a pé, mas assim que ultrapassaram os obstáculos e começaram a subir para a praia, os alemães começaram a agir. As tropas atacantes foram alvejadas antes de alcançarem a terra. Os soldados chegaram seis minutos à frente dos tanques e muitos foram alvejados, com a água batendo na altura do peito. Quando os tanques apareceram, havia somente seis deles, devido a um acidente no mar. A única chance da infantaria era avançar diretamente sobre o inimigo, e no momento em que entraram em Courseulles, somente 26 homens estavam de pé.

A companhia C não encontrou problemas quando desembarcou a oeste do ponto fortificado. Abrindo caminho através de um campo minado, a companhia

PRAIA JUNO

Seguros em terra, soldados britânicos usam um buraco em um prédio bombardeado para observar o movimento dos inimigos.

saiu para campo aberto antes de capturar o vilarejo de Graye-sur-Mer. Juntamente com as companhias A e D e seus tanques, rumaram para atacar o posto avançado alemão em Creully, sete quilômetros terra adentro, embora deixassem o sanatório a oeste de Graye nas mãos de alguns russos, para ser capturado mais tarde.

Os homens da companhia B dos Queen's Own Rifles entraram em apuros no leste, em Bernière. O vento e a maré os empurraram mais de 180 metros para leste de sua posição de desembarque planejada, deixando-os diretamente sob os canhões de 50 milímetros e sete metralhadoras posicionadas no vilarejo. Os tanques anfíbios do Fort Garry Horse não tinham sido lançados ao mar e não estavam lá para apoiá-los. A companhia B teve 65 baixas enquanto seus homens se amontoavam sob os obstáculos na praia. Então, o fuzileiro William Chicoski, o cabo Renè Tessier e o tenente W.G. Herbert deram uma arrancada até o quebra-mar, que tinha dez metros de altura em Bernière e oferecia abrigo suficiente para que abrissem caminho ao longo do ponto fortificado. Os três homens usaram suas submetralhadoras Sten e granadas para sobrepujar os defensores.

A Perigosa Captura das Trincheiras

O flanco oriental da praia Juno foi tomado pelo Regimento de North Shore. Seus homens chegaram às 7h40, ao mesmo tempo que seus tanques, e descobriram que a casamata de concreto que cobria a praia em St. Aubin ainda estava intacta. Dois tanques foram abatidos ao chegarem à praia por um canhão antitanque de 50 milímetros posicionado ali. O canhão disparou 75 vezes antes que fosse definitivamente silenciado por dois petardos em alta velocidade enviados pelos tanques Sherman de Fort Garry, um bombardeio contínuo por um obus de 95 milímetros da Royal Marine Centaur e uma carga de explosivos instalada pelos Engenheiros Reais.

Ao longo dos oito quilômetros da praia Juno, a luta continuou por duas horas após o primeiro canadense chegar à praia. Os Reginas descobriram que os túneis e trincheiras que supostamente tinham sido desocupados no início do desembarque haviam sido reocupados pelos alemães, e os canadenses tiveram de fazer o perigoso trabalho de liberar as trincheiras novamente. Do outro lado do porto, os Royal Winnipegs lutavam contra os alemães através das ruínas do casario. Em Bernières, o Queen's Own Rifles se viu sob ataque quando emergiu pelo lado terrestre do vilarejo, enquanto o Regimento de North Shore sofria baixas em uma casa cheia de armadilhas na retaguarda de St. Aubin.

A situação era um pouco melhor nas praias. Conforme os navios de desembarque recuavam da praia, atingiam minas e um quarto dos LCAs foi posto fora de ação. A companhia líder do Le Régiment de la Chaudière, batalhão reserva do Queen's Own Rifles e dos North Shores, perdeu quase todos seus navios de desembarque, restando apenas cinco. Os homens nadaram para terra, mas aqueles que chegaram à praia tiveram de se abrigar sob o quebra-mar em Bernières até que os soldados do Queen's Own Rifles retornassem para resgatá-los. Já as tropas do Canadian Scottish, batalhão de reserva dos Reginas e dos Winnipegs, ficaram retidas na praia por um campo minado (14 mil minas haviam sido plantadas entre Bernières e Courseulles), além de um fogo cerrado de morteiros.

Não obstante, em H+2, as duas brigadas que lideravam o ataque chegaram em terra e a brigada de reserva, a 1ª, e seu regimento blindado, os Sherbrooke Fusiliers, desembarcaram mediante pouca resistência. A praia estava apinhada de homens e veículos, enquanto os tanques Crab abriam espaço através de campos minados para que tropas e equipamentos pudessem deixar a praia. Em Bernières havia uma dificuldade adicional, já que a área atrás das dunas fora inundada. Uma solução engenhosa foi encontrada. Às 12 horas, um tanque foi afundado na lama e usado como cais para uma ponte. Essa ponte permaneceria ali até 1976, quando foi substituída e o tanque foi removido – agora o local é um memorial de guerra.

A luta continuou em St. Aubin até as 18 horas, e o Regimento North Shore ainda atacava o posto de comando costeiro do 2º Batalhão do 736º Regimento Alemão de Granadeiros às 20 horas. Os canadenses, no entanto, avançaram terra adentro praticamente sem resistência, já que a área atrás das praias estava praticamente deserta, abandonada pelos habitantes franceses e pelas forças de defesa. Richter estava com tão poucos homens que não teve escolha a não ser posicioná--los todos na própria costa, e quando foram sobrepujados, a resistência teve fim. Havia alguns atiradores de elite em Banville e Colombiers-sur-Selles, além de alguma resistência no vilarejo de Anguerny. Mesmo essa oposição, contudo, já estaria superada no fim da tarde. Ao final do Dia D, os North Nova Scotia Highlanders, que haviam desembarcado nas praias ao meio-dia, estavam em Villon--les-Buissons, a pouco menos de cinco quilômetros da periferia de Caen.

Montgomery e Eisenhower estavam satisfeitíssimos. Os canadenses penetraram na França mais do que qualquer outra força naquele primeiro dia. Melhor ainda, não sofreram uma tragédia comparável a Dieppe, como se temia. A previsão de perdas era de 2 mil homens, incluindo 600 por afogamento. No entanto, os canadenses sofreram apenas mil baixas, incluindo 335 mortos. Os Reginas haviam perdido 42 soldados, os Winnipegs, 55, e o Queen's Own Rifles, 61. Essas perdas ocorreram principalmente entre os grupos de assalto que haviam desembarcado em frente aos pontos fortificados.

O inimigo foi completamente batido. Dos quatro batalhões alemães e dois batalhões russos estacionados na área, apenas um com 80% de sua força poderia ser reunido até o final do dia. Para todos os efeitos, a 716º Divisão alemã não existia mais. Os canadenses ainda estavam poucos quilômetros aquém de seu objetivo no Dia D, ou seja, N13, a principal estrada que ligava Cherbourg e Caen a Paris. Todavia, é consenso que atingir a totalidade dos objetivos do Dia D era uma meta demasiado otimista.

Em 7 de junho, D+1, o North Nova Scotias, apoiado pelos Sherbrookes, limpou o vilarejo de Buron e se deslocou cautelosamente para St. Contest, onde foram recebidos por fogo alemão. Uma patrulha de reconhecimento alcançou a estrada Caen-Bayeux, mas um forte bombardeio forçou o batalhão a assumir posição ao redor dos vilarejos de Buron e Authie. Aproximadamente às 13 horas, os canadenses divisaram blindados alemães a leste de Authie. Os Sherbrookes atacaram os Panzers e perderam dois tanques. Os homens do North Nova Scotia foram, então, atacados por duas levas de infantaria alemã que os forçaram a se retirar e recuar para posições ao sul de Les Buissons, onde descobriram que restaram apenas cinco homens da companhia C e um punhado da companhia A. No final da tarde, os Sherbrookes contra-atacaram em Buron para evacuar os homens retidos do North Nova Scotia. A retirada foi feita para Les Buissons, onde assumiram posição juntamente com a Infantaria Ligeira de Highland e os Highlanders de Stormont, Dundas e Glengarry, enquanto o ataque dos Panzers era interrompido por um bombardeio naval que reduziu os vilarejos de Buron e St. Contest a escombros em poucos minutos. Esse dia custara às tropas do North Nova Scotia mais de 200 baixas. Os Sherbrookes haviam perdido 60 homens e mais de um terço de seus 50 tanques.

A 7ª Brigada à direita alcançou a estrada Caen-Bayeux em D+1 e tomou posição. No fim da tarde, o 3º Batalhão do 26º Regimento *Panzergrenadier*, seguido uma hora depois pelo 2º Batalhão, rumou direto para os homens do Winnipeg Rifles que ocupavam a linha ferroviária ao sul de Putot-en-Bessin. Logo cedo na manhã seguinte, os alemães atacaram os Winnipegs com tudo. Apenas a companhia D manteve sua posição, e os Winnipegs perderam o equivalente a duas companhias de fuzileiros.

Um custoso contra-ataque dos Canadian Scottish forçou os alemães a saírem de Putot. Alguns quilômetros a leste, a força alemã se voltou contra os Reginas. Tanques do 12º SS Panzer entram no centro de Bretteville, que os Reginas ocupavam. Mas já anoitecia. Isso deu aos canadenses uma vantagem considerável, já que poderiam se aproximar com armas antitanque. Um Panzer que estava atacando o quartel-general do batalhão foi atingido duas vezes por projéteis antitanques, seguidos de uma série de granadas antitanque que explodiu uma de suas lagartas. A tripulação escapou, mas foi morta enquanto fugia. Dos 22 tanques alemães que entraram em ação em Bretteville durante a noite, seis foram destruídos. Isso im-

Canhões antiaéreos britânicos de 3,7 polegadas em ação na Normandia. Depois de servirem na Batalha da Inglaterra, essas armas foram levadas para a França e usadas para apoiar os ataques de infantaria.

pediu o contra-ataque alemão. No entanto, o avanço canadense parou antes de Carpiquet, o aeródromo de Caen.

Nova Estratégia

Em 8 de junho, Montgomery estava em terra e montou seu quartel-general no castelo em Creully, no setor canadense. De lá, planejou uma nova estratégia para tomar Caen. Na manhã de 11 de junho, o Queen's Own Rifles e o 1º de Hussardos receberam ordens para avançar alguns quilômetros no flanco esquerdo britânico e tomar o terreno elevado perto do vilarejo de Cheux, a poucos quilômetros ao sul de Putot-en-Bessin, acreditando que os alemães estavam em fuga. Fora da aldeia de Le Mesnil-Patry, os canadenses foram de encontro aos alemães, que pediram apoio da artilharia e, em um minuto, destruíram seis tanques canadenses. Os alemães vinham monitorando as frequências dos Hussardos e sabiam que eles estavam chegando. O 1º de Hussardos perdeu 80 homens e 37 tanques, enquanto a Companhia D do Queen's Own Rifles perdeu a maior parte dos 135 homens que começaram a campanha. Essa ação resultou em outro impasse, e os canadenses permaneceram em um arco a noroeste de Caen por um mês. Ambos os lados reforçaram suas posições, deixando os campos da Normandia forrados com trincheiras e cercas de arame farpado que lembravam a Primeira Guerra Mundial, com bombardeios contínuos de artilharia e morteiros cobrando um preço diário de ambos os lados. Mesmo assim, os Aliados agora contavam com um enclave seguro na costa noroeste da Europa. Em D+6, Churchill, Alan Brooke e o primeiro ministro sul-africano, Jan Smuts, desembarcaram na praia em Graye-Su-Mer e, em D+10, foi a vez do rei George VI aparecer por lá.

8
A PRAIA GOLD

Após zarparem às 6h15, a 160 quilômetros da costa, os Engenheiros Reais e as Equipes de Demolição Subaquática chegaram à praia Gold às 7h53. A Hora H em Gold ocorreu uma hora mais tarde do que nas praias americanas, já que a maré varria de oeste para lestes e a maré baixa aconteceu mais tarde nas praias britânicas. No entanto, o vento forte acumulara água e, assim, alguns dos obstáculos na praia foram submersos antes que as Equipes de Demolição Subaquática pudessem destruí-los.

Havia duas concentrações alemãs ao longo da praia Gold, uma em La Rivière, no flanco esquerdo, onde as praias Gold e Juno se encontravam, e outra no centro, em Le Hamel. Os alemães se abrigaram nas casas de veraneio ao longo da costa, e não nas posições fortificadas de concreto. Com isso, estariam vulneráveis aos incêndios causados por ataques aéreos e pelo bombardeio naval que precederia o desembarque. A não ser por algum fogo antiaéreo, os ataques aéreos a Gold praticamente não tiveram oposição e a única resposta ao bombardeio naval foram disparos imprecisos feitos por canhões de 6 e 8 polegadas de uma bateria costeira a aproximadamente 1.200 metros terra adentro. Os canhões da marinha britânica, por sua vez, variavam de 5 a 14 polegadas.

No entanto, havia diversas posições de artilharia bem escondidas nos penhascos íngremes perto de Longues-sur-Mer, a oeste da praia Gold, que permaneceram intocadas pelos ataques aéreos e bombardeios iniciais. Logo após o amanhecer, essas posições começaram a disparar contra o encouraçado USS Arkansas ao largo da praia Omaha, forçando o HMS Bulolo, embarcação que servia de quartel-general da praia Gold, a mudar de posição. O cruzador leve HMS Ajax, que participara da famosa ação na costa de Montevidéu contra o Graf Spee na Batalha do Rio da Prata, avançou para atacar a fortificação. As coordenadas exatas daquelas posições de artilharia haviam sido informadas pelo fazendeiro dono das terras e seu filho cego a André Heintz, professor de história na Universidade de Caen, que as transmitiu para a Inglaterra usando um rádio improvisado. Os primeiros vinte minutos de bombardeio desfechado pelo Ajax forçaram os alemães

PARTE DOIS: OPERAÇÃO OVERLORD

Comandos britânicos avançam para tomar uma posição da artilharia alemã.

a abandonar duas das posições por causa da concussão resultante do impacto dos projéteis de 6 polegadas do Ajax contra o concreto. Em seguida, um projétil penetrou pela abertura de um terceiro ponto fortificado no exato momento em que um canhão de 155 milímetros era carregado. O projétil explodiu e incendiou a munição. Não houve sobreviventes.

Os tanques Sherman nos LCTs eram dotados de canhões de 25 libras, juntamente com canhões de campo de 25 libras rebocados atrás de si, e faziam três disparos por minuto, começando quando estavam a 12 quilômetros da costa e terminando quando estavam a 3 quilômetros das praias. Esse bombardeio e os foguetes disparados contra as praias produziam um ruído ensurdecedor a bordo dos LCAs.

Cada um dos LCAs que lideravam o ataque disparou 24 bombas Spigot, contendo trinta libras de explosivo de alta capacidade, a uma distância de aproximadamente 360 metros. A ideia era que os tanques anfíbios e os Hobart's Funnies que os seguiam nos LCTs pudessem ter um caminho desimpedido até o topo da praia, para poderem confrontar os defensores ali antes que a primeira leva de in-

A PRAIA GOLD

fantaria chegasse. Os primeiros LCAs a chegar notaram o estranho silêncio que tomou conta da praia quando o bombardeio naval foi interrompido. Os homens a bordo também haviam recebido "bombas viscosas", cargas explosivas que deveriam ser coladas aos obstáculos de praia remanescentes assim que desembarcassem. Havia novos itens de equipamento e ninguém fora treinado para usá-los. Alguns emperravam e aqueles que tentavam usá-los ficavam expostos ao fogo dos atiradores de elite.

Os homens ainda tinham de lidar com o grande risco de serem atropelados no mar pelos LCTs que avançavam entre eles rumo a terra. Atiradores de elite alemães também impediam as equipes de demolição subaquática de limpar as faixas minadas. Os pilotos dos navios de desembarque haviam sido instruídos que, em casos assim, a melhor tática era se aproximar da costa em aceleração total. Vinte LCTs atingiram minas, perdendo homens e tanques. Contudo, duas companhias de Hobart's Funnies desembarcaram perto de Asnelles.

Quando os LCAs trazendo as tropas de infantaria de assalto chegaram, os homens correram para a terra. Um integrante dos Comandos disse que os homens estavam tão ansiosos por desembarcar que preferiam enfrentar todo o exército alemão a terem de voltar para os navios de desembarque. Todos haviam ficado enjoados depois de um café da manhã com ovos fritos regados com uma dose de rum, obrigatório para todos que iriam desembarcar. Felizmente, houve pouca resistência. Os pontos fortificados haviam sido anulados pelo bombardeio naval. Houve algum fogo esparso de artilharia e morteiros vindo da terra, mas as seções de morteiros de 88 milímetros alemãs posicionadas nos cumes que assomavam à praia logo seriam silenciadas pelos canhões de 25 libras britânicos. Além disso, os defensores nas praias, em grande parte russos, não viam a hora de se render.

No entanto, em Le Hamel, uma seção de metralhadora abriu fogo de um abrigo fortificado com efeito considerável. Mais alemães, protegidos pelos restos de casas e hotéis em Le Hamel, mantiveram fogo cerrado sobre a praia, que diminuía rapidamente conforme a maré enchia. Esses defensores tinham o apoio de seções de morteiros na retaguarda que despejavam uma chuva de fogo sobre a força invasora. Os desembarques foram interrompidos, com a segunda leva sendo desviada para cada um dos flancos do ponto fortificado, que se manteve até meados da tarde. Em outros pontos, a oposição foi facilmente superada. Mesmo o ponto fortificado em La Rivière só resistiu até as 10 horas, embora ao custo de 94 homens da 69ª Brigada, incluindo seis oficiais. Os homens do 47º Comando dos Fuzileiros Reais, que desembarcaram na extremidade direita, próximo a St. Côme de Fresne, se viram sob fogo de metralhadoras pesadas desfechado pela 352ª Divisão alemã, enquanto tentavam superar os obstáculos na praia. Quinze de seus 16 navios de desembarque foram danificadas, com uma perda de 43 homens e de seus equipamentos de sinalização. Os britânicos rumaram para oeste, em direção à pequena cidade portuária de Port-en-Bessin, onde deveriam se encontrar com os americanos vindos da praia Omaha. Os Fuzileiros Reais tomaram a posição pela retaguarda em D+2, ao custo de 200 vidas.

Quando as companhias do 6º Batalhão dos Green Howards que lideravam o ataque desembarcavam na seção King da praia Gold, viram o que parecia ser um abrigo fortificado de metralhadoras. O sargento-mor da companhia D, Stan Hollis, um veterano empedernido, agarrou sua metralhadora, agitou-a na rampa do LCA e disparou uma rajada contra o abrigo. Não houve resposta – provavelmente porque não era uma posição de metralhadoras, mas sim um abrigo da linha de bondes que corria ao longo da beira-mar. Assim que chegaram à praia, Hollis agarrou uma arma para levá-la consigo, mas queimou a mão no cano. Seu colega, sargento Hill, que havia sobrevivido à campanha no norte da África e na Sicília, tropeçou quando deixava o navio de desembarque e foi morto por ele, que o atropelou enquanto se dirigia para a praia. Com três homens de morteiros e três homens de metralhadoras, Hollis conseguiu chegar até a marca da maré alta e arremessar bombas de fumaça para dar cobertura ao restante dos homens que avançava pelo campo minado. Isso não era tão necessário, já que o bombardeio naval enchera o ar com poeira e fumaça.

Quando o tenente-coronel Robin Hastings, comandante do 6º Batalhão dos Green Howards, chegou à praia, viu que a companhia A estava sendo golpeada por uma posição de artilharia de 105 milímetros alemã e um abrigo de metralhadoras. Todavia, um tanque do esquadrão B do 4º e do 7º Batalhão dos Royal Dragoon Guards, que apoiavam o 6º dos Green Howards, conseguiu "encestar" um projétil através da abertura da fortificação, silenciando o canhão de 105 milímetros. Em seguida, o cabo Joyce, que Hastings havia retirado de uma cela em Glasgow depois de uma bebedeira durante sua licença na Escócia, pulou para o quebra-mar, jogou uma granada no abrigo de metralhadoras e, depois disso, rendeu os sobreviventes. Essa ação lhe valeu uma condecoração, a Military Medal.

Um Ataque Solitário

Assim que Hollis e a companhia D venceram o campo minado, rumaram para seu próximo objetivo, a bateria de canhões em Mont Fleury. Tão logo começaram a subir a estrada, se viram sob o fogo próximo a uma casa, porém continuaram em direção à bateria. Seguindo com o quartel-general da companhia, o major Ronnie Lofthouse percebeu que o fogo de armas leves vinha de um abrigo de metralhadoras e o apontou para Hollis. Sozinho, Hollis atacou o abrigo disparando como um louco sua submetralhadora Sten. Os alemães revidaram, porém milagrosamente erraram. Quando chegou ao abrigo de metralhadoras, Hollis empurrou o cano de sua Sten através da abertura de disparos e desfechou uma rajada. Deitado no telhado do abrigo, deixou cair uma granada através da fenda. Quando a granada explodiu, Hollis pulou para trás do abrigo e abriu a porta. Em seu interior, encontrou dois alemães mortos, juntamente com diversos feridos. O restante se rendeu. Recarregando rapidamente sua submetralhadora Sten, Hollis seguiu por uma trincheira que o levou a outro abrigo de metralhadoras, cujos ocupantes se renderam. Ao todo, acabou com 25 ou 30 prisioneiros em mãos, que enviou para a praia. De lá, seriam enviados para campos de prisioneiros de guerra na Inglaterra.

A companhia D pôde, então, seguir para a bateria em Fleury Mont sem o risco de fogo alemão vindo da retaguarda. Chegando lá, descobriram que a guarnição fugira após o bombardeio aéreo e naval. A companhia C, apoiada pelo esquadrão B do 4º e 7º Regimento dos Dragoon Guards, havia capturado a posição alemã nos cumes em Meuvaines. Temia-se que o local fosse uma base de foguetes, mas, na verdade, era um quartel-general. A companhia B se deparou com um campo minado inesperado, que os atrasou. Também fizeram vários prisioneiros que, como os outros, foram enviados para as praias. Embora o 6º Regimento dos Green Howards alcançasse rapidamente seus objetivos, seu progresso teve um custo. Os Green Howards eram um regimento liderado na frente de batalha, e muitos de seus altos oficiais estavam mortos ou feridos. No entanto, o regimento continuou a avançar em direção a Crépon, liderado pelas companhias B e C, com as companhias D e A seguindo na reserva. Quando se aproximaram do vilarejo, foram atacados por fogo cerrado. Muito embora estivesse planejado que a estrada através de Crépon seria sua linha de suprimentos quando manobrassem para o sul, o coronel Hastings não quis perder tempo tomando-a e enviou as companhias B e C para contornarem o vilarejo, deixando a companhia D para tomá-lo.

Como o comandante da companhia, tenente Kirkpatrick, havia sido morto, o sargento-mor Hollis assumiu o comando. Hollis capturou a aldeia com rapidez, contudo avistou uma fazenda na estrada de Bayeux e foi investigar. Lá dentro, encontrou apenas um menino. Entretanto, quando investigava um beco que dava em um pomar, uma bala atingiu a parede a poucos centímetros de sua cabeça. Hollis recuou para, em seguida, avançar novamente, rastejando. No pomar, avistou dois cães abanando a cauda, próximos a uma abertura na sebe. Para um veterano como Hollis, isso significava que alguém que gostava de cães estava escondido ali, e enquanto se concentrava naquela área, avistou o contorno de um canhão.

Hollis informou sua descoberta ao major Lofthouse, que deu ordens ao sargento-mor para que levasse uma arma antitanque PIAT e um pequeno grupo de homens, e pusesse o canhão fora de combate. De volta ao pomar, Hollis viu um trecho de ruibarbo. Seu plano era se arrastar ao longo desse trecho com a PIAT, uma arma sabidamente imprecisa, para se aproximar do canhão e disparar. Consigo, levaria dois homens e uma Bren, deixando o restante da tropa pronta para dar fogo de cobertura. Infelizmente, assim que surgiram da mata, foram recebidos a bala. Hollis disparou contra o canhão, mas o disparo foi curto. O canhão, então, girou em sua direção e disparou, atingindo a casa da fazenda. Hollis, porém, achou que da próxima vez talvez não tivesse a mesma sorte e, aos gritos, ordenou que seus homens com a metralhadora Bren se retirassem. Em seguida, o sargento-mor se arrastou de volta até o trecho de ruibarbo, se esquivou pelo beco para o pátio da fazenda e retornou para relatar o ocorrido ao major Lofthouse.

Lofthouse decidiu, então, que o canhão não representava grande ameaça e poderia ser tomado mais tarde. Porém, ato contínuo, ouviram um tiroteio perto da casa da fazenda. Eram os homens de Hollis e sua Bren. Trocando sua PIAT por uma metralhadora Bren, Hollis voltou para buscá-los, correndo pomar adentro, disparando baixo e gritando para que seus homens saíssem dali. Os homens se retiraram e, juntamente com Hollis – milagrosamente ileso –, se reuniram a salvo. Por esta ação e por seu ataque à casamata, o sargento-mor Hollis foi condecorado com a Victoria Cross, tendo sido o único homem a receber a mais alta comenda da Grã-Bretanha por valor no Dia D. Naquela noite, o 6º Regimento dos Green Howards ainda estava a mais de um quilômetro e meio de seu objetivo do Dia D – o vilarejo de St. Léger na estrada de Bayeux-Caen –, e já havia sofrido 90 baixas.

Seis milhas terra adentro, à direita da praia, havia um grupamento de combate estacionado em Bayeux, de quem os alemães dependiam para responder a uma invasão na área. No entanto, essa força havia partido às 4 horas para Isigny, onde desembarques de paraquedistas inimigos haviam sido relatados. A manobra se mostrou infrutífera, e o grupamento recebeu ordens para retornar à sua base às 8 horas, de onde deveriam contra-atacar em direção a Crepon. Levou uma hora, porém, para que a ordem chegasse a seu destino, e depois mais cinco horas para que a tropa retornasse, já que muitos dos caminhões franceses que usavam quebraram. Àquela altura, um batalhão tinha sido destacado para enfrentar o desembarque americano na praia Omaha. Quando chegaram ao ponto de reunião em Brazenville, este já estava em mãos britânicas.

Aproximadamente ao meio-dia, as tropas britânicas chegaram ao vilarejo de Creully, cerca de 8 quilômetros para o interior. Os oito homens de uniforme alemão que deveriam ter defendido a praia dali – cinco russos e três lituanos – se renderam imediatamente. Os britânicos, em seguida, avançaram para o ponto N13, que alcançaram em St. Léger às 15 horas. A esquadra que já estava ali e subira em uma árvore para espionar o terreno foi surpreendida por um veículo meia-lagarta alemão entrando ruidosamente no vilarejo e estacionando ao pé da árvore, enquanto sua tripulação de seis homens saía para se aliviar. Mais dois meias-lagartas alemães chegaram. Dois deles partiram – um para leste, outro para oeste – deixando o terceiro estacionado na praça do vilarejo. Assim que o caminho estava livre, os "Tommies" escorregaram pelo tronco da árvore, fizeram uma ligação direta no meia-lagarta e fugiram de volta para Creully onde, naquele momento, os britânicos já haviam se encontrado com os canadenses na praia Juno.

Tanques em Ação

Na tarde do Dia D, Creully fora palco de um entrevero crucial entre tanques dos 4º/7º Dragoon Guards e Panzers alemães. Sendo parte da 8ª Brigada Blindada, os 4º/7º Dragoon Guards foram subordinados ao comando do 69º Batalhão de Infantaria para a invasão, com um esquadrão de tanques designado para cada batalhão de infantaria. O esquadrão B deveria apoiar o 6º Batalhão dos Green Howards, enquanto o esquadrão C apoiaria o 5º Batalhão dos East Yorkshires em seu flanco esquerdo. Segundo o planejado, os tanques deveriam prosseguir para a praia, desembarcando cinco minutos à frente do batalhão de assalto. Um esquadrão apoiaria o 7º Batalhão dos Green Howards, um batalhão de infantaria de reserva, desembarcando em H+45. Seus tanques haviam sido equipados com telas de flutuação, um sistema de propulsão duplo que operava uma pequena hélice usando o motor principal do blindado. No entanto, os canhões de 75 milímetros de alguns Sherman do esquadrão A foram substituídos por canhões de 17 libras, mais eficazes contra os Panzers. Como o cano desses canhões era longo demais para caber dentro da tela de flutuação, o navio de desembarque do esquadrão A teria de levar seus tanques diretamente até as praias. No último instante, os esquadrões receberam rolos de esteiras de praia que deveriam ser desenrolados por dois homens correndo à frente dos blindados assim que a rampa de desembarque fosse baixada. Os tanques, então, seguiriam sobre elas. A solução não impressionou o esquadrão A, já que o desembarque fora praticado sem o novo dispositivo improvisado. Durante a travessia do canal, as esteiras desapareceram no mar.

Naquele momento, o mar estava agitado demais ao largo da praia Gold para que os tanques anfíbios fossem lançados e, assim, os esquadrões B e C foram desembarcados em águas rasas a algumas centenas de metros da costa, chegando à praia com poucas baixas. O esquadrão A, que desembarcara às 8h30, perdeu dois tanques que afundaram em crateras submersas. Depois de vencerem um campo minado, desceram pela estrada de Crépon a Creully com o 7º Batalhão dos Green Howards. A força era liderada pelo 1º Pelotão e 3º Pelotão, com o 2º e o 4º dando carona para a infantaria logo atrás. Àquela altura, quase não havia oposição, e os poucos alemães que encontraram estavam ansiosos por se render.

Seu objetivo era chegar à ponte em Creully o mais rápido possível. O local era um ponto crucial para a travessia do rio Seulles que, de outra forma, seria um obstáculo significativo para tanques. Havia informes de que um tanque Panther alemão guardava a ponte, mas o blindado já havia se retirado quando o esquadrão A chegou. Os tanques britânicos atravessaram a ponte com rapidez e, apreensivos, entraram no vilarejo. Tanques são mais vulneráveis em áreas urbanas, onde homens com armas antitanque podem se aproximar por ruas estreitas e atiradores de elite ficam à procura dos comandantes dos tanques, cujas cabeças despontem pela torre do veículo. O esquadrão A, porém, atravessou o vilarejo sem incidentes, até o milharal do outro lado, que era um terreno perfeito para tanques e onde o major Jackie d'Avigdor-Goldsmid, um experiente comandante de tanques, organizou seu esquadrão para um rápido avanço rumo ao sul. De repente, dois de seus tanques explodiram, e o major ordenou que o restante do esquadrão corresse para uma linha de árvores a pouco mais de 350 metros adiante. Assim fizeram, mas outro tanque foi atingido antes que conseguissem. Como os outros, o tanque explodiu em chamas. Os alemães chamavam os Sherman de "panela de ingleses", por sua tendência a incendiarem quando atingidos. Embora diante de um inferno, o tenente Alastair Morrison, líder do 4º Pelotão que vinha na retaguarda, correu para as árvores. Ao chegar lá, viu outro tanque explodir, porém observou, por acaso, um fulgor de disparo à distância, próximo ao pé de um poste telegráfico. O tenente não se atreveria a avançar seu tanque até a beira das árvores para enfrentar o inimigo diretamente. Em vez disso, solicitou fogo indireto, que atingiu o alvo no segundo disparo. De repente, havia projéteis caindo por todos os lados nas proximidades. Tanto o esquadrão A quanto o 7º Batalhão dos Green Howards sofreram pesadas baixas. Mais tarde, descobriu-se que os disparos partiram do HMS Orion, depois que alguém em terra solicitara apoio de artilharia. Quando se retiraram para uma posição mais segura para cuidar de seus feridos, foram atacados por um caça Thunderbolt americano. Foi apenas em sua terceira passagem que o piloto avistou a fumaça laranja de uma granada que Morrison arremessara no milharal para avisar o piloto que estava atacando as forças amigas.

No final do dia, o esquadrão A contava sete mortos, quatro feridos e quatro tanques perdidos. Todavia, no geral, os britânicos desembarcaram 25 mil homens na praia Gold ao custo de 413 vítimas, sendo que, no dia seguinte, estavam em posição de tomar o importantíssimo ponto N13.

Quando os alemães iniciaram seu contra-ataque em 8 de junho, elementos da Divisão Panzer Lehr do general Fritz Bayerlein foram deslocados de Chartres para Tilly-sur-Seulles, diretamente em frente de posições britânicas. Na manhã seguinte, os alemães tentaram contornar pelo flanco esquerdo e tomar Bayeux. O 2º Batalhão da Divisão Panzer Lehr chegou ao vilarejo de Ellon, apenas 4,8 quilômetros ao sul da cidade. Apesar da intensidade do fogo naval e de artilharia, os alemães estavam confiantes de que poderiam tomar Bayeux quando receberam ordens para retornar a Tilly. Os britânicos, agora, estavam bem ao sul do ponto N13. O 1º Batalhão de Dorsets da 231ª Brigada capturara o vilarejo de Audrieu, e os tanques de 8ª Brigada Blindada rumavam em direção ao sul para St. Pierre, ameaçando cortar a estrada que ligava Tilly a 12ª Divisão Panzer SS, a oeste de Caen.

A confusão, porém, reinava. Naquela mesma manhã, o general Geyr von Schweppenberg apareceu no quartel-general da 12ª Divisão SS e ordenou um novo ataque, cuja intenção era empurrar os britânicos e canadenses para o mar. A leste, a 21ª Divisão Panzer deveria avançar para norte até o rio Orne e o canal de Caen. A 12ª Divisão Panzer SS deveria rumar pela estrada Caen-Bayeux para enfrentar os canadenses, enquanto a Divisão Panzer Lehr faria outro giro e tomaria Bayeux. Dessa vez, porém, enfrentariam a 7ª Divisão Blindada, que acabara de chegar da praia Gold e cujas ordens eram para tomar Tilly e pressionar em direção a Villers-Bocage. Dali, as forças britânicas deveriam se deslocar para sudeste até Falaise, flanqueando Caen. Isso daria espaço suficiente aos Aliados para posicionarem seus aviões em solo francês e manterem a superioridade aérea, que era fundamental. Além disso, o terreno ao sul era muito melhor para o emprego de tanques. Essa estratégia atrapalhou os planos de von Schweppenberg e provocou uma luta confusa em toda a região. As baixas foram altas, mas o progresso de britânicos e canadenses foi implacável. A superioridade aérea dos Aliados permitiu que bombardeassem o quartel-general de von Schweppenberg em 11 de junho, matando muitos membros de seu Estado-Maior e ferindo o próprio general. Além disso, em 12 de junho, o general Marcks foi morto em um ataque aéreo, deixando as forças alemãs na Normandia sem uma estrutura de comando eficaz por duas semanas, enquanto os invasores lutavam ferozmente de sebe em sebe.

Sem Tempo

Alguns dos piores combates aconteceram ao redor do vilarejo de Cristot, em 11 de junho. No centro da ação, mais uma vez, estava o 6º Batalhão dos Green Howards. O coronel Hastings foi convocado ao quartel-general da brigada e disse que seu batalhão estaria pronto para avançar às 14 horas. Ali foi informado que o 8º Batalhão de Infantaria Ligeira do Durham, com apoio da 8ª Divisão Blindada, havia entrado em Tilly-sur-Seulles, mas fora repelido por um contra-ataque alemão. Um segundo ataque estava sendo planejado. Os Green Howards deveriam ocupar uma pequena colina logo ao sul de Cristot para proteger o flanco. A tarefa parecia simples, porém Hastings não se sentia confiante. O plano parecia elaborado às pressas. Não houve tempo para fazer nenhum reconhecimento, embora antes disso um grupo de reconhecimento tenha quase chegado ao topo da colina. As condições meteorológicas naquele dia eram ruins. A chuva caía inclemente e as sebes na região em torno de Cristot eram do pior tipo possível, com campos pequenos e irregulares, além de um grande número de sebes espessas e altas encobrindo caminhos e estradas que muitas vezes afundavam entre margens altas. Era um terreno que favorecia os defensores. Os atacantes sofreriam muitas baixas para tomar qualquer objetivo que o inimigo estivesse determinado a defender. Tanques eram particularmente vulneráveis.

Hastings decidiu, então, usar uma trilha rebaixada que dava no topo do morro da linha central para atacar. Seu quartel-general seguiria com suas duas companhias principais – B à direita, C à esquerda – logo à frente, seguidas por tanques do esquadrão B do 4º/7º Batalhão dos Dragoon Guards. As companhias A e B viriam depois, apoiadas pelo esquadrão C, enquanto o esquadrão A aguardaria na retaguarda para trazer armas antitanque e morteiros quando o objetivo estivesse seguro.

As coisas começaram bem o bastante. As companhias B e C atravessaram a estrada Cristot-Tilly ao sul do vilarejo sem nenhum incidente. De súbito, a companhia C se viu sob fogo pesado vindo de uma fazenda a aproximadamente 100 metros à sua frente. O comandante da companhia, capitão Chambers, que já havia sido ferido no Dia D, foi morto. Os tanques do esquadrão B foram atingidos, e as baixas começaram a aumentar. Logo, o avanço pela esquerda estacou.

Em seguida, foi a vez de companhia B. O fogo pesado também interrompeu completamente o avanço pela direita. Uma tentativa de flanquear os alemães falhou e o major Young foi ferido. O soldado Leary seria condecorado com a Military Medal por tirar o major Young do campo de batalha e salvar sua vida, apesar de estar ele próprio ferido. O segundo oficial em comando da companhia B, capitão Mitchell, também fora morto e, assim, Hastings remanejou a companhia A para a retaguarda da companhia B e tentou flanquear pela direita novamente.

Foi quando o quartel-general do batalhão se viu sob fogo. Hastings recuou e enviou a companhia D pela trilha para liberá-la. O major Lofthouse também enviou um tanque pela trilha, com o 17º e o 18º Pelotão à direita e o 16º Pelotão, comandado pelo sargento-mor Hollis, pela esquerda. Embora as margens elevadas que ladeavam a trilha oferecessem proteção contra fogo pelos flancos, os britânicos passaram a ser alvo de disparos vindos diretamente da trilha. Enquanto o 17º Pelotão sofria baixas, Hollis avançou se arrastando e divisou dois alemães disparando rajadas e espichando as cabeças regularmente para ver o efeito causado. Hollis estava sem granadas e pegou uma com um dos homens de sua companhia. Esperou por uma rajada e, em seguida, lançou a granada contra os alemães. Só depois de lançar a granada é que Hollis percebeu que esquecera de puxar o pino. Mas o inimigo não sabia disso. Lofthouse, esperando que os alemães manteriam a cabeça baixa esperando a granada explodir, correu para pela trilha em direção aos alemães que se protegiam e os aniquilou com sua submetralhadora Sten.

Hastings interrompeu o avanço no ponto onde Hollis havia despachado os dois alemães para fazer um balanço da situação. A companhia C havia tomado a fazenda, e as companhias A e B já estavam quase no topo do terreno elevado. Porém, corpos estavam espalhados pelo campo de batalha. Vários tanques haviam sido perdidos e homens valiosos estavam sendo usados para guardar os alemães capturados. Apesar da obstinada defesa alemã na posição, Hastings decidiu tomá-la. Logo depois, o comandante da companhia A, major Honeyman, foi morto ao tentar livrar o sargento-mor Calvert e seu pelotão de uma posição avançada exposta. Mais tarde, Calvert retornaria em segurança com seus homens e seria

Tanque Sherman Firefly. Com um enorme canhão de 17 libras substituindo o canhão de 75 milímetros padrão, o Firefly era o único tanque aliado capaz de enfrentar os titânicos King Tiger alemães.

condecorado com a Distinguished Conduct Medal. O major Honeyman foi condecorado com a Military Medal postumamente por sua liderança da companhia A na praia Gold no Dia D.

Com os tanques incapazes de prosseguir, o avanço estacou novamente. Considerando a situação, Hastings decidiu que o batalhão não tinha oficiais ou sargentos suficientes para continuar o ataque e ordenou a seus homens que tomassem posição. Se pudessem mantê-la, a brigada poderia enviar outro batalhão, que avançaria através deles. Contudo, nenhuma tropa nova apareceu até o anoitecer e Hastings receava que os alemães estivessem preparando um contra-ataque. Com a noite se aproximando, o comandante britânico sabia que os tanques teriam de recuar para áreas seguras e fazer uma manutenção de rotina. O comando da brigada deu permissão para uma retirada e os homens do 4º/7º dos Dragoon Guards transportaram os feridos. Os Green Howards haviam sofrido 250 baixas mortais, sem conquistarem nada. Era evidente que os alemães haviam se recuperado do choque inicial causado pela invasão aliada e agora revidariam. Na verdade, o avanço da 8ª Brigada Blindada em direção a Tilly foi interrompido por um ataque do 2º Batalhão Panzer Lehr na estrada para Audrieu. Os alemães também vinham tentando capturar a elevação ao sul de Cristot para proteger o flanco de seus blindados. Tanques da 4ª Divisão Panzer irromperam pelas linhas britânicas, mas foram rapidamente destruídos. O restante do ataque foi repelido. Os alemães mantiveram, porém, o morro que assomava ao aeródromo de Carpiquet e nos arredores a oeste de Caen, que somente seriam liberados em D+19, dia 25 de junho.

Não foi apenas o 6º Batalhão dos Green Howards e a 8ª Divisão Blindada que foram paralisados ao longo de uma linha que atravessava Cristot. Em 10 de junho, a 7ª Divisão Blindada havia passado através da 50ª Divisão na estrada Bayeux-Tilly. Ao anoitecer, a divisão esbarrou na Divisão Panzer Lehr, que tinha ordens de avançar para Bayeux em Bucéels, 3,2 quilômetros ao norte de Tilly. No dia seguinte, a situação se manteve num impasse. Na manhã de 12 de junho, o general Erskine, da 7ª Divisão Blindada, e o general Bucknal, do XXX Corpo, se reuniram para discutir o que fazer. Os comandantes britânicos tinham informações de que havia uma lacuna entre a Divisão Panzer Lehr, que ocupava a área Tilly-Lingèvres, e Caumont, que estava sendo atacada pelos americanos. Se a 7ª Divisão blindada pudesse montar um ataque rápido pela estrada que passava por St-Paul-du-Vernay, Briquessard e Villers-Bocage, poderiam tomar o terreno elevado na retaguarda da Divisão Panzer Lehr e cortar sua retirada.

O avanço foi liderado pela 22ª Brigada Blindada, com reforço de um batalhão de infantaria transportada, o 1º/7º Batalhão do Queen's Regiment. Tudo correu bem até que encontraram oposição na área de Livry às 16 horas. Às 20

Membros do 1ª Divisão SS Leibstandarte Adolf Hitler, Batalhão Pesado 101, vistos aqui com seu tanque Tiger E.

horas, a área já estava liberada pelo 1º Batalhão da Brigada de Fuzileiros, o batalhão motorizado com a 22ª Brigada Blindada. Contudo, a pouco mais de nove quilômetros de Villers-Bocage, o general Robert "Looney" Hinde decidiu parar para passar a noite e fazer a manutenção dos tanques. Os retardatários poderiam, assim, alcançá-los e o general esperava contatar os americanos em seu flanco direito. Às 5h30, na manhã seguinte, os britânicos avançaram para Villers-Bocage. Fora da cidade, foram informados por civis franceses que não havia alemães ali. A cidade foi tomada, e os tanques do esquadrão A do 4º Batalhão do County of London Yeomanry, os "Sharpshooters", entraram com uma companhia da 1ª Brigada de Fuzileiros. O tenente-coronel Lord Cranley, oficial comandante dos "Sharpshooters", atravessou a cidade e prosseguiu pela estrada de Caen para tomar o ponto elevado daquela localidade. O objetivo foi atingido, e os britânicos faziam um chá quando a confusão começou.

No Dia D, o 101º Batalhão SS de Tanques pesados estava estacionado em Beauvais, a noroeste de Paris. Designado apressadamente para a Normandia, o batalhão chegou à área de Villers-Bocage em 12 de junho. Devido a ataques constantes das forças aéreas aliadas, a 2ª Companhia consistia naquele momento em apenas cinco tanques Tiger. Esses tanques, porém, eram comandados pelo lendário tenente Michael Wittman, um ás que já nocauteara 138 tanques inimigos. Enquanto o restante de sua companhia passava por uma manutenção mais que necessária em um pequeno bosque perto do vilarejo de Montrocq, a aproximadamente um quilômetro a nordeste de Villers-Bocage, Wittman saiu em uma missão de reconhecimento. Ao sul da estrada Villers-Caen, o tenente alemão foi parado por um sargento, que informou ter ouvido o som inconfundível de tanques vindo de Villers-Bocage, apesar de não haver tanques alemães na área. Wittman saiu de seu tanque e rastejou através da sebe que ladeava a estrada. Dali, pôde ver o esquadrão e os meias-lagartas da infantaria abrindo caminho colina a cima. Os tanques Cromwell britânicos, com seus canhões de 75 milímetros, não eram páreo para o Tiger e seu canhão de 88 milímetros.

Às 8h30, Wittman emergiu com seu Tiger da trilha vinda de Montbrocq, bem no meio da coluna britânica que subia a colina. Os tanques que vinham na frente voltaram seus canhões para o Tiger, mas suas torres eram lentas demais. Dois disparos do Tiger puseram dois tanques fora de combate, bloqueando a estrada e impossibilitando que outros Cromwells viessem em defesa da coluna. Em seguida, Wittman virou o tanque em direção a Villers-Bocage, destruindo um a um os meias-lagartas da infantaria em seu caminho. A tripulação de um canhão antitanque de 6 libras, comandada pelo sargento Bray, fez mira no Tiger. O tanque o explodiu em pedaços. Mais abaixo na colina, em Villers-Bocage, o Tiger devastou os tanques Honey da Tropa de reconhecimento dos Sharpshooters.

Os quatro tanques Cromwell do quartel-general do regimento estavam no centro da cidade. Um deles, comandado pelo Major Carr, segundo oficial em comando dos Sharpshooters, foi investigar. Quando viu o Tiger avançando para fora da fumaça em sua direção, ordenou a seu artilheiro que abrisse fogo, mas o disparo simplesmente ricocheteou na blindagem do Tiger. A resposta do tanque alemão transformou o Cromwell em um destroço fumegante, deixando sua tripulação morta ou ferida. Dois outros disparos do Tiger destruíram outros dois Cromwells. O capitão Pat Dyas, no comando do quarto tanque britânico, recuou para uma horta e esperou. Sua ideia era incapacitar o Tiger de Wittman quando passasse. Um petardo de 75 milímetros não conseguiria penetrar na blindagem frontal ou lateral do Tiger, mas poderia emperrar sua torre ou danificar sua lagarta. O artilheiro de Dyas, contudo, havia saído do tanque para urinar antes que o Tiger aparecesse e o operador de rádio não teve tempo para tomar seu lugar antes que o Tiger passasse por eles. Porém, assim que o assento do artilheiro foi ocupado, Dyas ordenou ao condutor que seguisse o Tiger de Wittman, na esperança de danificá-lo com um disparo em sua blindagem traseira, mais fina. Quando Wittman chegou ao fim da rua, deparou-se com um tanque Sherman modificado com um canhão de 17 libras, comandado pelo sargento Lockwood. Wittman disparou contra o Sherman, demolindo uma loja atrás dele. Lockwood respondeu, mas seu disparo ricocheteou nas facetas anguladas da torre do Tiger. Wittman girou seu tanque rapidamente e fugiu de volta pela rua principal, dando de frente com Dyas em seu Cromwell. Agora, o que Dyas via não era a fraca blindagem da traseira do Tiger, mas sua dianteira pesadamente revestida. Dois disparos de 75 milímetros simplesmente ricochetearam. A resposta de Wittman e seu canhão de 88 milímetros atingiu a torre do Cromwell, matando o operador de rádio que fazia as vezes de artilheiro e arremessando Dyas para fora do tanque. O condutor foi morto por tiros de metralhadora enquanto tentava escapar.

Usando um rádio que ainda estava funcionando em um dos tanques destruídos, Dyas avisou Cranley de que o Tiger voltava em sua direção. Cranley respondeu que também estava sendo atacado. Antes, porém, que pudessem continuar a conversa, uma rajada de metralhadora do Tiger fez com que Dyas pulasse à procura de abrigo. Depois de se esconder algum tempo em um chiqueiro, Dyas foi conduzido por uma menina até o esquadrão B, no extremo oeste do vilarejo. Lá, Dyas informou ao major Aird que, com Cranley bloqueado e Carr morto ou gravemente ferido, seria melhor que Aird assumisse o comando do regimento.

Meia hora depois, o resto da companhia de Wittman chegou ao morro. Os quatro Tiger destruíram o restante do esquadrão A e metralharam tudo que se movia. Em seguida, a infantaria avançou para arrebanhar sobreviventes e levá-los como prisioneiros de guerra. O único homem que escapou foi o capitão Christopher Milner, da companhia A da 1ª Brigada de Fuzileiros, que correra para se abrigar em um pomar. Um alemão o viu, mas Milner subiu em uma árvore e enganou seu perseguidor, fugindo quando a posição foi bombardeada pelos britânicos. Durante a noite, Milner abriu caminho em torno de Villers-Bocage, evitando tanto as sentinelas alemãs quanto as aliadas, com os dedos no gatilho. Ao amanhecer, o capitão encontrou o 5º Regimento Real de Tanques, a sudoeste da cidade.

Wittman se reuniu à sua companhia e voltou para o centro do vilarejo, com dois outros Tiger e um Panzer Mk IV. Dessa vez, os ingleses estavam prontos para ele. O 1º/7º Queens havia entrado no vilarejo aproximadamente às 10 horas e posicionado um canhão antitanque. O major Aird, agora no comando dos Sharpshooters, enviara o tenente Cotton para o sul, para tentar contornar e substituir Cranley, evitando a rua principal. Cotton, contudo, esbarrou em alguns alemães e um aterro ferroviário difícil de vencer, sendo forçado a retornar ao centro do povoado. Consciente do perigo em que seus homens estavam, o tenente escondeu seus tanques em ruas laterais, na esperança de disparar contra os flancos dos Tiger a curta distância. Sabendo que cada tanque teria apenas uma chance, Cotton fez com que seus homens olhassem através do cano de seu canhões e os mirassem em uma marca na parede do lado oposto da rua principal. Depois disso, esperou.

Rumando diretamente para a emboscada, o Tiger de Wittman foi incapacitado pelo canhão antitanque britânico do Queen's, porém ele e sua tripulação escaparam. Um Sherman modificado com um canhão de 17 libras, comandado pelo sargento Bramall, pôs um segundo Tiger fora de combate. O terceiro foi alcançado em uma pequena rua ao sul e destruído. Quando seu primeiro disparo errou o Mk IV, o tanque do cabo Home invadiu a rua principal e incapacitou o tanque alemão com um disparo em sua traseira vulnerável.

Mas este não seria, de forma nenhuma, o final da batalha. Tanques Tiger da companhia 1 do 101º Batalhão SS de Tanques Pesados surgiram juntamente com alguns tanques Mk IV da Panzer Lehr, além da infantaria da 2ª Divisão Panzer. Villers-Bocage se tornou palco de uma batalha feroz. Conforme a tarde avançava, ficou claro que os alemães estavam dispostos a trazer mais homens para tomar a cidade. Às 20 horas, os britânicos receberam ordens de retirada e recuaram para o terreno alto perto de Amayé, a oeste do vilarejo, e permaneceriam fora de Villers-Bocage por dois meses.

Na madrugada seguinte, os alemães atacaram, mas foram detidos por fogo de artilharia e, em seguida, fugiram quando o regimento Queens contra-atacou. No entanto, naquela noite, foi decidido que a 22ª Brigada Blindada deveria se retirar. Para cobrir a retirada, Villers-Bocage foi arrasada por um bombardeio.

Conforme ficou claro que a tentativa da 7ª Divisão Blindada de isolar a Divisão Panzer Lehr falhara, a 151ª Brigada da 50ª Divisão recebeu ordens para dar continuidade ao ataque frontal da Divisão. O 1º Batalhão de Infantaria Ligeira de Durham deveria tomar o povoado de Lingèvres, com apoio do esquadrão A do 4º/7º Batalhão dos Dragoon Guards, enquanto o 6º DLI tomaria Verrières com o esquadrão B. O ataque começou às 10h15, em 14 de junho, D+8. Houve pouco tempo para preparativos. Seu oficial comandante, tenente-coronel Humphrey Wood, só teve tempo para fazer um reconhecimento durante uma noite.

O 9º DLI havia lutado tanto no norte de África quanto na Sicília, mas ainda não tinha entrado em ação na Normandia. Desde que desembarcaram, só haviam sofrido uma baixa, um sargento que se afogara na praia. Agora, esses homens estavam prestes a passar por maus bocados. O 901º Regimento Panzergrenadier, que defendia Lingèvres, dominara os acessos ao vilarejo e instalara metralhadoras de forma que seu fogo cruzado transformasse esses acessos em zonas mortais. O batalhão deveria avançar em formação quadrada, com a companhia A liderando à esquerda seguida pela companhia B, e a companhia C indo pela esquerda seguida pela companhia D. Às 10h15, as companhias emergiram, da mata a aproximadamente 1.600 metros ao norte do Lingèvres, no momento em que seis regimentos de artilharia de campo, três regimentos de artilharia e um regimento de artilharia pesada, que compunham toda a artilharia dentro daquele alcance, começaram a golpear a aldeia. Do céu, caças Typhoons despejaram foguetes sobre os defensores.

Um Fogo Paralisante

Assim que os Durhams britânicos chegaram à floresta no lado norte do vilarejo, o bombardeio de artilharia avançou. Quase imediatamente dois tanques alemães abriram fogo, e o esquadrão A foi atrás deles. Metralhadoras iniciaram um fogo fulminante sobre a infantaria que avançava, causando pesadas baixas. Dois observadores de artilharia avançados foram mortos. A companhia A perdeu quase todos os seus oficiais, e seu avanço estacou. Wood ordenou à companhia B que assumisse a liderança do avanço, porém esta rapidamente perdeu todos os seus oficiais, exceto um. Wood, então, ordenou à companhia D que avançasse para a aldeia, enquanto ele próprio tentaria retirar as companhias A e B para que estas pudessem seguir as companhias D e C contornando à direita. Todavia, antes que tivesse chance de fazê-lo, um morteiro o matou.

O Major John Mogg assumiu o comando e empurrou para a frente com as companhias D e C e os Sherman. Os britânicos avistaram um canhão antitanque na mata à sua frente, porém a rajada da metralhadora Browning de um Sherman pôs a tripulação do canhão em fuga. Os Durhams chegaram à vila com o Sherman um pouco para trás.

O comandante do esquadrão A, major Goldsmid, ordenou ao 4º Pelotão, comandado pelo tenente Alastair Morrison, que entrasse no vilarejo para dar apoio à infantaria, enquanto o capitão John Stirling lideraria as reservas contornando o noroeste da vila para afastar qualquer ataque que viesse daquela direção.

Dentro do vilarejo, os Durhams eram castigados pelos morteiros alemães. O 901º Regimento Panzergrenadier parecia determinado a não entregar Lingèvres e lutou casa por casa, rua por rua.

Como foram forçados a recuar, os alemães chamaram fogo de artilharia, cujos disparos explodiam no ar acima da aldeia. Os feridos eram levados para a igreja e um veículo transportador de metralhadora Bren os transportava dali, até que foi atingido por um disparo que matou seu condutor e todos a bordo. A leste da vila, o sargento Harris viu tanques e incapacitou um Panther com seu canhão de 17 libras. Lentamente, a infantaria alemã foi expulsa.

A essa altura, o major Mogg já chegara ao local para assumir o comando da batalha. A companhia D foi enviada para defender a estrada Tilly. A companhia C ocupou a estrada de Longraye em direção ao sul, enquanto o que restava das companhias A e B formou uma reserva. Após contatar Morrison, Mogg

PARTE DOIS: OPERAÇÃO OVERLORD

Veículos alemães, incluindo um canhão autopropulsado (ao fundo), nocauteados por foguetes disparados por caças Typhoon, da RAF.

partiu para encontrar o major Ken Swann, comandante da artilharia, a elaborar planos para o apoio de artilharia necessário para impedir qualquer contra-ataque alemão. Mogg estacionou as armas antitanque do batalhão ao longo de todas as estradas que entravam ou saíam do vilarejo. Quase imediatamente, os dois canhões antitanque estacionados na estrada de Longraye foram destruídos e suas tripulações foram mortas. Em seguida, o sargento Harris relatou ter avistado um tanque se aproximando, vindo dos lados de Tilly. Era Sherman, mas seguido de perto por um Panther alemão. Harris ordenou a seu artilheiro, o soldado MacKillop, que abrisse fogo. O disparo atingiu o Panther e o incapacitou, mas não o destruiu. O próprio Mogg usou arma antitanque PIAT e explodiu o blindado, embora sua tripulação escapasse.

Outro Panther foi avistado em um celeiro na estrada de Longraye. O líder do pelotão antitanque dos Durhams, tenente Ken Whittaker, e o major Goldsmid fizeram um reconhecimento e viram um tripulante alemão de pé, ao lado de seu tanque, fazendo a barba. Decidiram, então, atacar o tanque simultaneamente com uma PIAT e um Sherman. A PIAT, porém, falhou, e quando três disparos do Sherman destruíram o celeiro, o Panther saiu ileso. Com um disparo, o tanque alemão incapacitou o Sherman, ferindo mortalmente o comandante do tanque, cabo Johnson. O operador de rádio, cabo Draper, saiu do tanque e se escondeu, porém percebeu que a torre do Sherman estava em uma posição que impedia seu condutor, o soldado Dagley, de sair. À vista do inimigo, Draper correu de volta para o tanque, subiu nele e girou sua torre para que o condutor pudesse deixá-lo. Em seguida, desceu até a frente do tanque, abriu a escotilha do condutor, puxou Dagley gravemente ferido para fora e o levou até um lugar seguro, embora o soldado viesse a morrer poucos minutos depois. Durante todo o tempo do resgate, os alemães não abriram fogo contra Draper. O cabo acredita que isso aconteceu porque os alemães eram soldados regulares da *Wehrmacht*, e não das impiedosas formações SS que operavam na área naquele momento.

Várias tentativas alemãs de retomar o vilarejo foram rechaçadas por fogo de artilharia, e o capitão Stirling conseguiu abater um Panther alemão com três disparos certeiros de 75 milímetros de seu Sherman. Os disparos atingiram a lateral do tanque alemão, logo abaixo da torre, e o tanque começou a queimar. O Panther estava na retaguarda de uma coluna de quatro tanques, que entrava no vilarejo pelo leste. Harris e MacKillop acertaram os outros três com seus canhões de 17 libras. Ao todo, seis Panther foram abatidos durante o combate, embora o 9º DLI pagasse um preço, perdendo 248 homens, incluindo 22 oficiais. No entanto, os britânicos tinham motivos para celebrar. Um engradado de champanha foi encontrado na parte de trás de um dos Panther, e os Durhams brindaram o seu sucesso.

9
A PRAIA OMAHA

A PRAIA OMAHA estava longe de ser o local ideal para um desembarque anfíbio. Seus 6.400 metros de areia e cascalho eram assomados por uma escarpa de 30 metros que proporcionava ao inimigo uma fortaleza natural. Porém, era vital que a praia Omaha fosse tomada para que as forças americanas desembarcando na praia Utah, a oeste, pudessem se reunir às forças britânicas desembarcando a leste e formar uma cabeça de praia contínua.

A praia Omaha apresentava outras desvantagens. Sua forma de crescente permitia que canhões no topo da ribanceira concentrassem fogo sobre as tropas desembarcando logo abaixo. A ribanceira em si era encimada por cinco ravinas arborizadas que eram as únicas saídas da praia, e os alemães concentraram seu poder de fogo ali. As fortes correntes marítimas criaram bancos de areia e valas que ficavam expostos na maré baixa e criavam dificuldades para a aproximação de embarcações e o desembarque de veículos. A esses perigos naturais, os alemães acrescentaram três faixas de obstáculos feitos por eles mesmos. Perto da linha da maré baixa, havia estruturas de ferro de aproximadamente três metros de altura, com minas Teller antitanque em seus pilares. Acima delas havia duas fileiras de postes de madeira encravados em ângulo na areia, com uma mina ou petardo na ponta. Além disso, a aproximadamente meio caminho entre a linha da maré baixa e a linha da maré alta, havia fileiras de "ouriços", que consistiam em duas ou três peças de ângulos de aço unidas pelo meio, sendo capazes de perfurar o casco de um navio de desembarque.

Minas haviam sido instaladas sobre o aterro de cascalho logo abaixo da ribanceira, com armadilhas explosivas improvisadas ocultas por grandes rolos de arame farpado. Ao longo do topo da ribanceira, havia diversos pontos fortificados que assomavam às ravinas. Embora algumas das instalações de concreto ainda não estivessem terminadas, esses pontos fortificados estavam bem protegidos. Ali havia uma peça de artilharia, um canhão de 50 milímetros e dez metralhadoras tripuladas por um pelotão de 30 homens. Dominando a vista sobre a praia Omaha, havia oito casamatas de concreto com canhões pesados de 88 ou 75 milímetros,

PARTE DOIS: OPERAÇÃO OVERLORD

Tropas dos Estados Unidos deixando as barcaças seu desembarque.

60 peças de artilharia leve, 35 peças menores de artilharia em abrigos fortificados e 18 canhões antitanque. Um ponto fortificado central também contava com lança-chamas automáticos. Entre os pontos fortificados havia trincheiras de infantaria com pelo menos 85 metralhadoras. Na retaguarda, havia 40 covas com lançadores de foguetes e posições de morteiro. As comunicações entre essas defesas eram boas e todo esse poder de fogo poderia ser dirigido por um homem no ponto fortificado central, divisando a praia. No entanto, houve uma fraqueza nessa defesa: a munição tinha de ser trazida até as armas por caminhão, e estes foram alvos de bombardeios aéreos e navais. Durante o planejamento da invasão, as defesas na praia Omaha eram manejadas pela 716ª Divisão de Defesa Costeira. Essa divisão consistia principalmente em eslavos e poloneses. Esses homens eram mal qualificados e seu moral era baixo. Porém, uma semana antes do Dia D, elementos da 352ª Divisão de Infantaria, que estivera em ação na Frente Oriental, foram transferidos para o local.

No extremo oeste de Omaha havia uma bateria alemã formidável, de codinome Maisey, no topo de um penhasco de 30 metros em Pointe du Hoc. Tanto Omaha quanto Utah estavam ao alcance de seus canhões de 155 milímetros. A fortificação era tripulada por 210 homens: 85 artilheiros e 125 infantes. Entre as 300 instalações inimigas no setor americano, a destruição de Maisey tinha alta prioridade. Bombardeada pela RAF britânica e pela AAF americana, além dos disparos dos canhões de 14 polegadas do USS Texas, Pointe du Hoc foi atingida por mais de 10 mil toneladas de explosivos de alta potência, um poder explosivo equivalente ao da bomba atômica lançada sobre Hiroshima. Além de surtir pouco efeito, o bombardeio abriu crateras na praia abaixo do penhasco, impondo novas dificuldades ao 2º Batalhão de Rangers do Exército dos Estados Unidos que ali desembarcaria para nocautear Maisey. Outro problema foi que Pointe du Hoc se parecia muito com Pointe et Raz de la Percee, outro penhasco de 30 metros próximo a Vierville-sur-Mer e à Praia Omaha. Os Rangers estavam na metade do caminho, durante o crepúsculo, quando o comandante dos 200 homens da força de assalto, coronel James E. Rudder, percebeu que estavam rumando para o Pointe errado. A luta contra a corrente e a maré para chegar ao objetivo certo causou um atraso de 38 minutos, fazendo com que chegassem à luz do dia e não contassem mais com o elemento surpresa. No entanto, a infantaria que defendia a bateria havia sido transferida para a retaguarda da instalação, já que os alemães não esperavam um ataque pelo mar.

Os Rangers haviam sido treinados pelos britânicos dos Royal Marine Commandos na Escócia, onde praticaram ataques costeiros contra falésias, e quando foram enviados ao sul em abril, prontos para embarcar, treinaram ainda mais nas falésias em torno de Swanage, Dorset, e na Ilha de Wight. Os americanos contavam com dez LCAs especialmente modificados com foguetes que disparavam ganchos de escalada e cabos, além de escadas de corda. A embarcação também carregava dispositivos portáteis de foguetes e escadas leves que os Rangers foram treinados para montar enquanto escalavam. Contavam, ainda, com quatro caminhões anfíbios equipados com escadas de 30 metros fornecidas pelo Corpo de Bombeiros de Londres, com um par de metralhadoras Lewis presas no topo.

Os LCAs foram lançados a aproximadamente 20 quilômetros da costa, em condições marítimas adversas. Um dos barcos de suprimentos naufragou, afogando todos os seus tripulantes, exceto um. O outro barco de suprimentos teve de lançar metade de sua carga para permanecer à tona. Vinte homens e o comandante da companhia foram resgatados de outra embarcação que foi a pique. O oficial comandante, capitão 'Duke' Slater, insistiu que sua companhia fosse reequipada e levada até a praia, mas os seus homens estavam tão dormentes por causa da água fria do canal que foram enviados de volta para a Inglaterra pelo médico de seu navio. Os LCAs restantes só se mantiveram à tona porque os homens a bordo usaram seus capacetes para jogar a água para fora. Quando o coronel Rudder percebeu que ele e seus homens rumavam para o Pointe errado e alterou o curso, um

PARTE DOIS: OPERAÇÃO OVERLORD

dos navios de escolta da Marinha Real britânica pensou que ele tentava cancelar a missão e tentou interceptá-lo, mas logo percebeu o engano. Em seguida, a força de ataque teve de percorrer 4 quilômetros ao longo da costa sob fogo pesado. Uma das escoltas foi atingida abaixo da linha d'água e afundou, e um dos caminhões anfíbios foi atingido por tiros de canhão de 20 milímetros. Mais LCAs foram ao fundo a mais ou menos 100 metros da praia, mas a maioria dos homens conseguiu desembarcar. Apenas quatro dos navios de desembarque realmente atingiram a terra, chegando lá às 7h08 em vez do horário planejado, às 6h30.

O atraso em chegar à praia fez com que as oito companhias do 2º e do 5º Batalhão dos Rangers, cada uma delas com 65 homens, esperando para dar apoio ao coronel Rudder, só recebessem o sinal para se juntarem ao ataque no momento em que a força principal atingiu a praia Omaha. Nesse caso, o plano exigia que se desviassem para a extremidade oeste da praia e se deslocassem por terra para encontrar os homens de Rudder. A previsão era de que, assim, levaria até o meio-dia para que chegassem a Pointe de Hoc. Realmente, eles chegaram ao meio-dia – só que dois dias depois.

Tropas de ataque dos Estados Unidos se aproximam da praia Omaha. Um DUKW pode ser visto encalhado na praia.

O atraso fez com que os alemães estivessem prontos para Rudder e seus homens, que foram recebidos por uma chuva de disparos de fuzil, metralhadoras, morteiros e granadas de mão. Os Rangers se viram encurralados no sopé do penhasco, sendo rapidamente feitos em pedaços. No entanto, foram grandemente encorajados pela bravura do coronel Travis Trevor, um comandante britânico que supervisionara seu treinamento e estava ali com eles.

O USS Satterlee se aproximou e atacou o abrigo de metralhadoras no alto da posição. Embora o fogo da artilharia naval eliminasse alguns dos defensores na falésia, outros continuaram a lançar granadas e acossar com fogo de metralhadoras os Rangers que corriam para atravessar os 30 metros de cascalho ao pé do penhasco. No meio do tiroteio, os Rangers tiveram de disparar seus foguetes para lançar cabos até o topo do penhasco e montar suas escadas. Os foguetes que disparavam os ganchos caíram aquém do alvo, porque os cabos que carregavam estavam molhados e pesados demais. Por outro lado, quando um gancho conseguia se prender, os cabos molhados e enlameados estavam tão escorregadios que pareciam engraxados e alguns homens chegavam até a metade do trajeto apenas para escorregarem para baixo novamente. Os alemães até conseguiram cortar alguns dos cabos. Outros lançavam granadas por sobre a borda nos homens que estavam escalando, porém o Rangers tiveram a boa ideia de amarrar pedaços de pavios nos ganchos, acendendo-os antes de disparar o foguete. Ao verem o fusível queimando, os alemães pensavam que o gancho era algum tipo de artefato explosivo e se afastavam.

Os caminhões anfíbios não conseguiam chegar perto o suficiente para usar suas escadas, em parte porque os danos causados pelo bombardeio impediam que acessassem a orla rochosa na base do penhasco. Contudo, o sargento William Stivison estendeu sua escada de qualquer maneira, subiu ao topo e disparou contra o inimigo, enquanto sacudia ao sabor das ondas que atingiam o caminhão.

Às 7h28, a equipe de controle de fogo naval chegou ao topo do penhasco e estabeleceu comunicação com a frota. O USS Satterlee e o USS McCook começaram a disparar contra posições inimigas. Um canhão foi pelos ares e outro foi derrubado do penhasco. A precisão do apoio de artilharia naval salvou as vidas de muitos Rangers.

Aqueles que chegaram ao topo do penhasco se abrigaram nas crateras dos disparos e das bombas. Às 7h45, todos os Rangers estavam no alto da falésia e o coronel Rudder instalou seu posto de comando próximo a uma posição antiaérea destruída. Os Rangers haviam sido treinados para operar de forma independente, e pequenos grupos saíram em busca de atiradores de elite e do que restara da guarnição alemã. Uma dúzia de Rangers partiu para explodir os canhões principais, mas foram pegos por um contra-ataque alemão. Apenas um sobreviveu.

Outros 12 Rangers e uma seção de morteiro foi em busca de desforra. Acabaram apanhados por fogo de artilharia e sofreram pesadas baixas.

Às 8h30, um grupo de Rangers abrira caminho lutando até a estrada que ia de Vierville a Grandcamp, onde estabeleceram um perímetro defensivo e um bloqueio de estrada. Em seguida, seguiram para limpar as casamatas, porém as encontraram vazias. Três dias antes, os canhões haviam sido removidos para que ficassem protegidos do pesado bombardeio aliado, deixando postes telegráficos em seu lugar. Contudo, logo depois das 9 horas, uma patrulha os encontrou em um pomar do outro lado da estrada Vierville-Grandcamp, a aproximadamente 180 metros ao sul das baterias, instalados em uma bateria bem camuflada e prontos para disparar sobre a praia Utah. Os Rangers se puseram a destroçar miras e mecanismos de giro dos canhões, destruindo-os com granadas de termite.

O objetivo dos Rangers fora alcançado. Isso, porém, não impediu os alemães de contra-atacar. Além disso, os homens de Rudder também foram fustigados por uma posição de metralhadora a leste de Pointe durante toda a manhã, antes que a artilharia naval explodisse e lançasse aquela seção da falésia ao mar. Àquela altura, a equipe terrestre de controle de fogo fora posta fora de combate, e o apoio de artilharia foi direcionado com um antigo sinalizador Aldis da Primeira Guerra Mundial que o tenente James Eikner trouxera consigo. O próprio Rudder foi ferido por um disparo de metralhadora que atravessou sua perna esquerda e derrubado por um petardo que partiu do cruzador britânico HMS Glasgow e atingiu seu posto de comando, matando o capitão Jonathan Harwood, ferindo o tenente Kenneth Norton e manchando todos os sobreviventes de amarelo. O projétil continha um marcador colorido. Rudder, impávido, continuou lutando. Ao meio-dia, os alemães haviam convocado suas reservas, e Rudder solicitou reforços. Não havia nenhum disponível e os únicos reforços que conseguiu consistiam de três paraquedistas da 101ª Divisão Aerotransportada que, de alguma forma, conseguiram atravessar as linhas alemãs.

Às 21 horas naquela noite, um terço dos Rangers estava ferido ou morto, e sua munição estava no fim. Foi então que surgiram 23 homens do 5º Batalhão de Rangers que haviam sido separados do restante do batalhão na praia Omaha. Quando ninguém mais apareceu no ponto de encontro, esses homens abriram caminho até o Pointe, capturando vinte alemães no caminho. A comida estava acabando. O soldado Salva Maimone avistou algumas vacas e ordenhou uma delas. O leite, porém, estava amargo: pois a vaca havia comido cebolas e seu sabor passou para o leite.

Naquela noite, os alemães contra-atacaram três vezes. Por fim, irromperam pelo perímetro dos Rangers e Rudder foi forçado a se retirar para uma posição defensiva de apenas 180 metros de largura. Na manhã seguinte, os Rangers estavam sem comida e havia menos de uma centena de homens aptos a combater. Usando o sinalizador Aldis, de Eikner, pediram ajuda. O USS Harding enviou um barco para recolher os feridos, mas este foi avariado quando chegou à praia. Ao meio-dia, outro barco apareceu, trazendo munição e comida. Isso reviveu o espírito de luta dos Rangers que, com apoio aéreo e naval, conseguiram rechaçar os alemães ao sul da posição N13 e formar uma nova linha defensiva ao longo do rio Aure. Mas foi somente no dia seguinte que a estrada de Vierville foi liberada, e a posição dos Rangers recebeu reforços. Em 8 de junho, às 11h30, a bandeira americana foi hasteada em Pointe du Hoc. Os homens de Rudder haviam sobrepujado uma guarnição fortificada, rechaçado cinco contra-ataques e sido castigados tanto por fogo de artilharia inimigo quanto amigo. O próprio Rudder fora ferido novamente, desta feita por estilhaços de concreto arrancados da casamata pela artilharia naval americana. No todo, sua força de ataque sofreu 70% de baixas.

Enquanto os Rangers lutavam em Pointe du Hoc, na praia Omaha o combate seguia feroz. A praia ficava quase cinco quilômetros a leste de Pointe. As coisas também tinham começado mal por lá. Às 5h40, H-50, 32 tanques anfíbios de duas companhias do 741º Batalhão de Tanques foram lançados a mais de 16 quilômetros mar adentro. O mar estava agitado, com ondas de mais de um metro de altura. Nessas condições, os tanques foram lançados longe demais. Suas telas de flutuação foram simplesmente inundadas ou golpeadas pelas ondas até cederem. Vinte e sete tanques afundaram. De seus 135 tripulantes, poucos sobreviveram. Os cinco tanques que conseguiram chegar a terra não se saíram muito melhor. Três foram vítimas de armas antitanque alemãs quase imediatamente. Os caminhões anfíbios transportando a artilharia de campo de 105 milímetros também naufragaram e, assim, as tropas de assalto ficaram sem praticamente nenhum apoio de artilharia.

Pouca Visibilidade

O bombardeio naval em Omaha começou às 5h50. Logo depois, as baterias alemãs começaram a responder, embora Maisey em Pointe du Hoc permanecesse francamente em silêncio. Às 6 horas, 480 bombardeiros B-24 Liberator lançaram 1.285 toneladas de bombas destinadas a 13 alvos específicos. As nuvens, porém, estavam baixas, prejudicando a visibilidade e fazendo com que as bombas fossem lançadas com atraso. Algumas caíram a quase 5 quilômetros terra adentro, deixando as defesas na praia incólumes. Quando o bombardeio naval terminou às 6h25, 3 mil disparos haviam sido feitos, porém com poucos resultados. LCTs britânicos também lançaram uma saraivada de foguetes de 5 polegadas, mas a maioria deles caiu aquém do alvo.

PARTE DOIS: OPERAÇÃO OVERLORD

Conhecendo o destino dos tanques do 741º Batalhão, o tenente da marinha responsável pelos tanques do 743º decidiu levá-los até a praia. A companhia B, que desembarcara em frente à ravina em Vierville, foi logo abatida pelo fogo das defesas alemães ali. As companhias A e C, contudo, desembarcaram com sucesso e foram logo seguidas pelas tropas de assalto em seus LCAs. Cada navio de desembarque transportava 31 homens e um oficial. Entre eles havia seis fuzileiros na proa com um fuzil M-1 e 96 cartuchos de munição cada, uma equipe de quatro homens para cortar cercas de arame, equipados com fuzis M-1, uma equipe de demolição com cargas de TNT e torpedos Bangalore prontos para uso, duas equipes de metralhadoras com dois homens com fuzis automáticos Browning, duas equipes de bazuca, uma equipe de morteiro com quatro homens carregando um morteiro de 60 milímetros e de 15 a 20 projéteis, uma equipe de lança-chamas, um paramédico e um comandante de seção na popa, junto ao timoneiro. Um sargento ou suboficial era o último a deixar o navio de desembarque, para garantir que todos haviam desembarcado. Os soldados usavam roupas impregnadas com

Rumando para a praia. Cada soldado arrasta consigo de 30 a 40 quilos de equipamentos e munição, transformando mesmo a caminhada mais curta pela água em uma provação.

A PRAIA OMAHA

produtos químicos para proteção contra ataques com gás e uma jaqueta de assalto com compartimentos embutidos. Cada homem transportava sua arma, cinco granadas, meio quilo de TNT, uma máscara de gás, um salva-vidas, seis pacotes de ração, um cantil, um estojo de primeiros socorros, uma faca, uma ferramenta para cavar trincheiras e qualquer outro equipamento especializado que sua função exigisse. Quando totalmente equipado, um infante transportava de quase 30 a 40 quilos, dependendo do tipo de arma que levasse. Muitos também levavam cigarros, meias extras e outros itens não essenciais. No entanto, cada quilo adicional tornava mais difícil atravessar a praia sob fogo. Os barcos foram organizados em seções de seis, com cada seção levando uma companhia cuja dotação do quartel-general chegaria na segunda leva, às 7 horas.

Da primeira leva, apenas o 16º Regimento de Infantaria da 1ª Divisão tinha experiência de combate, adquirida tanto na África ocidental quanto na Sicília. Em algum momento antes do amanhecer, conforme pulavam de uma altura de até quatro metros para dentro das agitadas embarcações de desembarque, a maioria dos homens sem experiência em ataques anfíbios se confortava com o pensamento de que tudo daria certo. Aqueles que já haviam tomado uma praia de assalto estavam menos otimistas. A viagem do navio para terra levaria de duas a três horas. Nas águas agitadas, os homens já estavam encharcados e enregelados antes de chegarem às praias, com os dedos dormentes no gatilho. Quase todos sofreram com enjoo. A maioria se arrependeu de ter tomado o pesado desjejum com ovos e bacon antes de deixar o navio de transporte. Os homens haviam recebido comprimidos contra náusea, mas poucos os ingeriram, por medo de ficarem sonolentos. Pelo menos dez navios de desembarque afundaram. Já na água, poucos homens sobreviveriam. O peso do equipamento que carregavam preso ao corpo rapidamente os arrastou para o fundo. Os homens em outros barcos nada podiam fazer para salvá-los, já que estavam proibidos de interromper seu avanço.

Quando o bombardeio naval cessou, os 800 defensores alemães retornaram às suas posições e se prepararam para enfrentar o inimigo. Estes não estavam atordoados, nem desorganizados como os planejadores do Dia D esperavam. As fortificações estavam incólumes e, pelo menos no setor da praia onde desembarcaria a 16ª Unidade RCT de Infantaria, havia pouco apoio de tanques para os atacantes. Os alemães esperaram até que a primeira leva de 48 navios de desembarque atingisse a costa, onde teria de enfrentar uma parede sólida de obstáculos. Então, despejaram uma saraivada de disparos de artilharia, morteiros e metralhadoras pesadas. Os sobreviventes recordam que o fogo era tão pesado que correr para as praias era algo semelhante a cometer suicídio. Mas não havia escolha.

Os ataques aéreos e de artilharia não haviam afetado as defesas alemãs, e a presença dos veteranos experientes em combate da 352ª Divisão encorajava as tropas inexperientes da 716ª Divisão. De seus 85 postos de metralhadoras e diversos pontos fortificados da ribanceira, os alemães despejavam um fogo intenso sobre os invasores. Os metralhadores alemães concentravam suas rajadas com facilidade na rampa de desembarque de um LCA assim que atingia a praia. Quando baixava, a rampa expunha 30 homens amontoados, que perfaziam um alvo perfeito. Logo, a água estava coalhada de mortos e feridos, e as novas embarcações de desembarque que chegavam não tinham escolha a não ser passar por cima deles. Dentro dos LCAs, as tropas de assalto ouviam as balas ricocheteando no metal da rampa, sabendo que no momento em que chegassem à praia perderiam essa proteção.

O fogo pesado fez com que alguns dos timoneiros baixassem suas rampas cedo demais, desembarcando soldados em águas que encobriam suas cabeças. Algumas embarcações atingiram bancos de areia ocultos, abandonando seus homens longe demais da praia para que pudessem caminhar até a terra. Isso fez com que fosse preciso descartar um equipamento valioso e os homens chegassem à praia desarmados e exaustos demais para avançar. Aqueles que conseguiram manter suas armas descobriram que estavam emperradas na areia molhada. Alguns estavam exaustos demais para se mover e acabaram se afogando quando a maré encheu.

Os 32 "Stonewallers" da 116ª Unidade RCT da 29ª Divisão, exceto um, foram eliminados ao deixarem seu LCA. Para evitar o fogo de metralhadora quando a rampa se abrisse, alguns homens saltaram pelos lados da embarcação de desembarque e se afogaram. Três LCAs de uma companhia da 116ª Unidade RCT foram atingidos pelo fogo concentrado e sofreram baixas terríveis. Outros LCAs foram destruídos ao atingirem minas ou serem atingidos por projéteis. Os dois LCAs restantes da companhia A nem sequer chegaram à praia. No decorrer de vinte minutos, a companhia perdeu 60% dos seus homens e foi deixada "inerte, sem liderança e quase incapaz de agir", de acordo com um soldado sobrevivente.

O vento forte e a maré haviam empurrado as embarcações de desembarque bem para leste. Algumas chegaram à praia a aproximadamente mil metros do local onde deveriam estar e não conseguiram encontrar nenhum marco familiar para orientação. Após a infantaria, chegaram os sapadores. Suas embarcações de desembarque, maiores, viraram alvo e muitas foram destruídas. Elas eram particularmente vulneráveis por estarem cheias de TNT que seria usado para remover minas e obstáculos na praia. Aproximadamente 60% dos equipamentos dos sapadores foram destruídos na praia Omaha no Dia D.

Dez tratores foram perdidos antes do desembarque. Outros três foram nocauteados na praia, deixando apenas três veículos operantes. Uma embarcação de desembarque mecanizada (LCM), recebeu um impacto direto quando se aproximava da praia, detonando os explosivos em seu interior e matando uma equipe inteira da marinha. Apenas um homem de uma equipe de demolição, de oito homens da marinha, sobreviveu quando seu barco de borracha pesadamente carregado foi atingido por estilhaços. Uma vez nas praias, os sapadores enfrentaram problemas ainda maiores. Havia poucos tanques para dar cobertura de fogo e sua tarefa era explodir obstáculos na praia que grande parte da infantaria estava usando como cobertura. Vários sapadores foram mortos quando seus explosivos foram atingidos por projéteis. Uma equipe que preparava uma passagem de 30 metros foi exterminada quando um morteiro atingiu seus detonadores.

Os infantes que conseguiram cruzar a praia se abrigaram atrás de uma pequena elevação de pedras, mas para chegar lá tiveram de atravessar o corredor mortal de fogo cruzado formado pelas metralhadoras alemãs. Para tanto, a maioria dos homens abandonou suas pesadas mochilas e, assim, chegaram até as pedras sem o equipamento de que precisavam para seguir em frente. Os homens que se amontoavam ali estavam por demais desorientados e desorganizados. Poucos tinham alguma ideia de onde estaria o restante de sua unidade, e as ordens não chegavam, já que todo o equipamento de rádio fora perdido. Alguns ajudavam os feridos. Outros procuravam pelo líder de sua unidade, limpavam suas armas ou, simplesmente, olhavam para o nada. Eram homens encurralados. À sua frente, um campo minado. Depois dele, a ribanceira. Atrás deles, mais e mais homens desembarcavam. Os homens abrigados atrás dos montes de pedras só puderam assistir aos que vieram depois deles serem massacrados, explodidos e feitos em pedaços por fogo de metralhadora. Qualquer um que tentasse arrastar um companheiro ferido da água era abatido.

Muito embora os controladores de fogo avançados que sobraram não tivessem como se comunicar com seus navios, a marinha percebeu o que acontecia e interveio. Os destróieres, que se aproximaram da praia ao ponto de serem atingidos por disparos dos fuzis alemães, começaram a castigar as defesas da praia. Isso aumentou o moral das tropas retidas ali e deu à infantaria o tempo de que precisava.

Quando a segunda leva chegou às 7 horas, deveria encontrar as praias liberadas e prosseguir diretamente para o interior, até seus objetivos. No entanto, a maioria dos obstáculos na praia continuava no lugar. Apenas 6 dos 16 corredores de 50 metros de largura planejados estavam prontos, e somente um deles estava completamente demarcado. Navios de desembarque percorriam a praia de um lado para outro, à procura de um lugar livre para operar. Quando não encontravam nenhum, tentavam abrir caminho avançando pelos obstáculos, alguns deles reforçados com minas. Muitos foram atingidas por fogo de artilharia antes da praia, e a taxa de sobrevivência entre seus homens foi um pouco melhor do que entre os que estavam nos barcos da primeira leva. Aqueles que conseguiram desembarcar precisaram arremeter em uma corrida suicida até o quebra-mar. Quando se viam na posição errada, alguns tentavam se mover lateralmente para o lugar onde deveriam estar, sofrendo pesadas baixas no caminho. Algumas unidades, porém, tiveram sorte. A grama nas ribanceiras a oeste da ravina que dava em St. Laurent pegou fogo, e a fumaça obscureceu a extremidade direita da praia. A companhia K do 3º Batalhão da 116ª Unidade RCT conseguiu chegar à sua saída da praia com apenas uma baixa, um tenente que fora esfaqueado acidentalmente por uma baioneta enquanto ainda estava na embarcação de desembarque.

Contudo, logo ficou claro para qualquer pessoa na praia que a situação era, no geral, um desastre. A companhia A da 116ª e a companhia C do 2º Rangers foram despedaçadas e deixaram de existir de fato como unidades de combate. As companhias G e F estavam espalhadas e desorganizadas, tendo sofrido pesadas baixas. A companhia E estava desorientada. Com a maré enchendo, os debilitados e feridos foram deixados nas águas para trás. Outros se esconderam atrás das pedras ou do quebra-mar, sem saber o que fazer.

A segunda leva trouxe unidades de quartel-general e com elas o general Norman D. Cota, que desembarcou em H+57. Percebendo que a situação era desesperadora, Cota se expôs ao fogo inimigo ao liderar seus homens por sobre o quebra-mar, supervisionando pessoalmente o posicionamento de um fuzil automático BAR (Browning Automatic Rifle) e direcionando o fogo para uma posição inimiga. Às 8h30, os comandantes do 16º de Infantaria, coronel George Taylor, e da 116ª de Infantaria, coronel Charles D.W. Canham, estavam em terra, juntamente com o comandante assistente da divisão, general da divisão de Willard G. Wyman, porém ninguém naquele setor conseguira avançar na praia. No entanto, já havia algum tipo de estrutura de comando, e unidades novas e improvisadas foram formadas.

Homens deram suas vidas para cruzar o campo minado, seus corpos mutilados marcavam o caminho para aqueles que os seguiram. Um jovem oficial se atirou ao chão para limpar os últimos metros de um campo minado para seus homens, detonando uma mina que o matou. Seus homens avançaram sobre ele. Lentamente, os soldados começaram a abrir caminho até a ribanceira.

A leste da praia, as coisas estavam particularmente confusas. Correntes e erros de navegação fizeram com que a maior parte da força desembarcasse em uma zona defensiva alemã em que não havia sequer um quebra-mar para oferecer cobertura. Os homens tiveram de atravessar quase 500 metros de praia descoberta antes que pudessem encontrar abrigo nas dunas de areia. Ali, foram encurralados por fogo de metralhadora vindo do alto da ribanceira e assim permaneceram até que o coronel George Taylor apareceu às 8h30 e disse a seus homens: "Há dois tipos de pessoas nesta praia, os que já morreram e os que vão morrer. Então, vamos dar o fora daqui!".

Minas Por Todo Lado

Ao longo da praia, grupos dispersos de homens começaram a perceber que era melhor tentar abrir caminho lutando e sair dali do que permanecer nas zonas de tiro cuidadosamente planejadas pelos alemães. Um sargento empurrou um torpedo Bangalore sob o arame farpado no alto de uma duna e o explodiu, fazendo uma abertura. O coronel Taylor liderou seus homens através dela, avançando rapidamente através de uma área plana em direção à base da ribanceira. A área estava fortemente minada e houve muitas baixas.

Às 9 horas, havia 5 mil homens na praia. A situação ainda parecia ruim, porém entre 9 e 10 horas, elementos do 16º de Infantaria conseguiram chegar até o topo da ribanceira, lutando corpo a corpo enquanto abriam caminho e aniquilavam fortificações alemãs. Um pelotão liderado pelo tenente Spaulding atacou um ponto fortificado que dominava o lado leste de uma das ravinas. Cinco metralhadoras e uma arma antiaérea, alojadas em duas casamatas e quatro abrigos de concreto, guardavam a saída da praia. Houve troca de tiros a curta distância e granadas de mão. No fim, um oficial alemão e vinte homens se renderam. Quando os reforços chegaram no setor leste da praia às 10 horas, a saída estava segura. Mesmo assim, outras 28 embarcações de desembarque seriam perdidas para obstáculos submersos.

Graças ao general Cota, a 116ª de Infantaria também começou a fazer progressos. O general enviou um homem à frente para abrir um buraco na cerca de arame com um torpedo Bangalore. Porém, o primeiro homem a atravessar a abertura foi derrubado pelo fogo alemão e ninguém parecia ansioso por segui-lo. Nesse momento, Cota se adiantou, atravessou a abertura, cruzou a estrada depois dela e gritou para seus homens que o seguissem. Os soldados assim o fizeram e, milagrosamente, nenhum foi atingido. Depois disso, avançaram por aproximadamente 100 metros através de juncos e capim até a base da ribanceira. Uma trincheira alemã, que felizmente estava vazia, ofereceu alguma cobertura. Todavia, no outro extremo da trincheira, estava um campo minado. Mesmo assim, os homens de Cota continuaram a avançar, embora alguns deles fossem gravemente feridos por minas antipessoal. Aqueles que não foram feridos, contudo, acabariam ainda mais motivados por uma visão horrenda logo abaixo. Os alemães metralhavam seus próprios homens que haviam se rendido aos americanos.

O grupo de Cota chegou ao topo da ribanceira aproximadamente às 9 horas. Em seguida, o general dividiu sua unidade improvisada em seções de fuzileiros e as enviou para anular uma metralhadora que se interpunha entre eles e a ravina em Les Moulins. Depois disso, contornaram a área para tomar Vierville pela retaguarda. Lá encontraram outros elementos da 116ª, que foram saudados por Cota enquanto caminhava pela rua principal agitando suas pistolas, como alguém saído de um faroeste. O coronel Canham havia aberto seu caminho a bala até a ribanceira e também se reuniu a Cota em Vierville. Juntos, elaboraram um plano para tirar seus homens das praias. Canham avançaria pela ravina em Les Moulins, atacando os alemães pela retaguarda, enquanto Cota seguiria pela ravina abaixo de Vierville, onde uma estrada pavimentada dava na praia.

Uma Cena Horripilante

Cota levou apenas cinco homens consigo até a ravina. As posições alemãs abaixo deles estavam agora sob o fogo dos canhões de 14 polegadas do USS Texas. Entre 12h23 e 12h30, seis projéteis atingiram a fortificação alemã. Os ocupantes atordoados resistiram apenas para constar, se rendendo ao pequeno grupo de Cota depois de um breve tiroteio. Usando os alemães como guias para levá-lo através do campo minado, Cota fez o caminho de volta à praia, onde uma cena horrível de destruição o aguardava. Rapidamente, o general reuniu alguns explosivos para destruir uma obstrução na ravina que impedia os blindados de saírem da praia. Logo, homens e máquinas marchavam até a ravina, e o general Cota rumou para leste ao longo da praia, incentivando outros homens a avançar.

Para os comandantes que avistavam as praias do mar, a situação ainda estava longe de uma definição e, assim, decidiram lançar as reservas ao combate. Às 10h45, o 155º de Infantaria chegou à praia. As saídas ainda não estavam garantidas, porém o 115º escalou a ribanceira e tomou a vila de St. Laurent, que dominava o sistema viário que levava diretamente para o interior. Às 12 horas, havia quatro grandes brechas nas defesas alemãs. Conforme a tarde avançava, essas brechas ficaram maiores, e as tropas americanas começaram a se mover terra adentro. No entanto, isso não podia ser divisado por quem estava nos navios. Havia pouca comunicação por rádio, já que 75% dos rádios da força de ataque foram perdidos. O general Omar Bradley, no comando do Primeiro Exército Americano, chegou a pensar em evacuar a praia e levar seus homens para o setor britânico, onde o desembarque parecia ter sido mais simples. Quando relatou ao comando do quartel-general aliado, o SHAEF, que os desembarques em Omaha haviam sido desastrosos, Eisenhower ordenou que as forças aéreas aliadas bombardeassem a praia Omaha. O ataque deveria começar às 13h30. Felizmente, isso não pôde ser feito: o resultado poderia ter transformado uma situação ruim em uma catástrofe.

A PRAIA OMAHA

LCVs encalhados em Omaha, antes da instalação do porto Mulberry. Balões de barragem protegem os navios de um ataque aéreo inimigo.

De modo semelhante, o comandante alemão, general Kraiss, estava recebendo relatórios igualmente imprecisos. A ele, parecia que as defesas em Omaha estavam resistindo. Se Kraiss tivesse recebido suas reservas naquela manhã, provavelmente os alemães teriam sido capazes de empurrar os americanos de volta ao mar. Ao invés disso, essas reservas foram enviadas para caçar paraquedistas, porém tiveram dificuldade para manobrar durante o dia por causa do assédio dos caças aliados. Em vez, Kraiss decidiu que, de qualquer forma, qualquer tropa de reserva deveria ser concentrada nas praias britânicas, onde a situação parecia mais desesperadora do ponto de vista alemão.

Às 16 horas, o general Clarence R. Huebner, comandante da 1ª Divisão de Infantaria, desembarcou para dirigir as operações na praia pessoalmente. Com ele, veio a artilharia de que a infantaria precisava para garantir seus avanços. O 26º Regimento desembarcou às 19h30 e foi redirecionado para tomar Colleville, atrás das praias ocupadas pelo 16º, avançando através de St. Laurent rumo a Formigny.

Quando escureceu, depois de um início desastroso naquele dia na praia Omaha, o apoio de artilharia estava em posição e ficou evidente que os alemães não tinham condições de armar um contra-ataque. No final do Dia D, a 1ª Divisão de Infantaria em Omaha controlava uma faixa de terreno na Normandia com mais de 10 mil metros de largura e de 2 a 3 mil metros de profundidade. Não era muito, mas era um enclave. Esse pequeno pedaço de terra custara 2 mil baixas a 1ª Divisão.

À meia-noite, a ravina em Vierville estava segura e a estrada costeira fora bloqueada. A 116ª Unidade RTC mantinha posições a oeste e sul do vilarejo. O 2º e o 5º Batalhão dos Rangers tentaram manobrar para oeste e se juntar a seus companheiros em Pointe du Hoc, mas foram interrompidos por postos avançados alemães. O 115º de Infantaria, comandado pelo coronel Eugene N. Slappey, saiu da praia e seguiu até a ravina em Les Moulins, mas enfrentou resistência dos alemães que ocupavam o vilarejo de St. Laurent e bloqueavam a saída para aquela ravina e um caminho de terra que levava até a praia. Slappey enviou seu 1º Batalhão para o sul do vilarejo para impedir que a guarnição alemã fosse reforçada, enviando outros dois batalhões para o vilarejo pelo leste. A resistência alemã foi tenaz e St. Laurent só cairia em mãos americanas no dia seguinte. A leste, Colleville mudou de mãos várias vezes naquele dia, mas o vilarejo acabou tomado pelos alemães naquela noite, embora estivesse praticamente cercado. Mais cedo naquele dia, quando os americanos o haviam capturado, devido a um erro de comunicação, o vilarejo fora bombardeado por fogo naval, matando 64 homens.

Uma Vingança Brutal

As posições alemãs nas ribanceiras foram isoladas, e os defensores em retirada acabavam por cair em emboscadas armadas pelos atacantes, em desforras compreensivelmente brutais. A maioria dos defensores, porém, permaneceria em posição até que sua munição acabasse. Essa fora a ordem que receberam. O próprio *Führer* lhes dissera que não cedessem um centímetro de seu império mortífero, e o plano de Rommel era parar a invasão nas praias. Isso foi um erro. Manter posições na ribanceira significava continuar a matar americanos, mas sem vencer a batalha, impossibilitados que estavam de recuar e se concentrar em contra-ataques. O terreno no interior era cortado por sebes, porém a ação defensiva dos alemães ali foi fragmentada. Embora os defensores restantes na ribanceira retardassem os Aliados e infligissem numerosas perdas, seu fim era a derrota, já que não estavam recebendo nenhum reforço, enquanto leva após leva de novas tropas invadiam as praias.

Isso não quer dizer que os alemães não fossem bons soldados. Quando um oficial americano interrogou um prisioneiro alemão sobre o paradeiro de campos minados, o alemão só deu seu nome, posto e número de série, conforme estipulado pelas Convenções de Genebra. O americano, então, disparou sua carabina entre as pernas do alemão. O alemão apontou para sua virilha e disse "Nicht hier" e, em seguida, apontou para a própria cabeça e disse "Hier". O interrogador desistiu.

Apesar de terem vencido a ribanceira, estava difícil para os americanos manter o ritmo de seu avanço. Soldados que haviam sobrevivido ao inferno das praias sentiam, compreensivelmente, que já tinham cumprido sua tarefa do dia. O que queriam era descansar. Aqueles que entraram nos vilarejos encontraram vinho e se serviram. No entanto, a oeste de Vierville, os Rangers avançavam com determinação em direção aos seus companheiros em Pointe du Hoc.

Uma vez fora das praias, os americanos também tiveram que adotar um novo estilo de combate. Uma liderança ousada funcionou quando os soldados estavam avançando contra a ribanceira, mas no combate de sebe em sebe, aqueles que avançavam corajosamente demais acabavam mortos. Abrigado atrás das elevações de pedras ou do quebra-mar, um soldado sabia que tinha apenas duas opções: avançar ou morrer. No meio das sebes, quem permanecesse abrigado sobrevivia.

O próprio vilarejo de Vierville continuou sendo a parte mais fraca da linha americana durante a primeira noite. Sua igreja fora destroçada pelo USS Harding depois de o coronel Canham suspeitar de que sua torre era usada por um observador da artilharia alemã. Muitas igrejas na Normandia compartilharam de um destino similar.

Na praia Omaha, o V Corpo americano contou 2.400 mortos, feridos e desaparecidos, pondo em terra, contudo, 34 mil homens de sua força de ataque de 55 mil. Apenas no Dia D, a taxa de baixas do V Corpo foi de 7,2%, o que normalmente seria considerado horrível, embora 5% menos do que o esperado. As perdas alemãs contaram apenas metade das americanas, sendo 1.200 no total, que representavam, contudo, 20% de sua força de defesa. Além disso, os alemães falharam em atingir seu objetivo, ou seja, derrotar a invasão nas praias.

No dia seguinte, os americanos não somente contavam com um enclave seguro, como também o expandiram. Então, em 8 de junho, os "Gooseberries" chegaram. Eram uma frota de 60 navios de bloqueio que seriam afundados fora das praias Omaha e Gold para servirem de quebra-mar para dois portos Mulberry que seriam construídos ali. O comboio foi reunido em Poole Harbour na noite anterior ao Dia D, nos berços recentemente desocupados pelos navios de tropas. Na manhã seguinte, essas embarcações rumaram numa velocidade de seis nós para a Área Z – também conhecida como Piccadilly Circus – onde os navios da força de invasão haviam sido reunidos. À meia-noite, rumaram para o sul. Era uma viagem perigosa. Embora a área utilizada pela força de invasão tivesse sido varrida por caça-minas, o canal ainda estava cheio de minas e, no escuro, o Durban quase foi abalroado por outro navio que parecia estar fora de controle.

O primeiro comboio de navios de bloqueio deveria chegar ao largo de Omaha às 12h30, em 7 de junho. Antes disso, porém, o inimigo lançou um contra-ataque marítimo e aéreo na Batalha da Baía do Sena. Os alemães enviaram lanchas torpedeiras E-boats e os polivalentes caça-minas R-boats de Le Havre para o canal. Uma força naval dos Aliados rapidamente interceptou a flotilha e danificou algumas embarcações antes que pudessem correr de volta ao porto. A *Luftwaffe* estava ativa novamente, apesar de não desafiar seriamente a superioridade aérea aliada em nenhum momento. No entanto, o simples fato de os alemães estarem voando pôs as equipes de defesa antiaérea em alerta, e os artilheiros navais aliados acidentalmente dispararam em aviões Dakota que transportavam reforços, derrubando um deles e matando todos a bordo. A *Luftwaffe*, por sua vez, lançou novas minas. A artilharia costeira alemã ainda disparava contra os navios aliados, e os alemães lançaram ataques com minissubmarinos, torpedos tripulados e lanchas não tripuladas cheias de explosivos. O objetivo era romper a linha Trout – uma linha de embarcações aliadas que bombardeava a costa e protegia as praias contra um ataque pela retaguarda.

O Gooseberries passaram a noite de 7 de junho dentro da linha Trout. Na manhã seguinte, o "Planter", que comandava a operação, direcionou as embarcações para a costa através das passagens abertas entre as minas. Cada embarcação deveria estar exatamente posicionada antes de ser afundada. O Alynbank foi o primeiro navio a ir ao fundo, depois de ter sido levado até sua posição por rebocadores. Entretanto, enquanto afundava, a embarcação se virou e apontou sua proa para costa em vez de permanecer paralela a ela. Também houvera o receio de que essas velhas embarcações não conseguissem manter o equilíbrio e, sendo assim, todas foram pesadamente lastradas. No caso do Alynbank, isso não funcionou.

Assim que cada embarcação estava posicionada, uma carga explosiva era instalada. Quando a carga era detonada, a embarcação afundava e somente sua chaminé, mastro e superestrutura ficavam visíveis acima da água. A linha de embarcações afundadas quebrava as ondas e, no lado da terra, o mar permanecia visivelmente calmo. Quando o último navio foi afundado, os enormes caixões de concreto dos portos Mulberry apareceram no horizonte. Cada um deles pesava aproximadamente 1.500 toneladas, com 60 metros de comprimento, 15 metros de largura e 18 metros de altura. Havia 146 deles e cada um deveria ser posicionado com extrema precisão, somente podendo ser afundados com ventos leves e maré baixa. Essas condições eram raras naquela semana, porém os mestres dos rebocadores eram hábeis e mantiveram os Mulberry em posição quando suas escotilhas foram abertas e as estruturas afundaram até o leito do oceano. Ao todo, havia dois milhões de toneladas de portos flutuantes a serem transportadas pelo canal, a um custo de mais de 40 milhões de libras. Cada um dos Mulberries encerraria três mil e duzentos metros quadrados de água, sendo maiores do que o porto de Dover, que levou dois anos para ser construído.

Devido ao mar agitado do canal, 40% da estrada que transportaria suprimentos dos píeres para a praia foram perdidos ou destruídos. Os quebra-mares flutuantes internos chegaram mais ou menos intactos, e o porto Mulberry na praia Omaha já estava trabalhando em D+5. O Mulberry nas praias britânicas em Arromanches, perto da praia Gold, estava em operação no dia seguinte. Até aquele momento, os suprimentos tinham de ser entregues por embarcações costeiras de fundo chato, que deveriam navegar até a praia e serem descarregadas por caminhões anfíbios. Agora, embarcações de águas profundas poderiam atracar nos Mulberry e serem descarregadas por caminhões comuns trafegando por estradas flutuantes até a praia.

Castigados

Mesmo montados e operando, os Mulberry estavam longe de estar concluídos. O trabalho de construí-los continuou, porém, de 14 de junho, D+8, até 18 de junho, as condições meteorológicas se deterioraram drasticamente. Um milhão e meio de toneladas de material ainda estavam à espera de serem rebocadas através do Canal. A estrada, principalmente, deveria ser transportada em mar calmo. Em 18 de junho, vieram os ventos. O barômetro estava alto, o mar estava calmo, e 22 seções de rodovia flutuante partiram de Solent em direção à França. Quando estavam no meio do canal, às 8 horas da manhã seguinte, uma tempestade os atingiu. No início, era uma tormenta de força três, que logo passaria a cinco, e depois oito. De fato, aquela seria a pior tormenta do noroeste em quarenta anos. Os rebocadores continuavam corajosamente em seu caminho. Contudo, golpeados pelas ondas, os cabos de reboque partiram. Apenas uma das 22 seções chegou à costa da França.

Nos próprios Mulberry, todas as operações de descarga foram interrompidas, e embarcações ainda com carga foram enviadas de volta ao mar, para evitar o risco de serem lançadas contra a praia. Pequenas embarcações procuraram abrigo a sotavento dos navios de bloqueio afundados. Infelizmente, o vendaval coincidiu com uma maré de sizígia, de modo que os navios afundados não ofereciam tanta proteção como em outras condições. Muitos dos barcos que buscaram abrigo ali adernaram ou foram arremessados à praia.

Na praia Omaha, os navios de bloqueio haviam sido afundados apressadamente, deixando uma grande lacuna no meio. Isso facilitou a navegação, mas permitiu que o vendaval agisse com força total. Alguns navios de bloqueio também foram danificados. Seu costado se partira quando afundaram e a tempestade revolvia a areia sob eles, fazendo com que assentassem no fundo e permitindo cada vez mais que a força da tormenta passasse sobre eles. Os quebra-mares flutuantes se soltaram e atingiram os caixões de concreto que, golpeados pelo mar, racharam, desmoronaram e se desintegraram. Embarcações abrigadas dentro do porto agora estavam expostas à tempestade e terminaram por colidir com as estradas flutuantes que haviam afundado. O porto na praia Omaha teve de ser abandonado completamente, embora partes dele viessem a ser resgatadas e usadas em Arromanches. A tempestade também deixou 800 embarcações danificadas e encalhadas, porém 700 delas já estariam reparadas e flutuando novamente dali a duas semanas.

O porto Mulberry em Arromanches tinha sido construído em águas rasas e menos expostas. Até certo ponto, contou com o abrigo oferecido pelos recifes da região de Calvados. Apenas quatro de seus caixões se desintegraram de fato. Seus quebra-mares flutuantes resistiram a ondas de quase 5 metros por trinta horas, antes de finalmente se soltarem e serem arremessados a terra. O porto em si, porém, sobreviveu.

Para eles, a guerra acabou: soldados alemães e trabalhadores estrangeiros recrutados – trabalhadores escravos trazidos, para a França dos territórios ocupados no leste – são capturados por soldados dos Estados Unidos.

O mais notável é que se a invasão tivesse sido adiada novamente para depois de 6 de junho, as datas possíveis mais próximas para sua realização seriam 17 ou 18 de junho. A tempestade chegou em 19 de junho, e nessa altura os exércitos aliados estariam em terra sem munição nem suprimentos suficientes para abrir caminho para o interior, ou até mesmo, talvez, manter a cabeça de praia.

Embora os americanos não pudessem mais contar com seus portos Mulberry, suas tropas já estavam a menos de cinco quilômetros de Cherbourg e, no auge da tempestade, iniciaram seu ataque contra valas, cercas de arame farpado e campos minados que constituíam as últimas linhas de defesa daquela cidade portuária. Em 21 de junho, os alemães recusaram uma proposta de rendição e continuaram lutando fanaticamente por mais quatro dias. Em 27 de junho, Cherbourg finalmente estava em mãos americanas. Uma equipe de mergulhadores da Marinha Real foi, então, chamada para remover dali as minas K especiais que os alemães haviam deixado para trás. Essas minas consistiam de explosivos instalados em um bloco de concreto, detonadas por cabos verdes flutuantes que eram quase impossíveis de detectar. Os cabos eram deixados frouxos para que se enrolassem na hélice de uma embarcação, que os esticava e detonava a mina, explodindo tudo acima dela.

Outro grande milagre logístico da invasão foi o duto submarino conhecido como PLUTO (Pipe Line Under the Ocean). Para avançar e sair rapidamente das cabeças de praia e atravessar o norte da Europa, eram necessárias grandes quantidades de combustível. Os Aliados haviam testemunhado o fracasso do exército alemão no deserto ocidental por depender da captura de combustível para manter seu avanço. Os britânicos, então, tiveram a ideia de transportar combustível por uma tubulação subaquática.

A ideia teve sua origem em 1942, quando milhares de quilômetros de dutos foram instalados em toda a Grã-Bretanha para transportar o combustível que era descarregado nos portos mais seguros da costa oeste de Londres e ao sul e a leste no país. Se foi possível canalizar o combustível através da Inglaterra, por que não bombeá-lo diretamente da Inglaterra para a França? Assim, engenheiros desenvolveram uma tubulação flexível com 3 polegadas de diâmetro que poderia ser lançada pela popa de uma embarcação. Uma estação de bombeamento foi construída na Ilha de Wight. Outra foi construída em Dungeness e seria usada para bombear combustível para Calais quando a frente tivesse chegado até ali.

Barcos costeiros foram modificados para transportar carretéis com mais de 3.200 metros de tubulação. Logo após o Dia D, essas embarcações partiram a uma velocidade de cinco nós, pouco mais que o ritmo de uma caminhada. A cada três quilômetros, paravam e outra embarcação assumia a manobra. No fim, haveria quatro linhas de dutos cobrindo 113 quilômetros desde o Terminal de Águas de Southampton até Cherbourg, e um milhão de galões de combustível seriam bombeados por dia através do canal.

A Mina Ostra

A tempestade que destruiu o porto Mulberry na praia Omaha também trouxe aos Aliados um benefício inesperado, neutralizando uma arma secreta que poderia ter acabado com toda a invasão. Durante a guerra, ambos os lados, sem que o outro soubesse, estavam trabalhando em um novo tipo de mina. Conhecida como mina ostra, era deflagrada pela mudança na pressão na água provocada pela passagem de um navio. Ironicamente, os alemães tiveram essa ideia quando um de seus oficiais da marinha, o tenente-comandante Fett, estudava um levantamento feito no canal inglês mencionando que a passagem de uma barcaça provocava uma queda na pressão da água sob ela. Os alemães desenvolveram dois tipos de mina ostra. A versão acústica era armada pela mudança na pressão da água causada pela passagem de uma embarcação sobre ela, detonando-a com o ruído de seus motores. A versão magnética também era armada pela mudança na pressão da água, sendo detonada, porém, pelas variações magnéticas causadas pelo casco da embarcação.

Embora ambos os lados desenvolvessem dispositivos como esses, não puderam implantá-los, pois não havia nenhuma maneira de detectá-los ou de efetivamente removê-los. Ou seja, se o outro lado capturasse uma delas, poderia reproduzi-la, deixando o lado que a lançou sem meios de defesa. No entanto, com o andamento da guerra, o emprego de minas ostras começou a favorecer os alemães, cuja maior parte da frota estava confinada em portos. Quando ficou claro que os Aliados planejavam um ataque anfíbio à França, seu uso passou a ser bastante vantajoso para os alemães. O plano seria lançá-las imediatamente após as tropas aliadas terem atingido as praias, para que destruíssem os navios que abasteciam de suprimentos as forças atacantes e impedissem qualquer hipótese de evacuação. Assim, sitiados, os Aliados ocidentais se veriam encurralados em uma costa hostil e forçados a negociar um armistício.

Duas mil minas ostras foram enviadas para a França a mando de Hitler. Outras duas mil foram mantidas na Alemanha e, em seguida, levadas para a Noruega e mais tarde para a Holanda, dependendo de onde a Operação Fortitude indicasse como possível local de uma invasão. Essas minas somente poderiam ser usadas por ordens expressas de Hitler. Porém, em maio de 1944, Göring ordenou que fossem devolvidas à Alemanha. A última delas chegou a Magdeburg apenas alguns dias antes do Dia D. Naquela época, os alemães acreditavam que a invasão aliada viria pela costa do Atlântico, onde as águas eram profundas demais para que as minas ostras funcionassem, pois assentariam no fundo e correriam o risco de serem acionadas pelas ondas. Uma parte vital do sistema de detecção de pressão da mina era um estabilizador altamente perecível, cuja versão aperfeiçoada estava prestes a ficar pronta. Temia-se ainda que, se a invasão realmente acontecesse na costa do Atlântico, as minas ostras armazenadas em Le Mans fossem capturadas antes que pudessem ser usadas.

Após o Dia D, foi dada a ordem para que essas minas fossem lançadas, porém as forças aéreas aliadas passaram as primeiras semanas de junho bombardeando todas as linhas de comunicação entre a Alemanha e a França, incluindo o aeródromo de Magdeburg e outros de onde as minas ostras pudessem partir para a costa francesa. Sua chegada à frente de combate levou duas semanas. Enquanto isso, os E-boats e R-boats operando ao largo de Le Havre tentavam lançar minas convencionais para evitar o reabastecimento dos Aliados. Em 14 e 15 de junho, a RAF bombardeou Le Havre, pondo um fim a essa atividade.

Embora toda a área de invasão passasse por uma varredura contínua, a partir de D+10, as embarcações começaram a naufragar em grande número. Percebeu-se rapidamente que um novo tipo de mina estava sendo empregado pela *Luftwaffe* em sobrevoos baixos noturnos que evitavam os radares e os caças aliados. Então, no D+14, os Aliados tiveram sorte. Na noite de 19 para 20 de junho, a tempestade fez com que a *Luftwaffe* deixasse cair duas minas ostras sobre a terra, em Luc-sur-Mer. Essas minas eram equipadas com detonadores, para que explodissem assim que atingissem a terra. Uma explodiu. A outra, porém, falhou, e somente uma extremidade detonou. A mina seria encontrada pelo subtenente Young da Reserva Voluntária da Marinha Real, enquanto se protegia de um bombardeio aéreo em Luc-sur-Mer. Young conhecia um pouco de minas e percebeu que se tratava de um tipo nunca visto antes. Notou, ainda, a presença de uma pequena protuberância, indicando a instalação de algum tipo de dispositivo fotoelétrico. Ou seja, se alguém tentasse desmontar a mina, quando a carcaça fosse aberta, a luz no dispositivo detonaria a carga explosiva. A mina foi enviada para a Inglaterra, onde especialistas da Marinha Real começaram a trabalhar nela. Foram feitos furos na carcaça com um dispositivo de controle remoto para que, em seguida, após o anoitecer, os circuitos de disparo pudessem ser desconectados.

Uma vez confirmado que se tratava de uma mina ostra, o Almirantado ordenou a todas as embarcações na área da invasão que reduzissem sua velocidade até um mínimo essencial. Isso diminuiria a queda de pressão na água causada pela passagem da embarcação, além de reduzir o ruído dos motores e a alteração no campo magnético provocada pela movimentação do casco. As baixas foram drasticamente reduzidas. Contudo, ainda era preciso remover as minas. Felizmente, a agitação nas águas causada pela tempestade ativou o sensor de pressão do mecanismo das minas e 500 delas explodiram sem causar danos. Com o sensor de pressão ativado, as minas ostras eram fáceis de detectar, permitindo que um caça-minas as detonasse. Mais uma vez, a sorte parecia estar ao lado dos Aliados.

10
A PRAIA UTAH

DEVIDO AO REGIME das marés no canal, o primeiro ataque aconteceu na praia Utah, a mais ocidental das praias invadidas e onde, mais uma vez, as coisas começariam mal. Um reconhecimento aéreo avistou atividade inimiga fora da costa, em um grupo de pequenas ilhas chamadas St. Marcouf. Acreditava-se que os alemães teriam um posto de observação ou mesmo uma posição de artilharia nas ilhas, o que seria uma ameaça para os desembarques na praia. Às 4h30 do Dia D, quatro

Tropas dos Estados Unidos a bordo de seus LCVPs em Torquay, Inglaterra, a caminho das praias da Normandia.

PARTE DOIS: OPERAÇÃO OVERLORD

Preparando defesas: homens do Batalhão de Praia da Marinha dos Estados Unidos cavam abrigos na praia Utah, onde passarão sua primeira noite em terra na França.

batedores foram a terra em botes de borracha para marcar a praia para a Força U, um destacamento de 132 homens do 4º e do 24º Esquadrão de Cavalaria, que deveria capturar a ilha antes dos desembarques principais na praia Utah.

Esses homens seriam transportados por quatro embarcações de desembarque em duas levas. Quando desembarcaram, não encontraram nenhum alemão nas ilhas. Contudo, até que constatassem isso, cinco homens já haviam sido mortos por minas. A cavalaria prosseguiu para a própria praia Utah, sendo substituída por um destacamento antiaéreo que sofreria 14 baixas naquele dia, causadas por minas e armadilhas explosivas nas ilhas.

Às 4h55, a primeira das 24 levas de embarcações de desembarque rumou para a praia Utah e, às 5h50, embarcações aliadas começaram a bombardear as fortificações alemãs. Em seguida, uma frota de bombardeiros lançou mais de quatro mil bombas de 250 libras sobre posições inimigas, que foram simultaneamente atingidas por mil foguetes. Ao contrário do que aconteceu na praia Omaha, esse bombardeio foi bem-sucedido, deixando muitos defensores desorientados e ansiosos por se renderem. Mas isso não significa que o resto do ataque correu bem.

A PRAIA UTAH

O plano exigia que 32 tanques anfíbios desembarcassem primeiro, às 6h30, tão logo os navios cessassem seu bombardeio. Vinte LCAs iriam em seguida, transportando 32 homens do 2º Batalhão da 8ª Divisão de Infantaria. Dez deles rumariam para o ponto fortificado alemão em Les Dunes de Varreville, no extremo norte da praia. Uma segunda leva com 32 barcos chegaria cinco minutos depois, transportando o 1º Batalhão da 8ª Divisão de Infantaria, juntamente com as equipes de demolição naval e os sapadores. Dez minutos depois, tanques regulares Sherman seriam desembarcados na praia juntamente com tanques de terraplenagem. A quarta leva viria dois minutos depois, trazendo elementos do 237º e 299º Batalhão de Engenharia de Combate.

Nada nesse plano deu certo. Todos desembarcaram pelo menos um quilômetro ao sul de onde deveriam estar. A maioria, atrasada. Isso foi causado parcialmente pelo mar revolto e pela fumaça que obscurecia a praia. O problema principal, porém, foi a perda de três dos quatro barcos que controlavam o ataque, atingidos por minas antes mesmo do início das manobras. O único barco de controle que restou decidiu que, para compensar a perda de tempo, os tanques

Passando por cima: soldados dos Estados Unidos avançam pelas defesas de concreto da praia Utah.

PARTE DOIS: OPERAÇÃO OVERLORD

Marc Rainaut (à esquerda), líder das Forças Francesas do Interior, conversa com o soldado Eason da 101ª Divisão Aerotransportada dos Estados Unidos, cuja vida salvou quando Eason desembarcou na França, três horas antes da Hora H do Dia D.

anfíbios deveriam ser lançados a apenas três quilômetros da praia, ao invés dos cinco quilômetros, conforme planejado. No entanto, na confusão, os tanques se dirigiram para a praia errada.

Os LCAs que transportavam as tropas de assalto deveriam, supostamente, permanecer atrás dos tanques. Contudo, ultrapassaram os tanques e uma forte corrente empurrou os LCAs ainda mais para a esquerda. A primeira embarcação de desembarque a chegar à praia transportava a companhia E do 2º Batalhão da 8ª Divisão de Infantaria. Levava também alguém muito importante. Apesar de sua idade – 56 anos – e sua má condição física – tivera um ataque cardíaco e andava com uma bengala – o comandante-assistente da 4ª Divisão de Infantaria, general Theodore Roosevelt Jr., filho do ex-presidente e primo do então presidente, conseguira persuadir seu oficial comandante, general Raymond O. Barton, a deixá-lo desembarcar na primeira leva, sob pretexto de que seria bom para o moral da tropa. "Eles acharão que, se um general vai com eles, não deve ser assim tão difícil", disse Roosevelt.

O general teve sorte. Em vez de desembarcar em frente das fortificações alemãs pesadas conforme planejado, Roosevelt e seus homens se viram diante de uma bateria que havia sido tão castigada pelo bombardeio naval que seus ocupantes a abandonaram e ofereceram uma resistência meramente protocolar, disparando armas ligeiras de uma trincheira por trás do quebra-mar. Quando os soldados pisaram na praia e cruzaram os mais de 200 metros de praia aberta, encontraram alemães prontos para se render.

Em torno das 6h40, o ponto fortificado em Les Dunes de Varreville começou a disparar sobre a cabeça de praia, porém a distância era muito grande para que seus disparos fossem precisos. Naquele momento, dois tanques Sherman chegaram e começaram a responder ao fogo. Em uma cratera do bombardeio, Roosevelt conversou com o coronel James Van Fleet, comandante do regimento, e concluíram que estavam no lugar errado – ironicamente, exatamente no ponto onde Van Fleet quisera desembarcar. Havia, então, uma decisão a ser tomada, ou seja, deslocar toda a força de desembarque por mais de um quilômetro e meio em direção ao norte da praia e retomar o plano original, ou avançar terra adentro de onde estavam, uma vez que as tropas de ataque já estavam cruzando o quebra-mar e os sapadores estavam removendo os obstáculos na praia. Roosevelt ficou famoso por dizer: "Vamos começar a guerra aqui mesmo".

Isso, porém, é contestado por Van Fleet, segundo o qual o general teria tomado sua decisão dizendo: "Pegamos o inimigo em seu ponto fraco, vamos aproveitar".

De qualquer modo, foi Roosevelt quem levou adiante a decisão. Como segundo em comando da 4ª Divisão de Infantaria, o general tinha a autoridade para ordenar que as levas subsequentes desembarcassem onde ele e seus homens estavam, sem que ninguém contestasse suas ordens. Essa flexibilidade foi crucial para a vitória na praia Utah, e Roosevelt foi condecorado com a Medal of Honour.

Um Ponto Fortificado Alemão

Quando a segunda leva de ataque chegou, os alemães já haviam se recobrado um pouco do bombardeio que sofreram. O ponto fortificado em St. Marie du Mont abriu fogo com metralhadoras, atingindo o grupo que liderava a segunda leva. Morteiros alemães começaram a disparar contra as embarcações no mar. Isso, porém, entregou sua posição e logo os morteiros seriam silenciados pela artilharia naval. No ponto fortificado, os alemães continuavam a manter operando seu canhão de 88 milímetros, embora danificado no bombardeio. O canhão fez um disparo que danificou um tanque anfíbio.

Os alemães foram pegos de surpresa pelos tanques anfíbios dos Aliados. O tenente alemão Arthur Jahnke, um veterano de 23 anos de idade da Frente Oriental que comandava o ponto fortificado em St. Marie du Mont pensou estar tendo uma alucinação causada por concussão na primeira vez em que os viu. Só depois concluiu que se tratava de uma arma secreta dos Aliados. Os alemães, porém, tinham sua própria arma secreta. Era o tanque Golias, um pequeno veículo sobre lagartas operado por controle remoto dotado de uma carga de aproximadamente 100 quilogramas de explosivos. Jahnke deu a ordem para que os Golias fossem enviados contra os tanques anfíbios, porém seus delicados mecanismos de controle por rádio haviam sido danificados pelo bombardeio.

O bombardeio naval foi demais para o ponto fortificado em St. Marie du Mont e seus defensores, apesar de determinados, acabaram sobrepujados. O próprio Jahnke foi capturado em um abrigo improvisado, enquanto disparava contra os americanos com seu fuzil. Um tanque explodiu sua posição com seu canhão de 75 milímetros e um soldado o arrastou para fora. Jahnke ainda tentou tomar a metralhadora do soldado, mas o americano calmamente empurrou sua mão e disse a ele que se acalmasse. O tenente alemão, com as mãos na cabeça, foi levado até a praia junto com outros sobreviventes, onde aguardaria para ser levado aos navios dos Aliados. Embora a resistência dos defensores costeiros logo cessasse, a praia seria alvo do ataque continuado da artilharia posicionada mais no interior até D+13. O próprio tenente Jahnke acabou ferido por estilhaços do bombardeio alemão enquanto aguardava na área de prisioneiros de guerra na praia.

Apesar do bombardeio, as equipes de demolição começaram a limpar as praias. Essa tarefa coube aos homens da unidade de demolição de combate conhecida como Naval Seabee. Esses homens eram mais velhos que a maioria dos outros que estavam na praia no Dia D. A maioria deles era de mineiros dos estados do oeste, e eram peritos em explosivos. Além disso, era preciso que fossem bons nadadores. Primeiro, foram liberados os obstáculos mais próximos da água, já que seriam os primeiros a serem cobertos pela maré ao subir. Isso representou um problema, pois os soldados, assim que deixavam os LCAs, buscavam cobertura atrás dos obstáculos antes de correr para atravessar as praias abertas. Os homens do Naval Seabee também tiveram problemas com o general Roosevelt, que gostava de andar na praia acenando sua bengala, recusando-se a procurar abrigo. Dentro de uma hora, contudo, as equipes já haviam aberto nos obstáculos oito corredores de 45 metros e já começavam a trabalhar.

Ansiosos por se Render

Em seguida, explodiram buracos na parede antitanque do quebra-mar, deixando os destroços para serem removidos pelos tanques de terraplenagem. Depois disso, voltaram sua atenção para as posições de artilharia, onde descobriram que ainda havia alemães em seu interior, embora estes estivessem ansiosos por se render ou sair correndo.

As sucessivas levas que chegavam à praia eram recebidas pelos canhões de 88 milímetros do interior, porém sem grande feito, já que os alemães não contavam com observadores de artilharia. Havia tantos homens se acumulando na praia que os próprios sapadores se viram forçados a avançar terra adentro, onde havia campos de minas S, comumente conhecidas como Bouncing Betties. Essas minas saltavam no ar antes de explodir com um efeito devastador e foram responsáveis por numerosas baixas na praia Utah naquele dia. Diversos tanques também foram atingidos e nocauteados por minas.

Elementos avançados da infantaria americana penetraram rapidamente por terra usando os caminhos diretamente atrás das praias, mas foram recebidos por fogo de morteiro. Também descobriram que as pontes nesses caminhos haviam sido preparadas para demolição, mas não foram detonadas. Embora houvesse resistência esporádica de atiradores de elite alemães, a maioria dos defensores, quando confrontados, se rendia sem lutar.

Às 11 horas, batedores na fronteira ocidental da área inundada por trás das praias viram um capacete atrás de um arbusto. Sem saber se seu dono era americano ou alemão, lançaram um sinalizador laranja. Dois homens se levantaram, exibindo uma divisa com a bandeira dos Estados Unidos em seus ombros. A 4ª Divisão de Infantaria acabara de se reunir com a 101ª Aerotransportada. A 101ª já havia tomado Pouppeville, matando 40 alemães. Juntas, as duas divisões capturaram St. Marie du Mont.

Ter desembarcado tanto ao sul foi um problema para o 12º Regimento de Infantaria, já que seu primeiro objetivo era St. Martin de Varreville, que ficava

PARTE DOIS: OPERAÇÃO OVERLORD

Um artilheiro alemão emerge de uma casamata em Utah, sob o olhar atento de um policial militar do Exército dos Estados Unidos.

ao norte. O caminho que saía da praia para o interior estava coalhado de tanques, caminhões e soldados, e a próxima saída estava sob fogo vindo da artilharia de 155 milímetros em St. Marcouf. O oficial comandante do 12º Regimento de Infantaria, coronel Russel "Red" Reeder, decidiu levar seus homens através da área inundada. De acordo com o reconhecimento aéreo, haveria apenas 45 centímetros de água nas valas de irrigação. Em outros lugares, a água chegaria à altura do tornozelo. Porém, assim que começaram a atravessar, os homens logo descobriram que a água lhes batia à cintura nos campos inundados, enquanto nas valas de irrigação chegavam a cobrir a cabeça de alguns homens. Algumas almas corajosas atravessaram a área a nado e jogaram uma corda de volta para ajudar o restante da unidade a atravessar. Por quase 2 quilômetros, os soldados enfrentaram o constante perigo de afogamento. Bastaria um escorregão para que todo o peso de seu equipamento os puxasse para baixo. Os homens amaldiçoaram a marinha por tentar afogá-los no mar, e agora amaldiçoavam o exército por tentar afogá-los em terra. Disparos esporádicos de atiradores de elite alemães não passaram de um inconveniente.

Quando o Batalhão chegou ao terreno elevado, o general Roosevelt, que havia pegado uma carona no capô de um jipe, apareceu.

"Vamos até a frente", disse ele ao comandante do 1º Batalhão, tenente-coronel Charles "Chuck" Jackson.

"Já estamos na frente, senhor", disse o coronel Jackson, e apontou para os dois batedores avançados da companhia A que estavam 45 metros à frente.

"Vamos falar com eles", disse Roosevelt. Assim o fizeram e a fala entusiasta de Roosevelt revigorou o batalhão. No final da tarde, a unidade havia se reunido a 82ª Divisão Aerotransportada em St. Germain de Varreville, St. Martin de Varreville e Chef du Pont.

A velocidade do avanço americano poderia ser creditada em grande parte à marinha. Toda vez que a 4ª Divisão se deparava com blindados, o apoio de artilharia naval era solicitado. O USS Nevada disparou tantas salvas que a tinta nos canos dos canhões descascou, deixando seu aço à mostra. Normalmente, os cartuchos da munição disparada eram guardados para serem reaproveitados. Porém estavam prejudicando a movimentação das torres e, assim, foram lançados ao mar. A força bruta das salvas chegou a distorcer a superestrutura da embarcação. Portas caíram. Anteparas saíram do lugar. Luminárias se quebraram e muitos homens relataram perda de audição.

No meio da tarde, a praia Utah estava livre de obstáculos e uma pequena cidade tomava forma. Havia um fluxo constante de homens gravemente feridos por Bouncing Betties sendo levados de volta para a praia, enquanto planadores traziam mais e mais reforços. Ninguém tinha dúvidas de que a praia Utah estava segura. No dia seguinte, os homens partiram para tomar Montebourg, isolar a península de Cotentin e tomar Cherbourg.

As perdas americanas na praia Utah foram relativamente leves. O 12º Regimento sofreu 69 baixas, principalmente causadas por minas, especialmente as Bouncing Betties. O 8º e o 22º Regimento tiveram 106 feridos e 12 mortos. Ao todo, a 4ª Divisão perdeu vinte vezes mais homens durante o treinamento após o desastre em Lyme Bay.

O desembarque na praia Utah foi um dos grandes sucessos do Dia D. O papel dos paraquedistas foi vital, confundindo o inimigo, protegendo as saídas ocidentais para as praias e evitando qualquer contra-ataque alemão. Muito embora o plano de ataque tivesse de ser abandonado minutos após a chegada na praia, a 4ª Divisão chegou perto de todos os seus objetivos do Dia D. Seus homens foram postos em terra numa velocidade impressionante. Em quinze horas, mais de 20 mil soldados americanos desembarcaram na praia Utah, juntamente com 1.700 veículos. Jodl estimou que os Aliados levariam de seis a sete dias para desembarcar três divisões na França. Os americanos o fizeram na praia Utah em um dia.

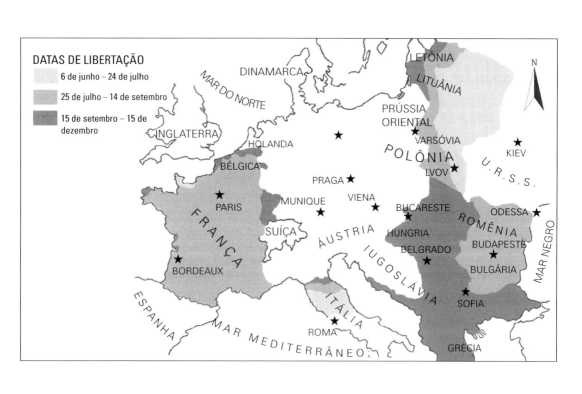

PARTE 3
RUMO À VITÓRIA NA EUROPA

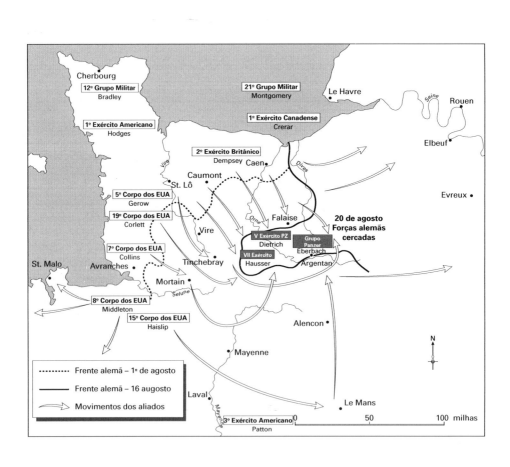

11
FALAISE E DEPOIS

APESAR DAS PESADAS baixas na praia Omaha, os desembarques no Dia D foram um enorme sucesso. Os planejadores aliados temiam que a maior ameaça para a operação fosse um rápido contra-ataque alemão, mas este nunca veio. Isso se deveu parcialmente à Operação Fortitude. O alto-comando alemão continuou esperando um ataque em Pas de Calais, acreditando inicialmente que o desembarque na Normandia era apenas um engodo. Com as linhas de comunicação cortadas pela Resistência Francesa e o pesado bombardeio dos Aliados, a confusão reinava no lado alemão. Rommel estava na Alemanha para o aniversário de sua esposa e sua planejada entrevista com Hitler. Como os Aliados controlavam os céus, o general alemão não ousou retornar de avião e teve de empreender um longo caminho de volta à França por rodovia. Isso deixou os defensores sem liderança durante as críticas primeiras horas do ataque.

O homem nominalmente no comando, marechal de campo von Rundstedt, sabia exatamente o que fazer. O marechal percebeu que a escala do ataque aerotransportado significava que o ataque à Normandia não era apenas uma tática diversionária e duas horas antes do primeiro soldado aliado por o pé em terra, Rundstedt ordenou que uma divisão Panzer de reserva se deslocasse para Caen. No entanto, os Panzers não estavam sob seu controle e não poderiam ser movidos sem autorização de Hitler, que estava dormindo e assim permaneceu até o meio-dia.

O céu estava densamente nublado naquela manhã e os Panzers poderiam ter se deslocado sem muita interferência das forças aéreas aliadas. Porém, às 16 horas, quando Hitler finalmente deu sua aprovação para que os Panzers se movessem, as nuvens já haviam se dissipado, e os tanques alemães tiveram de se esconder nas árvores à beira do caminho até o anoitecer. Para os defensores, um dia inteiro fora perdido. No entanto, Hitler estava eufórico. "A notícia não poderia ser melhor", disse ele, quando soube do desembarque dos Aliados. "Enquanto estavam na Grã-Bretanha, não podíamos alcançá-los. Agora estão onde podemos destruí-los." O ministro da propaganda nazista, Joseph Goebbels, também expres-

PARTE TRÊS: RUMO À VITÓRIA NA EUROPA

Soldados do Primeiro Exército do general Omar Bradley passam pelas ruínas de Valognes, em seu caminho em direção à estrategicamente vital cidade de Cherbourg.

FALAISE E DEPOIS

sou sua alegria. "Graças a Deus, finalmente", disse ele. "Essa é a rodada final."

Por algum tempo, o alto-comando alemão observara com frustração os Aliados acumularem forças na Grã-Bretanha, intocados pela *Luftwaffe* ou pela *Wehrmacht*. Enquanto isso, o bombardeio aliado enfraquecera os alemães ao ponto de a Alemanha estar enfrentando uma escassez de combustível e, além disso, a longa espera minava o moral alemão. Agora o inimigo estava ao alcance dos canhões alemães.

No entanto, a oportunidade de empurrar os Aliados de volta para mar foi rapidamente perdida. Até o final de 7 de junho, as forças de invasão de todas as três praias britânicas tinham se unido para fazer uma frente contínua, e as tropas britânicas da praia Gold tinham feito contato com os americanos provenientes da praia Omaha. Bayeux havia sido libertada, porém os britânicos ainda estavam por atingir seu objetivo do Dia D: a captura de Caen. No entanto, agora 156 mil soldados estavam em terra, ao custo de aproximadamente 10 mil baixas. As perdas foram bem menores do que o esperado.

Hitler ordenou que os defensores alemães não cedessem mais terreno. De certa forma, essa foi uma decisão sensata. O terreno de sebes na área depois das praias invadidas favorecia os defensores. Os

PARTE TRÊS: RUMO À VITÓRIA NA EUROPA

Aliados teriam de lutar de sebe em sebe. No entanto, para os alemães, lutar dessa forma não era uma estratégia vencedora, já que poderiam infligir baixas enormes aos invasores, mas não poderiam deter seu avanço. Isso também atava as mãos de Rommel que, no deserto, se mostrara um mestre em operações rápidas, fluídas e francas.

Rommel deslocou a 2ª Divisão Panzer para o setor britânico e von Rundstedt finalmente conseguiu permissão de Hitler para trazer a 1ª Divisão Panzer SS *Leibstandarte Adolf Hitler* da Bélgica e a 2ª Divisão Panzer SS *Das Reich de Toulouse*, no sul. Essas forças formidáveis seriam usadas para defender Caen. No entanto, devido à superioridade aérea dos Aliados e ao assédio dos SAS, a viagem de Toulouse levou 17 dias ao invés dos 5 que von Rundstedt previra.

Rommel depositou suas esperanças em manter a cidade de Carentan, na base da península de Cotentin, impedindo que o VII Corpo dos Estados Unidos vindo da praia Utah se juntasse ao V Corpo vindo de Omaha. Entretanto, o comandante da 91ª Divisão de Desembarque Aereotransportado que ocupava Carentan foi emboscado e morto por soldados americanos. O 6º Regimento de Paraquedistas alemão, porém, impunha tenaz resistência, e somente na manhã de 10 de junho as patrulhas das duas divisões se uniram. Rommel moveu o II Corpo de Paraquedistas e a 17ª Divisão SS *Panzergrenadier* de elite para a área. Novamente, porém, seus movimentos foram prejudicados pelas forças aéreas dos Aliados e pela Resistência Francesa. Os *Panzergrenadier* só chegaram às suas posições a sudoeste de Carentan no anoitecer de 11 de junho, e àquela altura, a situação era desesperadora. A *Luftwaffe* levantou voo naquela noite para lançar 18 toneladas de munição para o 6º Regimento de Paraquedistas em Carentan. Isso não foi o suficiente para salvá-lo. Apoiada por um bombardeio maciço de artilharia naval e de campo, a 101ª Divisão Aerotransportada atacou ao amanhecer de 12 de junho e invadiu a cidade. Um contra-ataque empreendido pela 17ª Divisão SS *Panzergrenadier* foi repelido com a chegada de tropas provenientes da praia Utah. As forças desembarcadas pelos Aliados em todas as praias se uniram, então, para formar uma frente contínua.

O V Corpo dos Estados Unidos também iniciou um avanço contínuo para o sul em direção a St. Lô em 12 de junho, mas foi confrontado por feroz oposição nas sebes. Em 15 de junho, a 29ª Divisão foi bloqueada a 8 quilômetros de St. Lô. Enquanto isso, os britânicos haviam explorado a brecha entre a 352ª Divisão alemã, que havia sido expulsa de Omaha, e a Divisão Panzer Lehr, mas tiveram de interromper seu avanço após a batalha de Villers-Bocage, que lhes custou 20 tanques Cromwell.

Joe Relâmpago

Enquanto o avanço dos Aliados a sul e a leste havia sido interrompido, o general Joseph Collins, o "Joe Relâmpago", avançou para leste em direção à base da Península de Contentin, atingindo a costa oeste, em Barneville, em 17 de junho. Rommel queria que as unidades alemãs na área se salvassem com uma retirada para o sul, ou que pelo menos recuassem para Cherbourg. Hitler revogou as ordens de Rommel e ordenou que as tropas permanecessem onde estavam. Como resultado, elas foram destruídas quando os americanos abriram seu caminho pela península. O sucesso dessa operação significou que todos os exércitos dos Aliados na Normandia agora poderiam se voltar para o sul. Em 17 de junho, 557 mil soldados aliados já haviam desembarcado, juntamente com 81 mil veículos e 183 mil toneladas de suprimentos. Nesse momento, as tropas dos Aliados já superavam as alemãs na região, embora os britânicos no leste enfrentassem uma maior concentração de blindados. O número de novos soldados aliados desembarcando superava o das baixas sendo enviadas para casa. A taxa de baixas, entretanto, ainda era alta. Somente a 82ª Divisão Aerotransportada perdera 1.259 homens no Dia D, sustentando uma taxa de baixas de 46% até que fosse substituída no início de julho. Agora, os Aliados estavam em posição de recuar e substituir as unidades exauridas. Não havia falta de munição e mantimentos, e embora os Aliados não tivessem conseguido avançar de forma decisiva, as chances estavam claramente a seu favor.

Ao despenderem todos os seus esforços para combater os invasores nas praias, os alemães desperdiçaram grande parte de sua força. Suas perdas foram de 26 mil homens, incluindo um comandante de corpo de exército e cinco comandantes de divisão. As baixas superavam as taxas de substituição, e sua força de blindados era inexoravelmente castigada por bombardeios aéreos e de artilharia. Noventa por cento das ferrovias na Normandia haviam sido inutilizadas pelas forças aéreas aliadas e pela Resistência, e as tropas alemãs na linha da frente logo ficaram sem combustível e munição.

Embora Hitler ainda contasse com seu Décimo Quinto Exército como reserva, pronto para repelir qualquer ataque em Pas de Calais, o ditador trouxe a 9ª e a 10ª Divisão SS Panzer da frente oriental. Duas outras divisões foram deslocadas do sul da França e elementos do Décimo Quinto Exército mais duas divisões foram transferidos para a Normandia e substituídos por unidades trazidas da Escandinávia. Sete divisões blindadas agora estariam prontas para um contra-ataque, enquanto as tropas já em combate mantinham os invasores onde estavam. Embora no papel essa estratégia desse a entender que os alemães não teriam dificuldade para empurrar os Aliados de volta ao mar, von Rundstedt e Rommel estavam longe de acreditar nisso. Os generais sabiam por experiência própria que as novas unidades chegariam tarde e com capacidade reduzida e que o poder de fogo dos Aliados diminuiria seu tamanho rapidamente. Quando expressaram suas dúvidas, Hitler partiu do Covil do Lobo, seu quartel-general na Prússia Oriental, e voou para a França. O ditador e seus generais se reuniram em Soissons, nordeste de Paris, em 17 de junho. Mais uma vez, Hitler se recusou a entregar o controle aos seus oficiais de campo e ordenou que não houvesse mais retiradas, não importa o quão grave fosse a situação. Como era de costume, o ditador fez uma viagem de quase 2 mil quilômetros, ida e volta, sem se dar ao trabalho de visitar o campo de batalha.

Mesmo assim, o plano poderia ter funcionado. Com seu avanço interrompido, os Aliados haviam momentaneamente perdido a iniciativa. Os desembarques estavam sofrendo um atraso de aproximadamente dois dias, e a tempestade que caiu em 19 de junho retardou ainda mais os Aliados. Montgomery mandou que americanos tomassem urgentemente Cherbourg. Embora a cidade caísse em 27 de junho, ainda houve resistência esporádica até 1º de julho, e os alemães haviam sabotado totalmente as instalações portuárias, que só recuperariam sua plena capacidade no final de setembro.

FALAISE E DEPOIS

Forças britânicas rompem as defesas alemãs a oeste de Caen em 25 de junho. Rommel havia concentrado suas forças, incluindo formações blindadas, em torno daquela área e a luta foi pesada.

PARTE TRÊS: RUMO À VITÓRIA NA EUROPA

Ainda mais grave foi o fato de os britânicos não tomarem Caen com seu campo de pouso em Carpiquet. Isso fez com que apenas um grupo de caças-bombardeiros pudesse ser empregado na Normandia. A situação se tornou ainda mais urgente depois de 13 de junho, quando os foguetes V-1 começaram a cair em Londres, lançados de bases em Pas de Calais, que poderiam ser atacadas mais facilmente se os aliados contassem com uma base aérea em Carpiquet.

Montgomery deu ordens aos britânicos para tomar Caen. Novamente, o plano era flanquear Caen pelo oeste e tomar a elevação – o Morro 112 – ao sul. A Operação Epsom começou em 26 de junho com um bombardeio desfechado por mais de 700 canhões. O mau tempo, porém, impedia a chegada de qualquer apoio aéreo da Inglaterra e somente surtidas limitadas podiam ser feitas pelo 83º Grupo e pelo 2ª Força Aérea Tática partindo da Normandia. O progresso desacelerou para 1.800 metros por dia. A 11ª Divisão blindada atingiu as encostas do Morro 112 em 29 de junho, porém os alemães deslocaram três divisões Panzers para a região, forçando os britânicos a se retirar. No entanto, o tempo começou a melhorar, deixando os Panzers vulneráveis a um ataque aéreo e incapazes de tirar vantagem da situação com um contra-ataque coeso e os britânicos acabaram recuperando a maior parte do terreno.

A melhora do tempo também possibilitou que o avanço dos Aliados novamente ganhasse velocidade. No final de junho, 875 mil homens já haviam desembarcado na Normandia, juntamente com 150 mil veículos. Os britânicos haviam sofrido 24.698 baixas e os americanos 37.034. Juntos, haviam recebido algo em torno de 79 mil substitutos. Contudo, enquanto os americanos contavam com nove divisões adicionais aguardando na Inglaterra, juntamente com outras 39 divisões prontas para uma segunda invasão ao sul da França, os britânicos estavam ficando sem homens. Apenas quatro divisões britânicas e canadenses de infantaria e duas divisões blindadas canadenses permaneciam na Grã-Bretanha.

Isso deixava Montgomery diante de um grave problema. Era vital tomar Caen, porém isso significava que o combate mais feroz estava reservado para o mais debilitado dos dois exércitos que controlava. As perdas pesadas já causavam um colapso no famoso sistema de regimentos do exército britânico. Montgomery não podia dar ao luxo de perder mais homens e apesar da insistência dos americanos e da Força Aérea para lançar uma ofensiva total, o general prosseguiu com cautela. No início de julho, os exércitos aliados não tinham avançado mais do que 24 quilômetros além das praias e ocupavam menos de um quinto do solo previsto no plano original de Montgomery. O general George Patton, comandante do 3º Exército americano, e o general Henry Crerar, comandante do 1º Exército canadense, haviam desembarcado, mas a cabeça de praia era pequena demais para que dois novos exércitos fossem empregados.

Aproximadamente metade da 9ª Força Aérea dos Estados Unidos havia se juntado ao 83º Grupo na Normandia, porém as forças aéreas contavam com apenas 19 dos 27 aeródromos prometidos. Com uma cabeça de praia tão estreita, havia o risco de bombardeio inimigo durante decolagens e pousos, além de colisões em pleno ar. Os comandantes aliados começaram a temer que a invasão como um todo estivesse chegando a um impasse. No entanto, os comandantes alemães estavam ainda mais deprimidos do que seus pares no SHAEF (Sede Suprema da Força Aliada Expedicionária). O general Dollmann cometeu suicídio. Rommel e Von Rundstedt foram até o Covil do Lobo para outra tentativa de receberem autorização para controlar o combate em terra. Outra vez, a permissão foi recusada. Quando retornaram, oficiais subalternos pediram permissão para ceder algum terreno e se reagrupar. Von Rundstedt deu andamento ao pedido conforme exigia a cadeia de comando. Porém, no dia seguinte, ligou para Hitler e sugeriu que fosse feita uma proposta de paz. Von Rundstedt foi substituído pelo marechal de campo Gunther von Kluge e houve uma comoção geral no comando alemão no oeste.

Entre as ruínas de Caen, soldados de uma patrulha britânica procuram por atiradores de elite alemães. A estrada para Paris agora estava aberta para as tropas aliadas.

O general Bradley tentou avançar e arremeteu para o sul até a costa oeste da Península de Contentin em 7 de julho, para em seguida girar para leste em direção a St. Lô. Novamente, porém, a luta nas sebes restringiu o avanço a 1.800 metros por dia. Em 11 de julho, o avanço perdera impulso, deixando Bradley desanimado. A única pessoa que parecia remotamente otimista com o andamento das coisas era Montgomery. O general tinha um novo plano para tomar Caen, que lhe fora sugerido pelo marechal do ar Leigh-Mallory. No início do ano, um impasse semelhante em Monte Cassino, na Itália, havia sido quebrado quando os defensores foram extensamente bombardeados.

Assim, iniciando às 21h50 em 7 de julho, o Comando de Bombardeiros despejou 2.300 toneladas de bombas sobre Caen, destruindo grande parte da cidade. Embora deixasse de atingir a maior parte das posições defensivas alemãs, o bombardeio levantou o moral das tropas britânicas. Muitas das bombas eram dotadas de disparadores de tempo ajustados para detonar quando britânicos e canadenses atacassem às 4h20 na manhã seguinte, com apoio de outro enorme bombardeio. Como resultado, a 12ª Divisão SS Panzer foi praticamente eliminada. A luta foi feroz, e os alemães sofreram baixas de até 75%. Na manhã de 9 de julho, Caen, ao norte do rio Orne, estava nas mãos dos Aliados. No dia seguinte, os britânicos avançaram em direção ao Morro 112 para ameaçar a parte sul da cidade.

Montgomery, então, ordenou a Bradley que avançasse para o sul, para que Patton pudesse arremeter pela Bretanha para oeste enquanto o Primeiro Exército do general Courtney Hodges se deslocava para leste através de Le Mans e Alençon, na Operação Cobra. Primeiro, contudo, No entanto, era preciso tomar St. Lô. Essa operação levou oito dias e cobrou um número de baixas enorme. A liberação de St. Lô foi seguida por chuvas torrenciais que impediram qualquer avanço americano e a Operação Cobra teve de ser adiada. Enquanto isso, os britânicos iniciaram a Operação Goodwood. Após outro extenso bombardeio, os britânicos tomariam o restante de Caen e depois confrontariam os blindados alemães no "território de tanques", o terreno aberto a leste da cidade, para mantê-los longe do avanço americano.

Rommel É Ferido

No decorrer do combate, Rommel teve de se ausentar do campo de batalha mais uma vez, desta feita por ter sido gravemente ferido quando um avião aliado atacou seu automóvel. Em 18 de julho, Caen foi libertada pelos canadenses. Os blindados britânicos se moveram para leste e acabaram descobrindo que as defesas alemãs ali eram muito mais fortes que o esperado. Em 20 de julho, enquanto Montgomery anunciava ao mundo o sucesso da Operação Goodwood, os blindados britânicos foram parados por canhões antitanque alemães. Na batalha que se seguiu, 413 tanques, ou seja, 36% dos blindados do Segundo Exército britânico, foram perdidos, progredindo apenas 11 quilômetros a um custo, segundo Eisenhower, de mil toneladas de bombas por cada quilômetro e meio.

De acordo com o plano inicial de Montgomery, Eisenhower deveria assumir o comando em terra na Europa em 1º de agosto. Churchill havia dado permissão a Eisenhower para remover qualquer oficial britânico que não o satisfizesse e muitos, incluindo o marechal do ar Tedder, pediam a cabeça de Montgomery. Eisenhower, porém, sentia que a demissão do mais famoso general britânico prejudicaria o moral e a coalizão anglo-americana. Assim, visitou Montgomery e, mais tarde, em carta, pediu-lhe que abandonasse sua cautela habitual, já que o inimigo agora estava demasiado fraco para montar uma contra-ataque eficaz.

Na Alemanha, métodos mais agressivos estavam sendo empregados na tentativa de remover o comandante tido como responsável pelo mais recente fracasso militar. No Covil do Lobo, uma bomba explodiu debaixo da mesa no quartel-general de Hitler. O próprio Hitler foi protegido da explosão pela perna sólida de sua mesa de carvalho e sobreviveu. Nenhum dos altos comandantes na Normandia foi implicado na conspiração, exceto Rommel. Porém, como era um grande herói militar, Rommel foi autorizado a cometer suicídio em vez de enfrentar um julgamento que poderia ter sido prejudicial para o regime.

Apesar das consequências catastróficas da Operação Goodwood para os blindados britânicos, a estratégia geral de Montgomery funcionou. Os alemães designaram a última divisão blindada do Décimo Quinto Exército para a seção de Caen, deixando quatro divisões blindadas e 13 divisões de infantaria dos Estados Unidos enfrentando forças alemãs enfraquecidas, consistindo em duas divisões blindadas e sete divisões de infantaria em inferioridade de dois para um. Tudo estava pronto para que a Operação Cobra iniciasse em 24 de julho.

Como na Operação Goodwood, a operação começou com um bombardeio de saturação ao longo de uma frente de aproximadamente 6,5 quilômetros. Os 1.500 bombardeiros da 8ª Força Aérea dos Estados Unidos deveria por fora de combate a Divisão Panzer Lehr, que fora mobilizada para oeste de St. Lô. No último minuto, a operação foi adiada por causa do mau tempo, mas a mensagem não chegou até os 335 aviões que, em más condições de visibilidade, bombardearam suas próprias tropas na linha de frente. A Operação Cobra prosseguiu no dia seguinte. No mesmo dia, o general Crerar decidiu iniciar seu avanço pela estrada Caen-Falaise na Operação Spring. Seus homens encontraram forte oposição da 1ª e da 9ª SS Panzer, e a operação teve de ser cancelada depois de vinte horas. No entanto, os alemães presumiram que a Operação Spring era a ofensiva principal e o que seria um ataque secundário, a oeste no dia anterior, fora interrompido por sua própria artilharia. Porém, em 25 de julho, A Operação Cobra recomeçou com outro bombardeio de saturação. Mais uma vez, os americanos conseguiram bombardear sua própria linha de frente, matando o chefe das forças terrestres americanas, general Lesley McNair, tornando-o o oficial mais graduado dos Aliados a ser morto na Europa. O bombardeio, no entanto, também teve um efeito devastador no inimigo: a Panzer Lehr perdeu dois terços de seus homens e todos os seus tanques. No primeiro dia, os americanos avançaram mais de 3.500 metros; no segundo, mais de 7 mil metros; e no terceiro, a 2ª Divisão Blindada, conhecida como "Inferno Sobre Rodas", irrompeu em campo aberto. No dia seguinte, o VII Corpo capturou Coutances, abrindo as portas para o oeste. Dois dias depois, em 30 de julho, o VIII Corpo, agora comandado pelo general Patton, capturou Avranches na base da Península de Cotentin, e nada mais havia à sua frente.

Em 1º de agosto, o Terceiro Exército se tornou oficialmente operacional. Em vinte e quatro horas, Patton liderou três divisões através de um corredor de oito quilômetros para fora do terreno de sebes da Normandia, irrompendo pelas estradas abertas da Bretanha. Enquanto isso, os alemães perceberam que a Operação Cobra, e não a Spring, era a operação principal dos Aliados. Tanques Panzers foram retirados da área de Caen e enviados para fechar a brecha, mas sua movimentação era lenta por causa da falta de combustível. Àquela altura, a Operação Fortitude começava a gorar. Aos poucos, os alemães começavam a duvidar que um ataque viria por Pas de Calais e a acreditar que o ataque na Normandia era real. Assim, passaram a transferir suas forças para oeste.

Em 3 de agosto, Hitler ordenou que as divisões blindadas que mantinham a linha entre o Rio Orne e a cidade de Vire fossem substituídas por divisões de infantaria, liberando os blindados para que avançassem para oeste em direção a Avranches e dividissem as forças de Patton ao meio. Nesse mesmo dia, Patton também recebeu novas ordens. A Operação Cobra, em seu plano original, havia sido concebida para proteger os portos da Bretanha. Agora, Bradley ordenava a Patton que enviasse apenas uma pequena força para a Bretanha. Como consequência, alguns dos portos da região só seriam capturados em setembro. Patton deveria contornar para sul e leste, flanqueando os Panzers que Hitler estava enviando contra Avranches.

Enquanto isso, o V Corpo de Bradley e o VIII Corpo britânico começaram a avançar em direção a Vire. Era uma tarefa difícil. O avanço do VIII Corpo foi interrompido a 3,5 quilômetros de Vire. Os britânicos do XXX Corpo continuavam a avançar, mas seu progresso era tão lento que Montgomery substituiu seu comandante, general Bucknall, pelo general Brian Horrocks, que comandara o XXX Corpo no norte da África. Vire foi finalmente capturada pelo XIX Corpo americano em 6 de agosto.

Àquela altura, as forças alemãs estavam se desintegrando. Embora nomes e números de unidade permanecessem, os homens lutavam em grupamentos reduzidos ao tamanho de um batalhão, muitas vezes sem saber onde estavam, e seus comandantes eram trocados com tanta frequência que ninguém sabia mais quem estava no comando. Isso não queria dizer, porém, que bater os alemães seria uma tarefa simples. Quando encaravam seu inimigo e lutavam, os alemães demonstravam superioridade tática, e seus tanques tecnicamente superiores poderiam ter estacado o avanço dos Aliados. No entanto, conforme a luta se tornava mais móvel, os comandantes alemães passaram a depender mais de ordens transmitidas por rádio. Isso deu aos decifradores do Ultra em Bletchley Park uma ideia mais clara do que estava acontecendo. Veículos, mesmo tanques, tiveram de ser abandonados por falta de combustível. A munição estava acabando, especialmente a de armas antitanque. As condições do tempo também melhoravam, permitindo que as forças aéreas aliadas atacassem as lentas colunas alemãs, movidas a tração animal. Em 6 de agosto, o Grupo de Exércitos B dos alemães havia sofrido 144.261 baixas e recebido apenas 19.914 substitutos.

Embora o Ultra proporcionasse aos Aliados algumas horas de aviso antes de um ataque, os alemães conseguiram tomar Mortain e, por algum tempo, mantiveram o terreno elevado a leste da cidade. Quarenta dos setenta tanques alemães que lideravam o ataque foram destruídos na noite de 7 de agosto, e a coluna de blindados ficou sem combustível depois de apenas oito quilômetros. Enquanto isso, Patton fazia rápido progresso. Em 8 de agosto, o general tomou Le Mans.

Fechando a Armadilha

Em 9 de agosto, Hitler ordenou a seus Panzers imobilizados que mantivessem sua posição e, ao mesmo tempo, ordenou que o Sétimo Exército avançasse para oeste em direção a Avranches em 11 de agosto. Naquele momento, ninguém em nenhum dos lados acreditava que os alemães poderiam vencer a batalha da Normandia.

Através do Ultra, os Aliados sabiam dos planos de Hitler. Teimoso como era, o homem não estava disposto a ordenar uma retirada. Isso deixava todo seu exército na Normandia exposto a um cerco. Enquanto britânicos e canadenses avançavam para sudeste e leste, cortando a retirada dos alemães para o Sena, Patton recebera ordens para girar para o norte e fechar a armadilha.

O progresso dos canadenses que deveriam avançar primeiro sobre Falaise foi lento por causa da forte oposição e acabou interrompido após 14 quilômetros em 11 de agosto, a meio caminho de seu objetivo. No entanto, no dia seguinte, o XV Corpo americano, vindo pelo sul, chegou a Argentan. Isso deu novo ânimo aos canadenses, que arremeteram e atingiram Falaise em 16 de agosto. O Sétimo

Exército alemão e seu apoio, os Panzers, se viram cercados em um bolsão. Sua única saída era através de uma brecha de 19 quilômetros entre Falaise e Argentan. Patton implorou a Bradley para avançar em direção ao norte e fechar a brecha, mas Bradley recusou, temendo não ter homens suficientes no local para resistir a qualquer contra-ataque que tal movimento certamente provocaria. Os alemães não se mostravam excessivamente preocupadas com o cerco, pois já haviam ficado cercados antes na Frente Oriental. No entanto, os soviéticos não contavam com a esmagadora superioridade aérea que os Aliados usaram para golpear e reduzir as fileiras alemãs.

Hitler reuniu seu Grupo Panzer Eberbach, comandado pelo general Eberbach, para fazer um contra-ataque decisivo ao XV Corpo em Argentan. Entretanto, no momento em que o grupo estava em posição, suas fileiras não somavam mais que 4 mil homens e 45 tanques. O marechal de campo von Kluge, comandante do Grupo de Exércitos B, desapareceu depois que seu automóvel foi atacado por um caça-bombardeiro. O general Paul Hausser, da SS, recentemente promovido comandante do Sétimo Exército, substituiu von Kluge temporariamente. Mesmo Hitler começou a perder a confiança quando os Aliados lançaram a Operação Dragoon. Em 15 de agosto, os Aliados deram início à sua invasão do sul da França, com desembarques anfíbios em Cote d'Azur. Hitler disse que esse fora o pior dia de sua vida. Originalmente batizada de Operação Anvil, o nome fora alterado para Dragoon por Churchill que, mais favorável um ataque na região dos Bálcãs, se sentia coagido ("dragooned", em inglês) pelos americanos a aceitar um ataque ao sul da França.

Pressentimentos de Churchill

Como nos desembarques do Dia D na Normandia, a invasão do sul da França começou com um ataque aéreo. Apesar dos pressentimentos negativos de Churchill, no início da manhã de 15 de agosto, um punhado de aviões lançou falsos paraquedistas, bonecos, a oeste do porto de Toulon para confundir o inimigo. Enquanto isso, à esquerda da praia, perto de St. Tropez, uma embarcação aliada rebocava balões que refletiam o radar, para fazer parecer que uma enorme força de ataque estava chegando para apoiar o assalto aerotransportado a Toulon. Uma equipe de comandos franceses desembarcou e bloqueou a estrada para Toulon, enquanto outra equipe, comandada pelo astro de cinema Douglas Fairbanks Jr., agora um tenente-comandante da Marinha dos Estados Unidos, desembarcou perto de Cannes. Eles desembarcaram em um campo minado, desencadeando explosões que atraíram o fogo alemão. Quando tentaram fugir de volta para seus barcos, foram metralhados por engano por aviões aliados. Ao nadarem de volta à praia, foram capturados pelos alemães. Porém, 24 horas depois, foram libertados pela invasão dos Aliados.

A "Brigada do Diabo", uma unidade de Serviços Especiais composta de americanos e canadenses comandada pelo coronel Edwin A. Walker, desembarcou nas Ilhas d'Hyères para silenciar os canhões que dominavam uma das praias, mas descobriram que eram falsos. No entanto, encontraram forte resistência quando rumaram para Port Cros, o porto na parte ocidental da ilha. Os defensores foram sobrepujados com a ajuda de salvas dos canhões de 15 polegadas do HMS Ramillies.

Às 4h30, o primeiro dos 396 Dakotas que haviam decolado de dez aeródromos na Itália estava sobre a zona de salto, os campos e vinhedos ao redor da cidade de Le Muy, 64 quilômetros a nordeste de Toulon e 16 quilômetros das praias da invasão. Uma neblina baixa convenceu alguns dos paraquedistas de que pousariam no mar e, assim, descartaram seus equipamentos pesados e suas armas. A neblina também causou problemas de navegação para os pilotos e um batalhão desembarcou a 16 quilômetros da zona de salto.

Às 9h20, a primeira leva de planadores chegou. Dois haviam sido perdidos no caminho. A asa direita de um deles havia sido arrancada. Conforme rolava, partiu seu cabo de reboque e se desintegrou, espalhando homens e equipamen-

As forças britânicas e americanas se encontram a oeste de Argentan em agosto de 1944.

PARTE TRÊS: RUMO À VITÓRIA NA EUROPA

Civis franceses se escondem quando tropas alemãs abrem fogo durante o levante de Paris. O governador militar da cidade, general von Choltitz, entregou a cidade intacta à 4ª Divisão de Infantaria dos Estados Unidos, em 25 de agosto.

tos no mar. Ninguém sobreviveu. O outro teve seu cabo de reboque partido sobre o mar, mas amerrisou com segurança perto de um navio aliado. Todos a bordo foram resgatados. Os 71 restantes foram lançados na zona de aterrissagem a 145 km/h. Os paraquedistas haviam removido alguns dos "aspargos de Rommel" da área, mas não podiam fazer nada em relação às árvores, que causaram uma grande quantidade de danos e fatalidades.

As defesas costeiras inimigas foram trituradas por fogo de artilharia naval. Caça-minas se aproximaram da costa para abrir caminho até ela. Em seguida, barcos controlados por rádio carregados com explosivos foram enviados para explodirem uma passagem até as praias. A esses barcos se seguiram navios de desembarque disparando levas após levas de foguetes. A 34ª e a 45ª Divisão de Infantaria desembarcaram sem grandes problemas, mas a 36ª se deparou com um inesperado campo minado e com um fogo inimigo tão pesado no setor vermelho de Camel que nenhuma quantidade de fogo de artilharia naval conseguiu suprimir. A luta foi tão intensa que as levas posteriores foram desviadas para mais abaixo na praia.

Outros 332 planadores chegaram ao entardecer e, no final do dia, aproximadamente 9 mil soldados britânicos e americanos estavam em posição, juntamente com 221 jipes e 213 peças de artilharia. A operação aerotransportada até aquele momento custara 434 mortos e 292 feridos. No dia seguinte, as tropas aerotransportadas tomaram Le Muy. Mais para o

PARTE TRÊS: RUMO À VITÓRIA NA EUROPA

interior, tomaram Draguigan com ajuda da Resistência Francesa e os membros libertados dos Maquis que os alemães mantinham ali. Também capturaram o general Ludwig Bieringer, um comandante de corpo, e seu Estado-Maior. Quando o batalhão perdido reencontrou seu regimento, avançaram em direção a Les Arcs, no oeste.

Nas praias, a 36ª de Infantaria atacou os defensores na praia Red Camel pelo flanco, e os Aliados consolidaram sua posição. Ao entardecer, os elementos avançados da força anfíbia se juntaram às tropas aerotransportadas. À meia-noite de 17 de agosto, o Sétimo Exército, comandado pelo general Alexander M. "Sandy" Patch, um veterano de Guadalcanal, havia desembarcado mais de 86.500 soldados franceses e americanos, 12.500 veículos e 46.100 toneladas de suprimentos.

Os Aliados também dominavam os céus do sul da França. Entre 16 e 18 de agosto, a *Luftwaffe* voou apenas 141 missões. Uma embarcação de desembarque foi afundada e, ao entardecer, em 18 de agosto, cinco Junkers Ju 88s bombardearam o navio de comando americano USS Catoctin. O ataque matou seis homens e feriu 42, mas causou apenas danos leves à embarcação. Depois disso, a *Luftwaffe* se retirou do sul da França, deixando os céus para a USAAF, que bombardeou pontes e estradas, e metralhou o tráfego rodoviário e ferroviário com efeito devastador.

Os invasores foram ajudados pela Resistência Francesa, que era forte no sul. Seus membros atacavam os Panzers que rumavam para o norte com a finalidade de defender a Normandia, porém uma chamada prematura para um levante armado, emitida por engano pelo quartel-general de Gaulle em Londres, fez com que guerrilheiros ligeiramente armados enfrentassem blindados e aeronaves. Os alemães também se vingaram na população civil, queimando aldeias e massacrando seus habitantes.

A força de invasão também recebeu informações valiosas através do Ultra. Bletchley Park decodificou uma mensagem do general Johannes von Blaskowitz, cujo Grupo de Exércitos G ocupava a área que ia da fronteira italiana até os Pirineus, ordenando a retirada das forças móveis e deixando os portos de Toulon e Marselha defendidos por guarnições. O general Patch perseguiu os alemães com sua principal força, enquanto a infantaria aerotransportada liberava Cannes e Nice, e os franceses do II Corpo rumavam para Toulon e Marselha.

Em 16 de agosto, von Kluge reapareceu em seu quartel-general na Normandia. O general relatou que o bolsão em Falaise não poderia ser mantido e uma retirada se fazia necessária. Finalmente, Hitler concordou, mas era tarde demais. No dia seguinte, um avanço com ânimo renovado de canadenses e do V Corpo dos Estados Unidos, que haviam substituído o XV Corpo no sul, fechou algumas centenas de metros da brecha em Falaise e, apesar de feroz resistência, em 20 de agosto a brecha foi fechada totalmente. Von Kluge foi removido do comando e chamado ao Covil do Lobo sob suspeita de traição. Tendo uma boa ideia do que estava reservado para si, o general cometeu suicídio. O marechal de campo Walther Model o substituiu, mas havia pouco que pudesse ser feito. O general Eberbach conseguiu fazer que algumas de suas formações escapassem do bolsão de Falaise, mas ele próprio seria capturado em 30 de agosto. O general Hausser da SS foi gravemente ferido e perdeu um olho. Hausser escapou do bolsão, mas sem ter o que comandar. O Sétimo Exército não existia mais. Os que ficaram no bolsão foram pulverizados por bombardeios desfechados pelos Aliados. O cheiro de carne apodrecendo era tão forte que podia ser sentido dos aviões em sobrevoo. A resistência cessou em 22 de agosto. Ao visitar o campo de batalha dois dias mais tarde, Eisenhower disse que era possível andar sobre os mortos por centenas de metros a fio.

Destruição Completa

A destruição foi tão completa que era difícil calcular a escala da vitória. Havia provavelmente 10 mil mortos. Aproximadamente 20 mil escaparam, porém 50 mil se renderam, incluindo muitos que não eram alemães. A 1ª Divisão Blindada polonesa, que lutava ao lado dos canadenses do general Crerar, levava consigo caminhões carregados de uniformes britânicos para que, ao se depararem com batalhões Ost, os poloneses nesses batalhões pudessem rapidamente mudar de lado. Os Aliados encontraram 7.700 veículos destruídos ou abandonados no bolsão, além de 567 tanques ou canhões autopropulsados, juntamente com 950 canhões abandonados. Os remanescentes dos oito grupamentos de combate Panzer que haviam escapado só conseguiram reunir setenta tanques e trinta seis canhões ao todo.

Enquanto as forças aéreas aliadas exterminavam os alemães no bolsão de Falaise, o Terceiro Exército de Patton corria rumo ao leste, cruzando o rio Sena em 19 de agosto. Os britânicos e canadenses se voltaram para o leste, chegando ao rio Sena em 25 de agosto. Eisenhower decidiu que os Aliados deveriam ignorar Paris em seu avanço, para evitar a destruição e perda de vidas que uma batalha pela cidade implicaria. Hitler, por sua vez, pretendia transformar a cidade numa fortaleza. Todavia, dado o desespero da posição alemã na França, decidiu que a cidade seria incendiada.

Foi o próprio povo de Paris que decidiu o resultado. Por mais de quatro anos, os parisienses sofreram a vergonha da ocupação. Para agravar ainda mais a humilhação, todos os dias durante os 1.500 dias da ocupação, as tropas alemãs desfilavam em torno do Arco do Triunfo e marchavam pelo Champs Elysées até a Place de la Concorde. Agora, com os Aliados em solo francês, os parisienses estavam inquietos. Em 10 de agosto, os ferroviários franceses realizaram a primeira greve real da ocupação, reivindicando melhor alimentação em Paris e salários mais altos. Em resposta, os alemães despacharam seus prisioneiros políticos para fora da cidade, enviando-os para campos de concentração, onde a maioria morreu. No entanto, 1.500 judeus seriam agraciados com uma prorrogação, quando os ônibus que os transportaria foram sabotados.

O abastecimento de eletricidade e gás se tornou esporádico, e o metrô deixou de funcionar. Sentindo que um problema se formava, em 13 de agosto, os alemães começaram a desarmar os 20 mil gendarmes da cidade. Os policiais responderam com uma greve. A Resistência os convocou a deixar de lado seus uniformes e manter suas armas. Caso contrário, seriam considerados traidores. "A hora da libertação chegou", foi o que ouviram. Tiros esparsos começaram a ser ouvidos nas ruas de Paris. Os alemães reagiram rapidamente. A SS metralhou 35 jovens franceses no Carrefour de Cascades, na noite de 16 de agosto. Com Paris perto de uma insurreição, Hitler emitiu uma ordem: "Paris não deve cair em mãos inimigas, mas se isso acontecer, o inimigo não deverá encontrar nada além de ruínas". O novo comandante da cidade, general Dietrich von Choltitz, recebera ordens para destruir a capacidade industrial de Paris, explodir as pontes sobre o Sena e destruir os monumentos famosos da cidade. Todas as edificações importantes foram minadas e estavam prontas para demolição, porém Von Choltitz esperou. No entanto, quando soldados alemães foram baleados, o general ameaçou arrasar quarteirões inteiros da cidade e matar seus moradores.

O cônsul sueco, Raoul Nordling, interveio para acalmar a situação, e o marechal de campo Model deu permissão a von Choltitz para retardar a destruição das pontes, que ainda poderiam ser necessárias para uma retirada da França. E parecia não haver sentido em inflamar a população se ainda fosse preciso defender a cidade. Von Choltitz ainda contava com cinquenta tanques e uma guarnição de 22 mil homens. Outra divisão lhe fora prometida, o que tornaria a tomada da cidade um objetivo de alto custo.

Às Barricadas!

Os comunistas planejaram um levante. Antecipando-se a isso, a Resistência gaullista organizou 2 mil policiais em greve para que tomassem a Chefatura de Polícia próxima a Notre Dame. A bandeira tricolor foi içada, e os homens cantaram a Marselhesa. Em seguida, tomaram o Palácio da Justiça e, quando os tanques alemães apareceram em Boulevard de Palais, foram recebidos a tiros. No dia seguinte, 20 de agosto, os gaullistas tomaram o Hotel de Ville. Nordling reuniu-se em caráter de urgência com Von Choltitz e, nessa reunião, o comandante alemão concedeu a condição de combatente aos membros da Resistência. Além disso, poderiam manter os prédios que ocupavam, desde que não atacassem o ponto fortificado alemão no centro da cidade. A trégua, porém, não durou muito. Na margem esquerda e em outras áreas não mais controladas pelos alemães, ouviu-se o grito revolucionário, "Aux barricades!". Paralelepípedos foram arrancados e centenas de barricadas, feitas de veículos capotados e árvores derrubadas, foram ocupadas por parisienses em uniformes improvisados.

Os alemães revidaram, sem muito entusiasmo. Embora os tanques metralhassem edifícios, nenhum explosivo foi detonado. Suas táticas eram amplamente defensivas e seus atacantes nunca foram pressionados a recuar. Somente a SS parecia estar disposta a brigar. Enquanto os franceses faziam prisioneiros, a SS assassinava os seus.

Em 22 de agosto, houve batalha aberta nas ruas de Paris em pelo menos três áreas. A Resistência pediu aos americanos que ajudassem. Eisenhower ordenou a Bradley que tomasse a cidade, temendo que os alemães usassem aviões e tanques contra a população, com enorme perda de vidas. Na noite de 23 de agosto, o Grand Palais estava em chamas, atingido por um projétil incendiário, e 500 parisienses foram mortos. A Resistência tomou as subprefeituras dos bairros. Os alemães reagiram usando metralhadoras de tanques contra os franceses. No entanto, além da "fortaleza central" alemã, a cidade parecia estar quase que inteiramente nas mãos da Resistência.

Por razões políticas, Eisenhower já havia ordenado que a primeira unidade a entrar em Paris seria a 2ª Divisão Armada da França Livre, comandada pelo general Philippe Leclerc. Leclerc enviou uma mensagem de avião, que foi lançada na prefeitura, dizendo: "Aguentem firme, estamos chegando". O progresso de Leclerc foi lento, com perda de 300 homens, quarenta tanques e mais de 100 outros veículos no primeiro dia. O comandante do V Corpo, general Leonard Gerow, pediu permissão a Bradley para enviar sua 4ª Divisão de Infantaria, que desembarcara na praia Utah, para que se juntasse ao assalto a Paris. Bradley respondeu: "Para o inferno o prestígio, diga a 4ª Divisão para partir para cima e tomar as rédeas da libertação".

Na noite de 24 de agosto, Leclerc infiltrou um grupo avançado na cidade. Às 21h22, seis veículos meia-lagarta e três tanques chegaram ao Hotel de Ville. Sua presença foi anunciada pelo toque dos sinos da igreja. Von Choltitz telefonou para o quartel-general do marechal de campo Model e segurou o fone na janela para que o marechal pudesse ouvir os sinos anunciando a libertação.

Na manhã seguinte, D+80, a principal força de Leclerc irrompeu pela cidade pelo sudoeste, enquanto a 4ª Divisão de Infantaria dos Estados Unidos libertava o leste. Às 10 horas, somente alguns bolsões de resistência alemã ainda se man-

PARTE TRÊS: RUMO À VITÓRIA NA EUROPA

tinham. Von Choltitz não fez nada para prolongar a luta. Ao ouvir que os Aliados tinham entrado na cidade, Hitler perguntou: "Paris está em chamas?". Von Choltitz não deu ordens para disparar as cargas de demolição e assinou documentos entregando a cidade a Leclerc e, em seguida, a Leclerc juntamente com a Resistência Francesa, que sofrera mais de 2.500 baixas, com aproximadamente mil mortos. Algo em torno de 10 mil alemães foram feitos prisioneiros e 36 tanques foram capturados.

Ao meio-dia, bandeiras tricolores tremulavam no Arco do Triunfo e na Torre Eiffel. No dia seguinte, o líder da França Livre, general Charles de Gaulle, que havia instalado uma nova administração em Bayeux em junho, fez uma entrada triunfal na cidade para assumir o controle. Mas Hitler ainda queria que Paris ardesse. Naquela noite, a *Luftwaffe* lançou bombas incendiárias, queimando 500 casas, matando 50 pessoas e ferindo 500. Para Paris, foi o pior ataque aéreo da

Sem volta: estrada da Normandia repleta de blindados, transportes e tropas, conforme tropas aliadas avançam por toda a França, em todas as frentes.

guerra. Mais tarde, em 6 de setembro, seria disparado o primeiro foguete V-2 contra Paris.

Em 27 de agosto, Bradley e Eisenhower entraram na cidade, e em 29 de agosto, a 28ª Divisão de Infantaria dos Estados Unidos marchou de maneira triunfal pela cidade. Enquanto isso, fortes combates aconteceram ao sul. Apesar de Toulon e Marselha estarem relativamente pouco defendidas, a França Livre enfrentou dura resistência ali. Somente com o uso de pesado bombardeio naval foi que os franceses conseguiram sobrepujar os alemães e, em 28 de agosto, ambos os portos foram capturados pelos Aliados. Àquela altura, os Aliados haviam retomado o plano original de invasão de Montgomery.

Durante a batalha da Normandia, 38 divisões aliadas haviam enfrentado 51 divisões alemãs, muito embora o SHAEF tenha calculado a força de combate real dos alemães em 33 divisões.

O custo para os Aliados foi de 209.672 baixas, incluindo 36.976 mortos. Além destes, 16.714 aeronautas pereceram juntamente com 4.101 aeronaves abatidas sobre o campo de batalha. A contagem de mortos e feridos entre os alemães foi de aproximadamente 240 mil, com outros 200 mil desaparecidos ou capturados, além da perda de mais de 3.600 aeronaves, 1.500 tanques, 3.500 canhões e 20 mil veículos. Nesse ínterim, enquanto os alemães recuavam em desordem, os Aliados ficavam mais fortes, tanto que, no final de agosto, já haviam desembarcado 2.052.299 homens, 438.471 veículos e 3.098.259 toneladas de suprimentos. Mais 380 mil homens, 69 mil veículos, 306 mil toneladas de suprimentos e 18 mil toneladas de combustível haviam sido desembarcados nas praias da Operação Dragoon.

PARTE TRÊS: RUMO À VITÓRIA NA EUROPA

Os Aliados cruzam o Reno, fevereiro-março de 1945.

12
O SUCESSO DA SEGUNDA FRENTE

Depois que a Batalha da Normandia estava vencida e Paris libertada, ninguém duvidava que a Alemanha perdera a guerra, embora houvesse várias ideias concorrentes sobre como a vitória final seria obtida. O Sétimo Exército dos Estados Unidos perseguiu von Blaskowitz por toda a França. A retirada alemã foi dificultada pela Resistência Francesa, mas von Blaskowitz, por sua vez, desacelerou o avanço do general Patch com táticas protelatórias.

O general alemão se voltou para seus perseguidores para lutar na antiga cidade de Besançon, ganhando tempo para uma retirada definitiva através da brecha em Belfort, entrando na Alsácia e retornando à Alemanha. Três mil soldados alemães se concentraram para enfrentar os americanos em Besançon. Em 7 de setembro, após dois dias de luta renhida, os americanos tomaram a cidade, mas a oposição alemã, ainda feroz, deteve seu avanço. Depois de tomar Toulon e Marselha, o II Corpo francês correra pelo vale do Ródano em direção a Lion, libertando Dijon em 10 de setembro e fazendo dezenas de milhares de prisioneiros, em grande parte do Leste Europeu, incluindo um batalhão de ucranianos que mataram seus oficiais alemães e trocaram de lado. As tropas alemãs, no entanto, recuaram de forma organizada. Então, em 12 de setembro, a Divisão Blindada de Leclerc, que lutara para abrir caminho através da Normandia, chegou a Dijon, estabelecendo uma frente única que se estendia do Canal da Mancha até a fronteira com a Suíça.

Em 1º de setembro de 1944, Eisenhower recebera formalmente de Montgomery o comando de todas as forças terrestres na Europa Ocidental, embora o general inglês quisesse acompanhar toda a invasão até o amargo fim. Seu plano era manter os dois grupos do exércitos juntos, com o 21º, formado por britânicos e canadenses, a costa do canal para tomar Antuérpia, enquanto o 12º Grupo de Exércitos de Bradley se moveria através da Bélgica para entrar na Alemanha ao norte das Ardenas. Isso eliminaria as bases de lançamento dos V-2 da costa do canal.

Àquela altura, os V-2 caíam sobre Londres, transportando 900 kg de explosivos de alta potência e sem que houvesse defesa contra eles. A mais recente arma

PARTE TRÊS: RUMO À VITÓRIA NA EUROPA

Batalha das Ardenas: Dezembro 1944 – Janeiro 1945

de vingança de Hitler estava causando enormes baixas entre civis, o que já era ruim o suficiente. Porém, uma vez voltada contra os portos do canal, interromperiam as linhas de abastecimento do exército. Outro dos objetivos de Montgomery era tomar Antuérpia. Naquele momento, os suprimentos tinham que ser transportados de caminhão pela costa da Normandia. Tomar aquele porto belga resolveria os crescentes problemas logísticos dos Aliados. O plano de Montgomery também poria os exércitos aliados no Ruhr, o coração industrial da Alemanha, sendo esse o objetivo final da Operação Overlord.

No entanto, Montgomery não era popular entre os generais americanos que o achavam cauteloso demais. O Grupo de Exércitos de Bradley já era maior que o de Montgomery. Naquele momento, quatro Divisões americanas chegavam à Europa todos os meses, e seu número acabaria por superar britânicos e canadenses na proporção de quatro para um. A opinião pública americana também queria uma mudança.

Quando Eisenhower assumiu, Churchill promoveu Montgomery ao posto de marechal de campo como compensação. Essa patente era um posto mais elevado que o de Eisenhower. O exército americano não tinha equivalente, e a patente de general de exército de cinco estrelas teve de ser rapidamente inventada. Enquanto isso, o Terceiro Exército de Patton cruzava o Rio Meuse em Verdun, em 31 de agosto, e já começava a atravessar o rio Moselle perto de Metz, em 5 de setembro, com possibilidade de alcançar significativamente pelo Sarre, região economicamente importante da Alemanha.

Eisenhower, porém, tinha um problema. Os portos da Bretanha ainda não estavam seguros e os suprimentos estavam se esgotando. Assim, o general americano abandonou o plano original da Operação Overlord, que exigia um avanço em frente ampla (temia-se originalmente que uma frente estreita fosse muito vulnerável a contra-ataques), e permitiu que Montgomery avançasse para nordeste. O segundo exército britânico libertou Bruxelas em 3 de setembro, e Antuérpia no dia seguinte. No entanto, isso privou Patton dos suprimentos de que precisava para avançar até a Alemanha.

Com Antuérpia nas mãos dos Aliados, o plano original deveria ser retomado ,e Eisenhower não poderia justificar o desvio de mais suprimentos para Montgomery à custa de Patton. Em uma tentativa final de fazer as coisas a seu modo, Montgomery tentou tomar uma cabeça de ponte sobre o Reno, em Arnhem. Em 17 de setembro, na Operação Market-Garden, três divisões da 1ª Aerotransportada foram lançadas em um "tapete" no norte da Holanda para abrir caminho para o Segundo Exército. Os alemães, porém, conseguiram suportar a pressão, isolando os paraquedistas e fazendo muitos deles prisioneiros. Esta foi a primeira e única derrota do normalmente cauteloso Montgomery em uma grande batalha, embora ele mesmo a descreva como "90% bem-sucedida".

Falta de Combustível

No final de setembro, o avanço aliado arrefeceu por falta de combustível. Isso deu tempo aos alemães para que se reagrupassem, e a defesa alemã rapidamente endurecia conforme os Aliados se aproximavam das fronteiras da própria Alemanha. O Primeiro Exército dos Estados Unidos passou um mês malhando as defesas de Aachen, que cairia em 20 de outubro, a primeira cidade alemã capturada pelos Aliados. No entanto, o Primeiro Exército Canadense, à esquerda do Segundo Britânico, só conseguiria liberar o estuário do Schelde, a oeste de Antuérpia, no início de novembro. E o Terceiro Exército de Patton continuou retido antes de chegar a Metz.

Os Aliados tinham conseguido um avanço incrível de 560 quilômetros em apenas algumas semanas após saírem da Normandia, porém agora encaravam um impasse. Nenhum dos planejadores do SHAEF havia previsto um colapso tão rápido dos alemães, e, embora a superioridade do Aliados fosse de 20 para 1 em tanques e 25 para 1 em aeronaves, faltava a eles o apoio logístico para um rápido avanço rumo ao interior da própria Alemanha. Se os Aliados estivessem preparados, poderiam ter tomado o Ruhr e o Sarre, mas em novembro de 1944, tanto o Vale do Ruhr quanto o Sarre permaneciam em mãos alemãs.

Hitler aproveitou o momento. Apesar do avanço inexorável do Exército Vermelho no leste, o ditador ainda acreditava que a guerra seria definida no oeste. Em outubro, Hitler formou a *Volkssturm*, ou guarda doméstica, para defender o Terceiro Reich, recrutando todos os homens saudáveis com idades entre 16 e 60 anos. O fruto dessa segunda "mobilização total" foi concentrado nas fronteiras ocidentais da própria Alemanha.

Em meados de novembro, havia seis exércitos aliados reunidos na Frente Ocidental. Quarenta e oito divisões estavam espalhadas ao longo de uma frente de 965 quilômetros, se estendendo desde o Mar do Norte até a Suíça. Os Aliados, então, lançaram uma ofensiva geral. O Sétimo Exército americano e o Primeiro Exército francês avançaram para o rio Reno na Alsácia, mas em outros lugares houve apenas pequenas vitórias. Embora a essa altura a Alemanha precisasse urgentemente de recursos materiais, graças à sua nova tropa recentemente reunida, às suas reservas e às unidades que conseguiram retornar da França, os alemães agora progrediam mais rapidamente que os Aliados. Isso proporcionou aos alemães, em dezembro de 1944, sua última oportunidade de lançar uma contraofensiva respeitável. Von Rundstedt foi reintegrado como comandante do exército no oeste, mas teve participação modesta na "Ofensiva Rundstedt", também conhecida como Ofensiva das Ardenas, entre os Aliados, ou Operação Herbstnebel (Névoa de Outono), entre os alemães, mas que passou para a posteridade com o nome desdenhoso atribuído por Churchill "Battle of the Bulge" (algo como "batalha da

AS FORÇAS ALIADAS

protuberância"). Na verdade, Churchill usara o termo pela primeira vez em maio 1940, quando von Rundstedt lançara seu ataque bem-sucedido na mesma área. Hitler reuniu 24 divisões que, em 16 de dezembro, avançaram através do terreno elevado e arborizado das Ardenas contra o Primeiro Exército dos Estados Unidos, que era o mais fraco naquele setor da frente. A esmagadora superioridade aérea dos Aliados fora anulada pelo mau tempo. O Quinto Exército Panzer, comandado pelo talentoso general Hasso von Manteuffel, deveria cruzar o Meuse e avançar para Bruxelas, enquanto o Sexto Exército SS Panzer à sua direita, comandado pelo general Sepp Dietrich, retomaria Antuérpia. O objetivo era dividir as forças britânicas e canadenses no extremo norte da frente, afastando-as de seus suprimentos e esmagando-as, enquanto as forças americanas ao sul seriam retidas pelo flanco esquerdo alemão.

Dessa vez, a ofensiva foi uma completa surpresa para os Aliados. Neblina e chuva limitaram a eficácia do reconhecimento aéreo. Oito divisões blindadas alemãs atacaram ao longo de uma frente de 120 quilômetros. O Quinto Exército Panzer penetrou até uma distância de 32 quilômetros das travessias do rio Meuse. No entanto, a 101ª Divisão Aerotransportada americana se manteve firme em Bastogne. No Natal, o avanço alemão penetrara aproximadamente 104 quilômetros nas linhas aliadas, porém a frente se reduzira a apenas 32 quilômetros de ponta a ponta. Montgomery assumiu o comando da situação no norte e enviou suas reservas para o sul, para impedir que os alemães chegassem ao Meuse. Bradley, no sul, enviou o Terceiro Exército, comandado por Patton, para socorrer Bastogne, o que foi feito em 26 de dezembro. Em seguida, os céus clarearam. Cinco mil aviões aliados bombardearam e metralharam os atacantes alemães e seu comboio de abastecimento. Em 8 de janeiro, as forças atacantes alemãs corriam o risco de serem isoladas e, assim, foram forçadas a recuar. Embora a ofensiva tivesse sido um choque para os Aliados e causasse um grande prejuízo (só os americanos sofreram 75 mil baixas), os exércitos alemães, após perderem 120 mil homens, agora estavam esgotados e quase sem disposição para lutar. Em 16 de janeiro, já estavam na defensiva novamente.

Com a contra-ofensiva alemã esmagada, Montgomery começou a preparar suas forças no setor norte da frente para uma travessia do Reno. Embora não tão bem abastecidos, os generais americanos também avançavam. O Terceiro Exército de Patton chegou ao Reno, em Koblenz, no início de março. O general Courtney H. Hodges, do Primeiro Exército, tomou a ponte sobre o Reno em Remagen e atravessou o rio, enquanto o general William H. Simpson e seu Nono Exército chegavam ao Reno perto de Düsseldorf. Os três exércitos americanos, porém, receberam ordens para manter sua posição até que Montgomery estivesse pronto, e passaram seu tempo limpando a margem oeste do rio.

Na noite de 22 de março, Patton não podia esperar mais. O Terceiro Exército cruzou o Reno em Oppenheim, entre Mannheim e Mainz, praticamente sem oposição. Na noite seguinte, leva após leva de bombardeiros chegou, e a margem leste do rio foi devastada por mais de 3 mil canhões. Montgomery, por sua vez, enviou 25 divisões ao longo de uma seção de 51 quilômetros no Reno, próximo a Wesel. A oposição alemã foi ligeira, porém depois de Arnhem, Montgomery retomara sua costumeira cautela e consolidou uma cabeça de ponte de 32 quilômetros de profundidade antes de enviar mais tropas. Enquanto o Primeiro Exército canadense avançava para o norte através dos Países Baixos, o Segundo Exército britânico seguia pelo norte da Alemanha para Lübeck e Wismar, no Báltico. Ao mesmo tempo, os exércitos americanos varriam o sul da Alemanha, tomando Magdeburgo e Leipzig, e rumando para as fronteiras da Tchecoslováquia e da Áustria.

Criar um Deserto

O chefe do Estado-Maior alemão, general Heinz Guderian, queria transferir as forças alemãs para o leste e deter o Exército Vermelho que agora avançava sobre Berlim, porém Hitler queria comprometer suas últimas reservas, o Décimo Primeiro e o Décimo Segundo Exército, para empurrar os Aliados de volta à outra margem do Reno, e Guderian foi removido de seu posto. Nem o povo alemão nem o exército compartilhavam do entusiasmo de Hitler e, com a guerra perdida, o que mais queriam era que os Aliados Ocidentais avançassem para leste rapidamente e ocupassem o máximo possível do país antes que os soviéticos o fizessem. Tampouco compartilhavam o desejo de Hitler por mais destruição. Na véspera da travessia do Reno, em 19 de março, Hitler ordenou que a luta deveria continuar, "sem consideração por nossa própria população". Sua ideia era criar um deserto à frente dos invasores no oeste e, assim, seus comissários regionais receberam instruções para destruir instalações industriais, centrais elétricas, usinas de gás, sistemas de abastecimento de água e qualquer estoque restante de alimentos e roupas.

"Se a guerra está perdida, a nação alemã também perecerá", disse Hitler, "assim não precisamos pensar no que o povo precisará para continuar a existir".

O ministro da produção de Hitler, Albert Speer, ficou estarrecido com tal demonstração de insensibilidade e convenceu os líderes do exército e da indústria a não implementar o decreto do *Führer*. Avançando para leste pelo Reno, os Aliados Ocidentais encontraram pouca oposição e chegaram ao rio Elba, a 96 quilômetros de Berlim, em 11 de abril, onde pararam.

No início de março, o Exército Vermelho atravessara o rio Oder, que marcava a fronteira entre Polônia e Alemanha antes da guerra. Ao sul, os soviéticos chegaram a Viena em 6 de abril e a Königsberg em 9 de abril. Em 16 de abril, o Exército Vermelho cruzou o rio Neisse e dentro de uma semana já estavam nos arredores de Berlim.

Hitler permaneceu em Berlim, esperando por um milagre. A morte do Presidente Roosevelt em 12 de abril trouxe um alento temporário de esperança, mas não alterou significativamente a situação. Em 25 de abril, o Exército Vermelho cercou Berlim e se uniu aos americanos no rio Elba. Em 30 de abril, Hitler cometeu suicídio nas ruínas de sua Chancelaria, com as tropas soviéticas a menos de um quilômetro de seu *bunker*. O sucessor de Hitler, almirante Karl Dönitz, usou as semanas imediatamente seguintes para transferir civis e soldados alemães para o oeste. Antes da rendição final, Dönitz conseguiu transferir 55% do exército no leste (1.800.000 homens) da zona soviética para dentro da área controlada por britânicos, americanos e franceses.

A rendição formal das forças alemãs no norte da Europa foi assinada no quartel-general de Montgomery nos bosques de Lüneburg em 4 de maio. Outro documento, abrangendo todas as forças alemãs, foi assinado no quartel-general de Eisenhower em Reims, na presença de uma delegação soviética e, à meia-noite de 8 de maio de 1945, a guerra na Europa chegara oficialmente ao fim.

Embora os aliados ocidentais não chegassem a Berlim antes dos soviéticos, a segunda frente deve ser considerada um sucesso. Embora os Aliados Ocidentais perdessem um grande número de homens inicialmente, suas perdas não foram nada se comparadas àquelas sofridas pelo Exército Vermelho em seu avanço para oeste. E embora tenha havido diversas críticas ao modo como Montgomery lidou com os desembarques do Dia D, já que o general seria o culpado se os Aliados perdessem a Batalha da Normandia, é justo que receba os créditos pela vitória.

O Erro de Hitler

Do ponto de vista alemão, a responsabilidade pela derrota da Alemanha na Batalha da Normandia e, posteriormente, na guerra, pode ser totalmente atribuída a Hitler. O ditador confiou mais em fortificações e minas do que em soldados bem treinados e motivados. Em vez de delegar o comando a seus generais, ou mesmo algum espaço de manobra, preferiu dirigir a batalha de seu quartel-general na Prússia Oriental, atual Polônia, a quase mil quilômetros de distância meramente usando mapas. Mesmo quando esteve na França, nunca chegou a menos de 240 quilômetros da frente. No próprio dia 6 de junho, uma resposta rápida aos desembarques do Dia D foi adiada porque Hitler estava dormindo. Mesmo quando acordou, o *Führer* negou sua permissão para que os Panzers se movessem até as 16 horas, quando então os céus da Normandia já estavam claros e os tanques não poderiam se mover sem correrem o risco de serem atacados.

PARTE TRÊS: RUMO À VITÓRIA NA EUROPA

No final daquela tarde, Hitler ordenou o uso das armas V-1 contra Londres, o que não foi uma resposta adequada. Primeiro, levaria seis dias para transferir os lançadores dos depósitos fortemente camuflados para a costa do canal. Depois disso, embora os foguetes V-1 voassem rápido o bastante para dificultar a ação da artilharia antiaérea ou dos caças de interceptação dos Aliados, eram armas duvidosas e muitas vezes extremamente imprecisas. No primeiro dia da ofensiva com os V-1, dez foram lançados. Quatro caíram imediatamente, dois desapareceram por completo, três pousaram em campo aberto e um demoliu uma ponte ferroviária. Dos 8 mil lançados nos meses seguintes, apenas 24% atingiram seus alvos. Com os Aliados despejando tropas através do canal, faria mais sentido de um ponto de vista estratégico ter usado essas novas armas contra as cabeças de praia, os portos Mulberry e os portos do canal. Somente mais tarde essas armas seriam usadas contra a Antuérpia.

Enquanto Hitler interferia nas ações de seus comandantes em todos os níveis, Roosevelt e Churchill, embora tivessem sérias dúvidas sobre os desembarques na Normandia, jamais tentaram dizer a seus almirantes e generais o que fazer. Mesmo Eisenhower, que era o supremo comandante da Força Expedicionária Aliada, deixava as decisões para seus subordinados. Quando o assessor naval de Eisenhower, Harry Butcher, foi até seu reboque na manhã de 6 de junho para informar que os desembarques já haviam começado, encontrou o general lendo um romance de caubóis e fumando um cigarro. Quando se levantou, Eisenhower caminhou até a tenda onde funcionava o quartel-general do centro de operações do SHAEF e começou a discutir quando divulgariam a notícia da invasão. Montgomery estava convencido de que deveriam esperar até que a cabeça de praia estivesse segura. Eisenhower não expressou opinião. Mais tarde, escreveu uma mensagem para seu superior, o general George Marshall, chefe do Estado-Maior conjunto, para dizer-lhe que tudo ia bem.

Depois, Eisenhower visitou Montgomery, mas não houve tempo para conversar, já que o general britânico se preparava para atravessar o canal com seu quartel-general. Eisenhower, então, foi ter com o almirante Ramsay, que informou que tudo estava indo bem com a operação naval. Ao meio-dia, o general olhou para dentro da tenda de operações novamente e ouviu notícias perturbadoras sobre problemas na praia Omaha. Depois disso, deu uma entrevista a alguns jornalistas e, em algum momento, olhou porta afora e comentou "O sol está brilhando".

Eisenhower passou o resto do dia ouvindo ansiosamente os relatos vindos das praias, com seu humor oscilando do júbilo à depressão. Depois do jantar, foi para a cama cedo. Assim, no Dia D, Eisenhower, Comandante Supremo Aliado, não deu ordens, enquanto Hitler deu duas ruins.

Os Aliados ocidentais haviam aprendido as lições que Hitler lhes ensinara com sua *Blitzkrieg* no início da guerra. Tinham visto que operações combinadas, coordenando infantaria, colunas blindadas, ataques aéreos e assaltos aerotransportados, faziam a diferença. No norte de África, depois na Sicília e na Itália, os Aliados tinham acrescentado o uso do poder naval à mistura, além de embarcações de desembarque que haviam sido projetadas para uso no Pacífico. Enquanto isso, Hitler esquecera tudo o que tinha aprendido no início da guerra.

Depois de retardar o avanço de von Rundstedt, Hitler ordenou repetidamente que não houvesse mais retiradas, apesar dos conselhos de seus generais. Além disso, tentou o combate estático ao invés da guerra móvel e aberta que aperfeiçoara com as táticas da *Blitzkrieg*. Após os desembarques na Normandia, as forças alemãs tiveram tempo de sobra para recuar até o Sena e formar uma forte barreira defensiva, mas Hitler não permitiu. Por acreditar que o principal ataque aliado viria em Pas de Calais, o ditador enviou suas forças blindadas para combaterem na Normandia em doses homeopáticas. Uma vez ali, ali permaneceram por causa da ordem de não recuar, até que foram destruídos ou encurralados. As divisões de infantaria tiveram o mesmo destino. Aqueles que escaparam tiveram que recuar principalmente a pé, e logo foram alcançados por americanos e britânicos. Apesar de seus contra-ataques, os alemães não acreditavam realmente que poderiam virar o jogo, já que a Batalha da Normandia fora perdida. A Batalha das Ardenas conseguiu ser um sucesso limitado porque o mau tempo negou aos Aliados o uso de suas forças aéreas. Quando puderam voar de novo, a resistência alemã entrou em colapso. No momento em que os aliados se aproximaram da fronteira alemã, no início de setembro, não houve mais resistência organizada.

O poder aéreo foi um fator crucial a favor dos Aliados, porém os alemães poderiam ter desafiado as forças aéreas aliadas nos céus da Europa se tivessem empregado mais Messerschmitt Me 262, a primeira aeronave militar de ataque a jato, em papel de caça, algo que o próprio Hitler atrasou, insistindo em que o Me 262 fosse desenvolvido como bombardeiro. O tanque Tiger alemão também era superior a qualquer coisa que os Aliados tivessem, mas teria sido mais bem empregado se fosse misturado com formações mais fracas de infantaria. Em vez disso, foram mantidos em unidades exclusivas que podiam ser facilmente confrontadas por ataques aéreos e artilharia. A artilharia, aliás, especialmente a naval, também foi decisiva no Dia D. Os alemães não conseguiram igualar o poder naval dos Aliados. Depois de 1942, a frota de superfície alemã raramente saía para o mar. Em maio de 1943, os submarinos alemães amargavam uma derrota tão pesada que tiveram de se retirar da Batalha do Atlântico. Restavam muito poucos para ameaçar a frota da invasão.

Durante a guerra, os serviços de informação dos aliados, especialmente os britânicos, eram muito superiores aos alemães. Muito do sucesso do Dia D pode ser atribuído à Operação Fortitude. A quebra do código alemão Enigma pelos téc-

PARTE TRÊS: RUMO À VITÓRIA NA EUROPA

Por toda a Europa: soldados americanos leem sobre a rendição de todas as tropas alemãs concedida pelo almirante Karl Dönitz, no jornal do exército, o Stars and Stripes.

nicos de Bletchley Park também foi vital. Isso permitiu que os homens que conduziam a Operação Fortitude pudessem avaliar a eficácia de suas ações, e que os Aliados, uma vez em terra, soubessem com antecedência sobre planos de contra-ataque dos alemães.

Mas, acima de tudo, o crédito deve ir para o espírito de luta dos jovens que desembarcaram em 6 de junho de 1944. A maioria deles era de soldados inexperientes, que não haviam entrado em ação antes, mas tinham sido bem treinados em uma operação onde cada detalhe havia sido meticulosamente planejado. Mesmo assim, as coisas deram errado quando a batalha começou, mas as tropas aliadas não tiveram medo de demonstrar iniciativa. Oficiais superiores, como o general Roosevelt, não mostraram nenhum pesar por abandonar um plano cuidadosamente preparado quando ficou claro que as coisas iam mal. Patton e mesmo Montgomery, mais tarde, deliberadamente desobedeceriam a ordens se considerassem que era a coisa certa a fazer. Os jovens sob seus comandos tinham grande fé em seus comandantes. Além disso, acreditavam no que estavam fazendo. Hitler, em seus olhos, era um mal indescritível e muitos pagariam com suas vidas para pôr fim a ele e seu regime assassino. Na história do Dia D e dos combates que se seguiram, há um número enorme de exemplos de heroísmo – homens que, conscientemente, sacrificaram suas vidas pelos seus companheiros. Homens assim não podem ser derrotados.

Por outro lado, uma grande parte dos defensores da Muralha do Atlântico eram europeus orientais, que pouco sabiam dos objetivos de guerra alemães e se importavam ainda menos. Ao lado deles, havia soldados alemães experientes, que haviam entrado em ação na Frente Oriental, mas muitos deles estavam desiludidos. Após tomar a Europa em questão de semanas, em 1940, a *Wehrmacht* esperava uma vitória fácil no leste. O resultado foi anos de luta em condições terríveis contra um inimigo fanático e um líder que não parecia se importar com quantos de seus homens morressem. Muitos alemães ficaram felizes por se render. Apenas os nazistas mais dedicados estavam preparados para morrer.

Mesmo com o benefício da retrospectiva, é difícil avaliar como a história teria sido alterada se os Aliados não tivessem invadido a Normandia. Se todos os homens e materiais despendidos na Normandia tivessem sido empregados na frente italiana, o progresso teria sido muito mais rápido. No entanto, mesmo depois que toda a Itália tivesse caído, os Aliados teriam a tarefa sobre-humana de fazer com que seus exércitos atravessassem os Alpes. Sem uma segunda frente na França ou nos Países Baixos, parece certo que uma vez que o Exército Vermelho tomasse Berlim teria continuado seu avanço até a costa atlântica. Se ingleses e americanos não tivessem invadido, Stalin, que vinha exigindo a abertura de uma segunda frente desde 1942, não teria visto nenhuma razão para permitir a presença dos Aliados no continente ao norte dos Alpes, depois do fim da guerra.

No entanto, sem uma invasão pelo oeste, Hitler poderia ter voltado seus V-1 e V-2 para a Rússia, forçando os soviéticos a interromper seu avanço. Stalin e Hitler haviam feito um pacto no início da guerra e talvez não fosse impossível que fizessem outro. Sem uma invasão da França, uma cisão considerável teria acontecido entre britânicos e americanos. Isso teria enfraquecido o esforço de guerra no Extremo Oriente e o resultado da guerra na Europa e no Pacífico poderia estar na balança.

É até concebível que se a invasão não tivesse impedido Hitler de usar seus V-1 e V-2 contra Londres, os britânicos fossem forçados a capitular e já havia planos para um sucessor do V-2 com capacidade de chegar a Nova York. Na pior hipótese, com um fracasso da segunda frente ou sem ela, os Aliados poderiam ter perdido a Segunda Guerra Mundial.

BIBLIOGRAFIA

Ambrose, Stephen E. *D-Day – The Climatic Battle of World War II*. Simon & Schuster, New York, 1994.

Badsey, Stephen. *Normandy 1944 – Allied Landings and Breakout*. Osprey, Londres, 1990.

Brown, David, ed.. *Invasion Europe*. HMSO, Londres, 1994.

Bruce, George. *Second Front Now!* MacDonald & Jane's, Londres, 1979.

Collier, Richard. *D-Day – June 6, 1944*. Cassell, Londres, 1992.

Goldsmith, Maurice. *Sage: A Life of J.D. Bernal*. Hutchinson, Londres, 1980.

Hastings, Max. *Overlord*. Michael Joseph, Londres, 1984.

Haswell, Rock. *The Intelligence and Deception of the D-Day Landings*. BT Batsford Ltd, Londres, 1979.

Hawkins, Desmond. *War Report D-Day to VE Day*. Ariel Books, Londres, 1985.

Keegan, John. *Six Armies in Normandy*. Jonathan Cape, Londres, 1982.

Kemp, Anthony. *D-Day – The Normandy Landings and the Liberation of Europe*. Thames & Hudson, Londres, 1994.

Kershaw, Robert J. *D-Day – Piercing the Atlantic Wall*. Ian Allan Publishing, Shepperton, 1993.

Kirkpatrick, Charles *et al*. *D-Day*. Salamander Books Ltd, Londres, 1999.

Kilvert-Jones, Tim. *Sword Beach*. Leo Cooper, Londres, 2001.

Miller, Russell. *Nothing Less Than Victory: The Oral History of D-Day*. Penguin, Londres, 1993.

Paine, Lauran. *D-Day*. Robert Hale Ltd, Londres, 1981.

Ryan, Cornelius. *The Longest Day*. Coronet, Londres, 1993.

Turner, John Frayn. *Invasion '44 – The Full Story of D-Day*. Airlife, Shrewsbury, 1994.

Warner, Philip. *The D-Day Landings*. William Kimber, Londres, 1980.

Wilson, Theodore A., ed. *D-Day 1944*. University Press of Kansas, Lawrence, Kansas, 1994.

ÍNDICE DE EXÉRCITOS, BATALHAS E COMANDANTES

EXÉRCITOS DOS ALIADOS:

AMERICANOS

82ª Divisão Aerotransportada 77, 84, 94
101ª Divisão Aerotransportada 66, 84, 94, 172, 194, 206, 231
2ª Divisão Blindada 214
1ª Divisão de Infantaria 84, 181
4ª Divisão de Infantaria 195
8ª Divisão de Infantaria 195
29ª Divisão de Infantaria 84
12º Grupo de Exércitos 227
V Corpo 183, 206, 214, 220, 223
VII Corpo 206, 214
VIII Corpo 214
XV Corpo 215, 216, 220
XIX Corpo 214
Batedores (*Pathfinders*) 96
Corpo de Fuzileiros Navais dos Estados Unidos 81, 82
Décimo Quinto Exército 54
Décimo Quarto Exército 63
Exército dos Estados Unidos 62, 70
FUSAG 50, 58, 62, 62, 63, 70, 71
Marinha dos Estados Unidos 82

Primeiro Exército 180, 230, 231

Nono Exército 230

Rangers do Exército dos Estados Unidos 169

Sétimo Exército 20, 110, 215, 216, 220, 221, 227

Terceiro Exército 214, 221, 229, 230, 231, 232

USAAF 94, 107, 123, 124, 139, 220

CANADENSES

Primeiro Exército Canadense 230, 232

SOVIÉTICOS

1ª Divisão Blindada 221

Exército Vermelho 14, 21, 22, 36, 37, 49, 53, 60, 61, 73, 78, 80, 230, 232, 233, 237

POLONESES

Força Aérea Polonesa 63

EXÉRCITO ALEMÃO

2ª Divisão Panzer 126, 162, 206

10ª Divisão Panzer SS 207

12ª Divisão Panzer SS 155

17ª Divisão SS *Panzergrenadier* 206

1ª Divisão Panzer SS 206

21ª Divisão Panzer 110, 124, 127, 129, 130, 155

2ª Divisão Panzer SS 206

352ª Divisão de Infantaria 67, 168,

716ª Divisão 128, 135, 168, 176

82º Corpo 110

91ª Divisão de Desembarque Aerotransportada 206

9ª Divisão Panzer SS 207

II Corpo de Paraquedistas 216

ÍNDICE DE EXÉRCITOS, BATALHAS E COMANDANTES

Afrika Korps 18, 70
Décimo Primeiro Exército 232
Décimo Quinto Exército 54-55 207
Décimo Segundo Exército 232
Divisão Panzer Lehr 154, 155, 158, 162, 206
Grupo de Exércitos B 215-216
Grupo de Exércitos G 220
Grupo Panzer Eberbach 216
Luftflotte 38
Luftwaffe 30-32, 39, 42, 53, 63, 73, 110, 132, 133, 189, 205, 206, 220, 224
Marinha Alemã (*Kriegsmarine*) 16, 31, 39, 56, 62
Quinto Exército Panzer 231
Serviço de Segurança (SD) 49, 50, 57, 60, 67
Serviço Militar Alemão de Informações (*Abwehr*) 49-51, 57, 60, 62-63
Sétimo Exército 110
Sexto Exército 22
Sexto Exército Panzer SS 231
Volkssturm 230
Wehrmacht (Exército Alemão) 56, 80, 116, 205

BATALHAS

Anzio 21
Batalha do Atlântico 16, 265
Batalha das Ardenas (Bulge) 235
Caen 202, 203, 205
El-Alamein 18
Bolsão de Falaise 221
Midway 17
Monte Cassino 21, 212
Batalha da Grã-Bretanha 14, 25
Dieppe, ataque a 17, 26, 77, 84
Praias da Normandia:

Gold 147-163,
Juno 135-145
Omaha 167-188
Pearl Harbor 16, 23
Rostov-do-Don 22
Salerno 21
Stalingrado 22, 57
Sword 11-132
Utah 191-197

CAMPANHAS ALIADAS:

MILITARES
Anvil 20, 216
Cobra 212-213
Dragoon 216, 225
Epsom 210
Goodwood 212-213
Husky 18
Market Garden 229
Netuno 70, 71, 74, 75
Overlord 93-182
Round-up 17
Spring 213
Tocha 18

DE INFORMAÇÕES
Bodyguard 54, 55, 57
Cockade 48
Copperhead 65-66
Fortitude 54, 55, 60, 61, 63, 66, 67, 188, 203, 214, 235, 236
Jael 54
Zeppelin 54

ÍNDICE DE EXÉRCITOS, BATALHAS E COMANDANTES

CAMPANHAS ALEMÃS MILITARES:

Leão-marinho 25

Névoa de Outono 230

COMANDANTES DOS ALIADOS:

AMERICANOS

Barton, Gen. Raymond O. 195

Bradley, Gen. Omar N. 93, 180, 204, 212, 214, 216, 223, 229, 231

Clark, Gen. Mark 21

Collins, Gen. Joseph 207

Cota, Gen. Norman D. 178

Eisenhower, Gen. Dwight D. 56, 71, 72, 74, 76, 78, 83, 88, 94, 96, 143, 180, 213, 221, 223, 225, 227, 229, 233, 234

Gavin, Gen. (Cel.) James M. 94, 101

Gerow, Gen. Leonard 223

Hodges, Gen. Courtney H. 212, 231

Hoover, Gen. J. Edgar 59-60

Marshall, Gen. George C. 77, 96, 234

McNair, Gen. Lesley 214

Patch, Gen. Alexander M. 220

Ridgeway, Gen. Matthew 96

Roosevelt, Franklin D. 9, 16, 223, 234, 236

Roosevelt, Gen. Theodore 195, 199

Simpson, Gen. William H. 231

Stilwell, Gen. Joseph 23

Taylor, Cel. George 178

Taylor, Gen. Maxwell 85

BRITÂNICOS

Alexander, Marechal de campo Harold 21

Brooke, Marechal de campo Sir Alan 18

Bucknall, Gen. 214

Churchill, Winston S. 9, 17, 20, 54, 57, 72, 77, 78, 82, 93, 146, 213, 216, 229, 230, 231, 234

Donovan, Gen. William 58

Erskine, Gen. 158

Harris, Marechal do ar Sir Arthur 24

Hobart, Gen. Percy 87

Horrocks, Gen. Brian 214

Leigh-Mallory, Marechal do Ar Sir Trafford 74, 88, 93, 212

Montgomery, Gen. Bernard 20, 65, 66, 74, 84, 85, 87, 88, 93, 111, 120, 122, 134, 143, 145, 208, 210, 212, 231, 229, 231

Mountbatten, Lord Louis 77

Ramsay, Alm. Sir Bertram 88, 234

Rennie, Gen. Thomas 113

Talbot, Alm. 113, 117

Tedder, Marechal do ar Sir Arthur 66, 74, 78, 88, 213

Wingate, Gen. Charles Orde 23

CANADENSES

Crerar, Gen. Henry 210, 213, 221

CHINESES

Chiang Kai-Shek 23

FRANCESES

De Gaulle, Gen. Charles 13, 220, 224

Leclerc, Gen. Philippe 223, 227

RUSSOS

Stalin, Joseph 9, 13, 22, 54, 57, 78, 237

Zhukov, Gen. Georgy 22

ÍNDICE DE EXÉRCITOS, BATALHAS E COMANDANTES

COMANDANTES DO EIXO

ALEMÃES

Bayerlein, Gen. Fritz 154

Blaskowitz, Gen. Johannes 220, 227

Canaris, Alm. Wilhelm 50, 59, 60

Choltitz, Gen. Dietrich von 222-224

Dietrich, Gen. Joseph 222

Dollmann, Gen. Friedrich 110, 211

Dönitz, Alm. Karl 39, 233

Göring, Marechal Hermann 43, 70, 188

Guderian, Gen. Heinz 232

Heydrich, Obergruppenführer Reinhard 50

Himmler, SS-Reichsführer Heinrich 50

Hitler, Adolf 9, 10, 13, 14, 16, 17, 21, 22, 25, 26, 27, 36, 39, 50, 54, 55, 57, 60, 65, 66, 73, 76, 78, 130, 188, 203, 206, 207, 208, 213, 214, 215, 216, 230, 232, 233, 234, 235, 237

Jodl, Gen. Alfred 40, 199

Kesselring, Marechal de campo Albert 21

Kluge, Marechal de campo Gunther von 211, 216, 220

Kraiss, Gen. 181

Kramer, Gen. Hans 70-71

Krancke, Alm. Theodor 56, 66, 67, 73

Manteuffel, Gen. Hasso von 231

Marcks, Gen. 110, 127, 155

Model, Marechal de campo Walther 222-223

Paulus, Marechal de campo Friedrich von 22

Pemsel, Gen. Max 110

Richter, Gen. Wilhelm 135, 143

Rommel, Marechal de campo Erwin 27, 36, 46, 65, 73, 74, 110, 206, 207, 212, 213

Rundstedt, Marechal de campo Gerd von 36, 55, 56, 66, 73, 110, 203, 206, 207, 211, 230, 231, 235

Schellenberg, Walther 67, 72
Schweppenberg, Gen. Geyr von 155
Speidal, Gen. Hans 110
Sperrle, Marechal de campo Hugo 110

ITALIANOS
Mussolini, Benito 9, 13, 20